중세 언해 문헌의 轉移語에 대한 연구

중세 언해 문헌의 轉移語에 대한 연구

－뻐[以], 다뭇/더브러/드려[與], 히여곰[使], 쏘/밋[及]을 중심으로－

양 언

역락

 이 책은 2011년 봄, 한국학중앙연구원 한국학대학원에 제출한 저자의 박사학위논문「중세 언해 문헌의 轉移語에 대한 연구」를 다소 수정한 것이다. 처음에는 중세 한국어뿐만 아니라 근대 한국어도 포함해서 모든 전이어를 다루고자 하였는데 이 책에서는 중세 한국어의 일부분만 다루었다. 단계적 연구 결과이지만 일단 他人에게 보여주고 좋은 조언이나 훌륭한 高見을 듣고 나서야 더욱 체계적인 연구가 이루어질 수 있지 않을까 하는 여러 선생님의 격려에서 감히 용기를 내어 이 책을 내놓은 것이다. 이에 학위논문의 오자를 포함하여 표현상 어색한 부분 등은 바로잡았지만 전체적인 내용은 크게 달라지지 않았음을 미리 밝혀둔다.

 중세 한국어가 한국어의 통시적 연구에서 중요한 자리를 차지함은 누구나 부인할 수 없는 사실이다. 그동안 뜻깊은 연구 성과가 수없이 이루어졌으며 지금까지도 계속 나오고 있는 것도 이 점을 뒷받침해 줄 수 있다. 그런데 중세 한국어에 대한 연구는 중세시기 언해 문헌의 특성을 소홀히 여기고 단순히 한국어만 치중하여서는 안 될 것이다. 주지하는 바와 같이 중세 언해 문헌은 대부분 구결문이 나란히 제시되어 있으며 그 한국어(언해문)는 어디서나 한문을 번역한 '번역어'란 특성을 가지고 있기 때문이다. 이러한 특성을 중시하여 저자는 언해문 중에 번역상 특수하게 나타나는 전이어를 대상으로 그들의 출현 양상 및 의미를 고찰하고자 하였다.

 처음에는 중세 언해 문헌 중의 모든 전이어를 대상으로 연구하려고 하였으나 시간과 능력 등의 제한으로 인하여 부득이 그 중 한문의 '以, 與, 使, 及' 등 어사에 대응되는 전이어들만 선정하였다. 한편으로는 이들 전이어는 다른 전이어보다 훨씬 많은 출현 양상을 보여줄 뿐 아니라 한결같이 'NP로'와 관련되어 있음을 발견하였다. 다른 한편으로는 이들 전이어는 현대 한국어에서도 계속 사용되고 있으므로 한국어의 통시적 변화를 연구하는 데도 도움이 조금이나마 있으리라 판단하였기 때문이다. 선행 연구에서는 '로 뻐', '로 더브러' 등의 경우를 한국어 내부의 변화로 여겨 문법화의 관점에서 논의해 왔다. 그런데 저자의 조사에 의하면 여기의 '로'는 격지배 변동의 결과가 아니라 구결문 중 '以NP로', '與NP로'의 현결 방식에서 이끌려 왔을 가능성이 크다. 이는 한문 '與NP'의 현결 방식의 변화와 언해문의 대응 관계에서 실마리를 찾을 수 있다. 15세기의 불경 언해 문헌에서 '與NP' 뒤에 '와'를 현결하면 언해문에서도 'NP와'로 나타나고 후대로 갈수록 '與NP' 뒤에 '와로', '로'를 현결하면서부터 언해문에서는 'NP와로', 'NP로' 되어 현결 방식과 궤를 함께하는 것으로 보인다. 심지어 이러한 현결 방식이 한문의 '使NP', '及NP' 구조에도 확대됨에 따라 언해문에서는 'NP로 히여곰', 'NP로 밋'과 같은 구성으로 나타나는 것이다. 특히 'NP로 밋' 같은 것이 단순히 문법화 현상으로 해석될 수 없는 점은 저자의 주장을 한층 뒷받침해 줄 수 있을 듯하다.

　물론 이들 전이어의 본질을 도대체 어떻게 파악해야 하는지, 중세 시기만 아니고 근대 시기를 포함한 전이어의 체계는 어떻게 되어 있는지는 또 다른 중요한 과제라 하겠다. 이는 향후 과제로 저자가 계속 고민할 것이다. 저자가 박사 학위 논문을 작성할 때 하나의 예문을 찾느라고 밤새는 경우가 있는가 하면, 밤새 찾았음에도 필요한 예를 하나도 찾아내지 못한 경우도 종종 있었다. 그런데 이것은 절대 무의미한 것이 아니었다. 바로 그 과정에서 학문을 하는 것이 하루아침에 이루어질 수 있는 것이 아님을 새삼 알게 되었다. 예문을 찾아냈든 찾아내지 못했든 그 찾는 과정 자체가 바로 학문을 하는 보람이 아닌가 생각 들기도 하였다.

　학위 논문의 작성도 이 책을 내놓는 것도 절대 저자 혼자의 힘으로 이루어질 수 없다. 미흡하기 짝이 없는 책을 내 놓으면서 무엇보다 저자에게 도움을 주신 많은 분이 떠오른다. 2003년부터 지금까지 좋은 인연을 유지하고 있는 이래호 선생님께 먼저 감사드려야 될 것 같다. 선생님과의 만남이 없었으면 한국학중앙연구원에 올 수 없었으며 존경스러운 지도교수 황문환 선생님을 만날 수도 없었을 것이다. 2006년 2월에 한국에 처음 왔을 때 이래호 선생님이 인천국제공항에서 연구원까지 데려다 주셨을 뿐만 아니라 이부자리를 비롯한 모든 생활용품까지도 마련해 주셨다. 연구원에 있던 5년 동안, 또 지금 중국에 와 있는 동안에도 이래호 선생님이 줄곧 여러 모로 도움을 주시고 있다. 지도교수이신 황문환 선생님께서는 저자가 한국에 유학을 온 첫날부터 아무 생활 부담 없이 공부에 몰두할 수 있도록 장학금을 주시거나 연구보조원을 시키거나 신경을 많이 써 주셨다. 특히 내 공부에 가장 많은 관심을 주셨다. 선생님께서 파견 교수로 미국에 일 년 동안 가 계셨을 때도 전화로 한 시간씩 나에게 가르치시곤 하였다. 중세 한국어를 한 글자도 몰랐던 저자가 중세 한국어를 연구할 수 있는 사람으로 변한 것은 귀밑에 백발이 돋아날 정도로 온갖 심혈을 기울여 주신 선생님 덕분이라 아니할 수 없다. 선생님의 은혜는 평생동안 잊지 않고 더 열심히 공부함으로써 갚아 드리기로 약속한다. 그리고 저자의 학위 논문 심사에 참여하시어 따뜻한 충고와 가르침을 아끼지 않으셨던 한재영 선생님, 장윤희 선생님, 황선엽 선생님, 이지영 선생님께도 진심으로 감사드린다. 논문 작성할 때 조언을 많이 주시고 스트레스를 많이 풀어주신 국민대의 김주필 선생님께도 깊이 감사드린다. 귀중한 시간을 할애하여 같이 스터디도 하고 논문 작성법도 가르쳐 주신 박부자 선생님, 배영환 선생님께도 깊은 감사의 말씀을 드리고 싶다. 5년 동안 도움을 많이 주신 룸메이트 유지복 선배님에게 감사드린다. 洛陽에서 함께 3년 동안 일했던 한국외대 임형재 선생님께서는 지금도 계속 도움을 주시고 있다. 이 자리를 빌어서 임형재 선생님께도 큰 감사를 드린다. 함께 즐거움과 슬픔을 같이한 친구인 필영달 씨, 천용 씨에게도 고맙다고 전하고 싶다. 항상 사랑해 주시는 부모님께도 감사드린다. 5년 동안 저자와 떨어져 살았던 아내가 나를 많이 이해해 주고 격려해 주었다. 아내에게 진심으로 감사드린다. 끝으로 상업성이 전혀 없는 이 책을 흔쾌히 출판하여 주신 도서출판 역락의 이대현 사장과 이렇게 멋진 책을 만들어준 홍혜정 선생을 비롯한 편집부 여러분께 감사드린다.

2017년 3월
중국 소주대학교에서
양언

차례

1. 서론

1.1. 연구 목적

중세[1] 시기의 한글 문헌 자료, 특히 한문을 번역하여 이루어진 언해 문헌 자료는 한국어사 연구에 있어서 더없이 중요한 위치를 차지한다. 그러나 번역된 언어 자료는 원전 언어에서 영향을 받게 마련이다. 중세 시기의 언해 문헌은 한문으로 된 원전의 영향을 크게 받고 있다. 특히 한문 원문에 충실히 하기 위하여 축자역 또는 직역을 할 경우에 그 영향이 더욱 뚜렷하게 드러난다. 그러한 결과 중세 시기의 언해 문헌, 특히 직역 문헌이 보여 주는 언어는 전반적으로 실제 한국어보다 한문화된 모습을 가지고 있는 것으로 평가된다(안병희 1973 : 75). 언해 문헌에 빈번히 등장하는 한자어는 이 모습을 잘 반영하는 표지라 할 수 있지만 이밖에도 한문 원문에 충실하기 위하여 한문의 문법적 특성에 보다 이끌려 한국어답지 않은 표현도 그 예로 들 수 있다. 이에 대해서는 일찍이 이희승(1947 : 192-3)에서 "한문으로부터 접속사 '及', '與' 등의 사용법을 차용하여 우리말의 접속사와 첩용하는 예"로서 '및'과 '다못'이 있으며(예시 : 予及汝 나와 및 너, 文與筆 글과 다못 글씨) 이 외에도 '以'字의 영향을 받은 '으로써', '슈', '使' 等 字로 인한 '하여금' 등이 있다고 지적된 바 있다.

이후 이러한 표현들은 안병희(1973 : 80)에서 "전후의 문맥을 분명하게 하여 주는" 轉移語(transitional word)로 처리되면서 후속 연구에서는 직역 문헌에 나타나는 '전이어'로 지칭되는 것이 일반화되었다. 그러나 '전이어'

---

[1] 이 책에서 한국어사의 시대 구분은 이기문(1998 : 100)에 따랐음을 밝혀 둔다. 따라서 이 곳의 '중세'는 보다 구체적으로 후기 중세국어 시기(15세기부터 16세기까지)를 가리키는 것이다.

에 대한 개념이 충분히 정립되지 않은 탓에 연구자에 따라 전이어에 대한 인식도 다르고 그에 따라 '전이어'로 다루는 대상도 적잖은 편차가 있었 던 것이 현실이다(후술 1.2. 참조). 기존 연구에서는 전이어를 언해 문헌의 문체론적 특징으로서 특별한 논의 없이 용례만 제시하는 데 그친 경우도 있고(정승철 1990, 朴杞璿 1998, 權和淑 2000, 최성규 2006 등) 독자적 기능을 가진 요소라기보다는 일종의 중복적 요소, 또는 잉여적 요소로 다룬 경우 도 있었다(남풍현 1971ㄱ~ㄷ, 1972, 金炯哲 1988, 1994, 윤용선 2003 등). 그러 나 중세 시기의 문헌 자료를 자세히 검토하면 전이어로 추가할 수 있는 대상도 많고 선행 연구에서 언급된 것에 비해 이들의 출현 양상도 훨씬 복잡하고 다양하게 드러난다. 심지어 어떤 경우에는 잉여적 요소가 아니 라 문장 내에서 분명히 독자적인 기능을 행사하는 것으로 판단되는 경우 도 심심치 않게 발견된다. 따라서 전이어의 성격을 명확하게 밝히려면 그 들이 당시의 문헌 자료에서 어떠한 모습으로 나타나고 있는지, 즉 그들의 출현 양상이 어떠한지를 밝히는 것이 무엇보다도 선행해야 할 필요한 작 업이라 하겠다. 이에 이 책은 중세 언해 문헌을 대상으로 전이어에 해당 하는 표현들을 먼저 추출하고 그들의 출현 양상 내지 분포 양상을 상세히 정리하는 데 일차적 목표를 둔다.

전이어는 한문 원문에 충실하기 위하여 비롯된 표현인 만큼 단순히 언 해문에 쓰였다고 해서 자연스러운 한국어 문법에 포함시켜 그대로 다루 기는 어려운 이질적 요소이다. 기존의 일부 연구에서는 전이어를 문법화 (grammaticalization) 과정을 거쳐 형성된 후치사나 보조사의 하나로 다루면 서 당시 한국어의 일반적인 문법 질서로 간주하기도 하였다(홍윤표 1994, 안주호 1997 등). 그러나 전이어가 한문을 번역하는 과정에서 직역 문헌에 만 나타난 요소인 점을 감안하면, 전이어를 연구할 때 한문 문법이나 번 역 절차 등의 문제를 배제하고는 문법화 차원에서 수행된 연구에 그만큼 허점을 드러낼 수밖에 없을 것이다(이에 대한 자세한 논의는 후술 2.3.참조).

이에 이 책에서는 특히 번역 절차와 관련하여 한문 원문과 구결문, 구결문과 언해문의 관계를 중시함으로써 전이어가 궁극적으로 언해문에서 어떠한 기능을 하는지에 대해서도 살피고자 한다.

1.2. 선행 연구

이 책에서 연구 대상으로 삼은 전이어는 일찍부터 학계의 관심사가 되어 왔고 체계적인 연구로는 미흡하더라도 일부 연구가 이루어진 일도 있다. 이러한 연구들은 크게 두 가지 입장으로 나누어 볼 수 있는데, 하나는 번역 과정에서 형성된 점을 들어 한문의 영향으로 다루는 것이며 하나는 전이어가 언해문에 쓰인 점을 들어 어디까지나 한국어의 내적 변화로 다루는 것이다. 기존 연구 가운데 후자와 관련된 입장은 2장(특히 2.3.)에서 자세히 논의할 것이므로 여기에서는 전자와 관련된 선행 연구만을 간략히 소개·검토하기로 한다.

이희승(1947 : 192), 이기문(1972 : 180)에서는 일찍이 언해문에 나타나는 이질적인 요소들이 한문의 영향으로 이루어진 것인데 그 중 한문의 '與', '以', '使', '及' 등이 각각 '다못', '뻐', '히여곰', '밋' 등으로 직역되어 한국어에서 일반화되었다고 지적한 바 있다. 그러나 이들 연구는 개설적인 성격이라 이러한 현상이 있다고 지적하는 데 그치고 구체적인 논의를 전개하지 않았다.

남풍현(1971ㄱ~ㄷ, 1972, 1973)에서는 한문(중국어)이 한국어에 미친 영향의 한 유형으로 호응관계의 발생과 중첩현상을 논의하고 있다. 남풍현(1971ㄱ)은 '호다가'를 한문의 '若'을 번역한 결과로서 한문의 가정법 접속사 '若'과 국어의 가정법 접속어미 '-면' 사이에 나타난 문법적 격차를 극복한 형태이며 문장에서 사용하거나 사용하지 않는 것은 문체적인 차이에 불과한 것이지, 문장 의미에 변별적인 작용을 하지 못하는 것임을 지적하고 있다.

남풍현(1971ㄴ)은 중국어의 虛辭 중 문장의 상위부에 위치하는 부사들을 대상으로 하여 그들이 나타내는 자립형태가 그에 대응하는 국어의 의존형태와 '자립형태+…+의존형태'의 유형으로 첩용됨으로써 국어에서 호응관계를 형성했음을 규명하였다. 이는 'ᄒ다가', '비록'을 포함하여 "초기에는 단순한 의미상의 중복이었던 것이 장기간의 통합과정을 거쳐 문장의 호응관계를 형성한 것으로써 효과적인 감동적 표현에 응용되고 있다"고 언급하였다(남풍현 1971ㄴ : 74). 이 책에서 다루는 중국어의 상위부 허사는 주로 다음과 같은 것들이 있다.

若, 雖; 可, 能, 得, 足; 當, 應, 須, 會, 敢, 必; 但, 惟, 特, 獨

이들 허사와 관련하여 윤용선(1999/2003)은 이들 허사에 대응되는 어휘형태와 문법형태가 동일 기능을 수행하므로 중첩 표현이 형성되었다고 지적한 바 있다.

또한 남풍현(1971ㄴ : 55-56)에서는 한문과 국어의 언어 차이를 중시하여 한문의 허사를 차용하는 통사 유형도 구체적으로 분류한 바 있다. 그 유형의 분류에 관한 논의는 인용하면 다음과 같다.

[상략] 중국어 통사유형의 차용을 대별해 보면, 1) 중국어의 문법적 영향으로 국어 문법에서 사용하지 않던 새로운 자립형태가 등장하는 것, 2) 이 자립형태가 중국어의 어순에 따라 배열됨으로써 국어 문법에 새로운 유형이 발달하는 것으로 나누어진다.
이것을 다시 고유어의 의존형태와 첩용되는 것과 첩용되지 않는 것으로 대별할 수 있다. 첩용되는 문장유형은 다음과 같이 나누어 볼 수 있다.

1. 'A~B'型

중국어로부터 차용하였거나 그 영향을 받은 자립형태 (A)가 문두나 구절 두에 선행하고 그와 대등한 기능을 가진 고유어의 의존형태 (B)가 문미나 구절말에 오는 형.

2. '~B A~'型

고유어의 의존형태(B)가 선행하고 직후에 차용된 자립형태 (A)가 후행하 는 형.

3. '~B~A~B~'型

고유어의 의존형태가 차용된 자립형태의 前句와 後句에 오는 문장유형으 로 나누어진다.

새로운 자립형태가 등장한 것은 축자역을 하는 데서 비롯된 일이다. 이 자립형태는 중국어의 어순에 따라 배열되는 경우(논문에서 언급된 'A~B'형) 도 있고 중국어의 어순에 따르지 않고 한국어의 문법 규칙에 따라 배열되 는 경우도 있다. '~B A~'형은 이에 속한 것이다. '~B~A~B~'형은 구체 적인 용례가 없기 때문에 어떠한 유형을 가리키는지 확실하지 않다.[2] 논 문에서 언급된 "첩용되지 않는 것"은 A, B가 첩용될 수 있다는 것을 전제 로 하여 A, B 중의 하나가 출현되지 않는 경우를 가리키는 것이다. A만 출현된 경우는 중국어에 더 가까운 표현이 되고 B만 출현된 경우는 한국 어의 표현이 된다.

이러한 유형 분류는 한문으로 인한 이질적 요소의 출현 양상을 체계적 으로 정리하는 데 큰 도움을 줄 수 있어 의의가 있다고 할 수 있다. 그러 나 중세 시기의 직역 문헌을 검토하면 A, B가 나타나는 양상은 항상 규칙 적으로 一對一 식이 되는 것이 아님을 알 수 있다. 한문의 허사에 대응하

---

2) 한문의 '使'에 대응되는 '히여곰', '故'에 대응되는 '젼츠'가 이 유형에 속할 가능성이 있 다. 예를 들어 NP로(B) 히여곰(A) ~게 ᄒ(B)-. ~을씩(B) 그런젼츠(A) 로(B). 만약 '히여 곰', '젼츠'가 이 유형에 속한다면 이는 중국어의 어순과 국어의 어순이 혼합되는 유형이 라 할 수 있다.

는 국어의 의존형태로서의 B는 구결문의 영향으로 인하여 제삼의 형태 C
로 변한 경우도 있고 원래 '~B A~'형이던 것은 한문의 영향으로 인해
'A~B'형으로 변한 경우도 있기 때문이다.3)

안병희(1973)에서는 '뻐', '시러곰', '그럴씨', '젼ᄎᆞ' 등을 전후의 문맥을
분명하게 하여 주는 단어로 보고 한문의 어사를 지나치게 의식하여 번역
차용한 이들 措辭를 전이어(transitional word)로 처리하고 있다. 새로운 개념
을 제시하고 이들 요소의 기능도 함께 언급한 점으로 보면 안병희(1973)은
다른 연구에 비해 특별히 주목할 만한 연구라 할 수 있다. 안병희(1973)에
의하면 전이어는 실은 두 가지 유형이 있는데 하나는 한문에서의 번역차
용에 의한 전이어이며 하나는 번역차용에 의하지 않은 전이어이다. 후자
의 경우 직역이 아니라 오히려 의역에서 볼 수 있다. 따라서 전이어가 사
용된 경우라도 번역차용인지 아닌지의 여부로 직역과 의역을 구별하여야
할 것이라고 주장하고 있다. 우리가 흔히 말하는 전이어는 전자, 즉 번역
차용에 의한 전이어만 가리키는 것이다.4)

전이어의 개념이 제기된 이후 이 개념을 받아들이고 이것을 문체적 특
징으로 파악하여 논의한 연구가 나왔지만 양이 많지 않은 점은 유감스러
운 일이다. 저자의 조사에 의하면 전이어의 개념을 받아들이고 논의를 진
행한 논문은 겨우 몇 편 밖에 없는 실정이다. 그 중 중세 한국어를 대상으

---

3) 예를 들어 한문의 '與'에 대응하는 국어의 의존형태가 '와'가 되는데 구결문의 영향으로
   인해 직역 문헌에서는 '와' 대신 '로'가 나타나는 것이 '~B A~'→'~C A~'의 변화 유형이
   다. 한문의 '以NP'는 'NP로 뻐'로 언해되는 것이 보통인데 한문의 영향으로 인해 한문의
   어순에 따른 뻐 'NP로'로 언해된 것이 '~B A~'→'A~B'의 유형인 셈이다.
4) 이렇게 보면 직역 자료와 의역 자료의 구별 특징으로서 전이어보다는 번역차용어가 더
   유효한 개념인 듯하다. 그러나 차용은 언어들의 접촉에서 일어나는 현상으로 어떤 개념
   이나 의미를 나타내는 대응 형태(form)가 없기 때문에 타 언어에서 빌려 사용하는 경우가
   보통이다. 대응 형태가 있는 경우에 교체 사용, 간섭, 통합의 과정을 거쳐 차용되는 경우
   도 있다. 그러나 한문의 문법관계를 나타내는 허사의 경우, 예를 들어 한문의 허사 '以'의
   경우, 한국어에 그 허사의 의미를 나타낼 수 있는 대응 형태 '로'가 있음에도 불구하고
   또 '뻐'로 번역한 것은 일반적 의미상의 '차용'과는 또 다른 문제라고 할 수 있다.

로 한 연구가 2편(朴杞璿 1998, 權和淑 2000), 근대 한국어를 대상으로 한 연구가 4편(金炯哲 1988, 정승철 1990, 金炯哲 1994, 최성규 2006) 정도에 불과할 뿐이다.

朴杞璿(1998)은 『월인석보』권15와 『법화경언해』권4와의 비교를 통하여 한문의 '故, 若, 爾乃, 然後' 등을 번역한 '젼ᄎᆞ, ᄒᆞ다가, 그리ᄒᆞ야ᅀᅡ, 後에ᅀᅡ' 등을 전이어로 다루고 있다. 權和淑(2000)은 『월인석보』와 『법화경언해』를 비교한 연구이지만 한문의 '故'를 번역한 '젼ᄎᆞ', '若'을 번역한 'ᄒᆞ다가' 등을 전이어로 다루면서도 朴杞璿(1998)보다 전이어에 대한 논의를 진전시키지 못하였다.

金炯哲(1988)은 19세기 말엽의 문헌 자료를 대상으로 이들 문헌에서 전이어들이 대량 사용되어 뚜렷한 문어체적 성격을 띠고 있다고 언급하고 있다. 논문에서는 '故로', '因ᄒᆞ야', '써(以)', 'ᄒᆞ여곰(使)', '더브러(與)' 등을 대표적인 전이어로 간주하고 그 사용 양상을 밝혔다. 원래 한문의 번역으로 인해 생긴 전이어가 창작문에도 대량 출현하게 되었다는 지적은 기존에 없던 주장으로 주목할 만하다. 이는 전이어들의 사용 양상이 확대됨으로써 "번역의 영역을 넘어 일반어까지 깊숙이 침투하였음"을 말해 주는 것이라 할 수 있다(이기문 1988 : 361). 전이어의 개념에 대해서는 안병희(1973)과 대동소이하지만 한문에서 전후 문장의 관계를 나타내는 말을 전이어로 간주하고 한글 문헌에 나타나는 전이어는 한문의 전이어를 번역 차용한 말로 다루는 접근 방법은 안병희(1973)과 차이를 보인다. 그러나 전이어를 전후 문장의 관계를 나타내는 말로 정의하게 되면 한문의 介詞는 전이어라고 말할 수 없다. 그렇다면 한문의 개사 '以', '使', '與' 등을 번역한 '써', 'ᄒᆞ여곰', '더브러' 등도 전이어로 다루지 못하게 될 것이다.[5]

---

5) 중국 학계에서는 전이어란 용어를 사용하지 않고 전후 문장의 관계를 나타내는 말은 關聯詞 또는 連接詞라고 한다. 체언과 용언을 연결시키는 말은 介詞라고, 체언과 체언, 용언과 용언을 연결시키는 말은 連詞라고 하는 것이 일반적인 견해이다.

최성규(2006)에서는 (舊譯)『신약젼셔』에 나타나는 전이어를 찾아내어 그
들의 특징을 정리한 바 있다. 그 대상 항목은 다음과 같이 제시하였다.

　① ㄱ. 다못, 므릇, 밋, 써, 흐여곰
　　　ㄴ. 더브러, 바
　② ㄱ. 대개(大蓋)
　　　ㄴ. 고로, 즉(卽)6), 인(因)흐야

　①은 고유어로 된 전이어, ②는 한자어로 된 전이어이다. ①-②의 (ㄱ)
은 문장 속에서 없어도 그만인 말들로, 전형적인 전이어이다. ①-②의
(ㄴ)은 문장 속에서 없어지면 곤란하나 한문을 그대로 옮겨온 느낌이 짙
은 말들로 역시 전이어에 포함된다. 그 중의 '바'[所]는 김형철(1988)에서
문어체적 성격을 진하게 띠고 있는 말로서 전이어가 아닌 것으로 파악한
바 있다. 그리고 ①-②의 (ㄱ)은 문장 속에서 없어도 그만인 말임을 주장
하고 있지만 문헌 자료를 검토하면 이 말들이 빠지면 문장이 어색하거나
비문이 되는 경우가 쉽게 발견될 수 있다.7) 전이어의 개념에 대해여는 한
문에서 전후 문장의 관계를 나타내는 데에 쓰이는 말을 국어로 직역할 때
나타나는 번역차용어라고 언급하였다. 金炯哲(1988)의 논의와 큰 차이가
없어 보이고 金炯哲(1988)에 앞서 지적된 것과 비슷한 문제점도 존재한다.
　이상 선행 연구를 통해 확인되는 사실은 다음과 같다.
　첫째, 한문이 한국어에 미치는 영향에 관한 문제는 오래 전부터 학계에

---

6) 여기의 '즉'은 한문의 '卽'이 아닌 '則'을 번역한 것이 아닌가 한다. 최성규(2006)에서 제
　시한 예문 (12ㄴ)은 다른 문헌에서 해당한 한자 '則'이 노출되어 있기 때문이다.
　　ㄱ. 이러흐즉 둘이 아니오 흔 몸이니(마태19 : 6)
　　ㄱ'. 如此흐則 二가 아니오 一體니(마태19 : 6)
7) 예를 들어 다음 예문 중의 '흐여곰'이 빠지면 문장이 비문이 될 것이다.
　　ㄱ. 엇디 可히 눔으로 흐여곰 흐리오(豈可使人爲之리오)<小學5 : 39b>
　　ㄱ'. 엇디 ᄂ모로 흐라 흐리오(豈可使人爲之리오)<繙小7 : 6a>

서 관심사가 되어 왔으나 그에 상응하는 만큼 연구 성과가 많이 나오지 않은 실정이다. 그러므로 이 문제에 대해 더 깊은 검토와 꾸준한 연구가 요구된다.

둘째, 언해문에 나타나는 소위 한문적 요소에 대한 인식이 상이하므로 학자에 따라 다루는 관련 대상 범위도 달라 보인다. 이는 한문의 어사, 특히 문법적 의미를 나타내는 허사에 대한 인식, 그리고 한문 통사 구조의 영향에 관련되는 문제이다. 안병희(1973)에서 전이어의 개념을 정립하면서부터 이 요소들에 대한 연구가 많아졌지만 체계적인 연구가 많이 부족한 것이 현실이다. 특히 전이어의 성격을 제대로 파악하기 위해서는 단순히 한국어의 문법적 지식에만 의지하면 곤란하고 한문 문법과 구결문의 특성도 함께 깊이 검토될 필요가 있다.

셋째, 전이어의 개념을 받아들인다 하더라도 그 관련 대상 항목에 대한 논의가 역시 많이 부족하다. 전이어는 중세 시기부터 언해 문헌에 빈번히 출현함에도 불구하고 중세 시기의 전이어를 대상으로 다룬 연구가 거의 없는 형편이다. 특히 현대 한국어에까지 그 흔적이 남아 있는 전이어마저도 그에 대한 연구가 부족한 실정이다. 중세 시기부터 출현되고 근대 시기에 빈번히 사용되며 현대 시기까지 그 흔적이 남아 있는 연속성은 한국어의 역사적 변천을 연구할 때 중요시할 수밖에 없다. 이러한 연속성에 대해 통시적 연구를 하되 무엇보다도 우선 중세 시기의 언해 문헌에 나타나는 전이어를 체계적으로 연구할 필요가 있다.

1.3. 연구 대상과 연구 자료

전이어는 한문을 축자역하는 직역 문헌에 많이 나타나는 요소들이다. 어떤 요소가 전이어인지 아닌지 여부는 의역 문헌과 직역 문헌의 비교를 통해서 어렵지 않게 파악할 수 있다. 특히 같은 한문 원문을 두 번 이상 번역한 문헌을 비교하는 방법은 더욱 효율적이며 합리적인 방법이 된다. 이 책에서는 일단 잘 알려져 있는 의역 문헌인 『번역소학』(1518)과 직역 문헌인 『소학언해』(1587)를 기본 텍스트로 선정하여 전이어를 찾아내기로 한다. 『번역소학』의 의역 성격과 『소학언해』의 직역 성격은 두 문헌의 비교를 통해서 쉽게 알 수 있을 뿐더러 두 문헌의 범례와 발문에서도 근거를 찾을 수 있다(밑줄 저자).

> 雖則兒童婦女 開卷便曉 (『번역소학』 권10 발문)
> [비록 아동과 부녀라도 책을 살펴보면 (그 내용을) 바로 이해할 것이다.]

> 戊寅本 欲人易曉 字義之外 並入注語爲解 故未免有冗繁處 今則刪去枝辭 一依大文 逐字作解 有解不通處 則分注解之 (『소학언해』 범례)
> [무인본은 사람마다 쉽게 알도록 하고자 하여 글자의 의미 외에 아울러 주석을 붙인 고로 지루하고 복잡한 곳이 있는 것을 피하지 못하게 되었다. 지금 부가적인 내용을 지우고 한문 원문에 따라 '축자작해'하고 만약 해석을 하다가 통하지 않는 곳이 있으면 따로 주석을 붙여 해석한다.]

> 萬曆乙酉春 設校正廳 選儒臣若干 使之釐正舊本 刪去繁冗 逐字作解 要以不失文義爲重 皆上之旨也 (『소학언해』 발문)
> [萬曆 乙酉 봄에 교정청을 개설하여 儒臣 여러 명을 뽑아 그들로 하여금 옛 판본을 바로잡게 하여 복잡하고 지루한 부분을 삭제하고 '축자작해'함으로써 한문 원문의 뜻을 잃지 않도록 하는 것을 중점으로 삼아야 하는데 이는 모두 임금의 뜻이다.]

戊寅本(『번역소학』)은 사람들이 쉽게 알 수 있도록 의역을 한 탓에 원문의 뜻을 잃었을 뿐 아니라, 주석[注語]까지도 본문에 부연하여 번역하였으므로 글이 산만해진 곳이 있다. 그리하여 『소학언해』에서는 한결같이 한문 원문에 의거하여 축자적으로 번역하고 통하지 않는 곳에는 협주를 달아서 원문의 뜻을 잃지 않도록 하였다.『소학언해』범례와 발문에 보이는 '逐字作解'는 두 가지의 의미를 나타내는 것으로 이해된다. 한문 원문에 의거하여 注語를 부연하지 않고 그대로 번역한다는 의미와 함께 한문 원문의 글자(특히 虛辭) 각각을 놓치지 않고 일일이 축자적으로 번역한다는 의미도 있다. 다음 예문을 살펴보기로 한다.

(1) ㄱ. 伊川先生이 學졔도를 看詳[보술펴 샹텽ᄒᆞ단 말이라]ᄒᆞ시니(伊川先生이 看詳學制ᄒᆞ시니)<小學6 : 14b>
ㄱ'. 伊川先生이 大學館졔도를 보와 즈셰 밍ᄀᆞ르시니(伊川先生이 看詳學制ᄒᆞ시니)<飜小9 : 16a>
ㄴ. 馮이 賈相餗[속은 일홈이니 그젹 졍승이라]의 門人[집의 드나드ᄂᆞᆫ 사ᄅᆞᆷ을 닐옴이라]이 되연ᄂᆞᆫ디라(馮이 爲賈相餗이 門人이라)<小學 6 : 116a>
ㄴ'. 馮球ㅣ 賈餗이랏 지샹의 지븨 드나드ᄂᆞᆫ 손이 되어(馮이 爲賈相餗이 門人이라)<飜小10 : 17a>
(2) ㄱ. 公이 보야호로 효도로 ᄡᅥ 天下를 다ᄉᆞ료디(公이 方以孝治天下…) <小學5 : 46a>
ㄱ'. 공이 보야호로 효도로 텬하를 다ᄉᆞ료디(公이 方以孝로 治天下…)<飜小7 : 12a-13b>
ㄴ. 이 세 가지를 알면 ᄡᅥ 몸 가질 바를 알리라(知此三者則知所以持身矣리라)<小學5 : 59b>
ㄴ'. 이 세 이를 알면 내 몸 가지기를 알리라(知此三者則知所以持身矣리라)<飜小7 : 27a>

(1ㄱ)의 '看詳'은『소학언해』에서 "직역하여 한문 원문의 '看詳'을 그대로 쓰고서, 협주로써 설명하고 있는 것"이다(안병희 1973 : 78). 반대로 (1ㄱ')에서는 의역하여 '보와 즈셰 밍ᄀᆞ르시니'로 언해되었다. (1ㄴ)의 '賈相餗', '門人'은 (1ㄴ')에서 보는 바와 같이 의역에서 풀어서 번역하고 있으나 직역에서는 그대로 쓰고 협주를 이용하여 설명하고 있다. (2)의 경우는 (1)과

다르다. 한문의 허사 '以'는 의역에서 잘 드러나지 않았는데 직역에서는 '뻐'로 대응되어 있다. 한문의 숙어 '所以'는 (2ㄴ')에서 동명사형 '-기'에 대응되었지만 (2ㄴ)에서는 축자역하여 '뻐 ~(은) 바'로 언해되었다. 요컨대 『소학언해』의 번역자는 의식적으로 의역을 지양하고 직역을 함으로써 원문의 뜻을 존중하고 원문과 언해를 하나로 하였다 할 수 있다(안병희 1973 : 78). 그 결과 『소학언해』는 『번역소학』보다 한문 원문에 더 충실히 '축자작해'하고 따라서 '뻐'와 같은 전이어를 많이 사용하고 있다.

'축자작해' 여부를 염두에 두고 『소학언해』와 『번역소학』 두 문헌을 대비해 보면 『소학언해』에 나타난 전이어의 존재를 쉽게 확인할 수 있다.

(3) ㄱ. 公이 보야호로 효도로 <u>뻐</u> 天下룰 다亽료더(公이 <u>方以</u>孝治天下···) <小學5 : 46a>

　　ㄴ. 공이 보야호로 효도로 텬하룰 다亽료더(公이 <u>方以</u>孝로 治天下···)<飜小7 : 12a-13b>

(4) ㄱ. <u>시러곰 호여곰</u> 글지이룰 호게 아니홀디니라(不得令作文字ㅣ니라)<小學5 : 6a>

　　ㄴ. 글지시란 아니케 홀디니(不得<u>令</u>作文字ㅣ니라)<飜小6 : 6a>

(5) ㄱ. 茅容이 동류로 <u>더브러</u> 비룰 나모 아래셔 避홀시(茅容이 <u>與</u>等輩로 避雨樹下홀시)<小學6 : 105b-6b>

　　ㄴ. 茅容이 동뉴엣 사룸과 비룰 피호야 나못 아래 드럿더니(茅容이 <u>與</u>等輩로 避雨樹下홀시)<飜小10 : 6a>

(6) ㄱ. 민 죽음애 과연히 그 말 곧튼니(及卒애 果如其言호니)<小學5 : 98b>

　　ㄴ. 그 주구매 <u>미처논</u> 과연히 그 말와 ᄀ트니(及卒<u>호야논</u> 果如其言호니)<飜小8 : 20b>

(7) ㄱ. <u>뻐</u> 馬援의 글월이 殷勤히 모든 조데룰 경계혼 배니라(<u>所以</u>馬援書ㅣ 慇懃戒諸子ㅣ니라)<小學5 : 24a>

　　ㄴ. <u>이런 도로</u> 마원이 그리 브즈러니 모든 조데룰 경계호니라(<u>所以</u>馬援書ㅣ 慇懃戒諸子호니라)<飜小6 : 25b>

예문 (3)~(5)의 '뻐', '시러곰', 'ᄒᆞ여곰', '더브러' 등은『번역소학』에 나타나지 않은 표현인데 대응되는 한문 '以', '得', '令', '與'를 번역한 결과로『소학언해』에 나타나 있다. (6), (7)은 같은 원문 '及', '所以'에 대응되는 표현이지만『번역소학』에는 각각 '미처는', '이런 ᄃᆞ로'로 번역된 반면『소학언해』에는 한문에 대한 축자역의 영향으로 인해 다른 표현이 나타났다. (6)에서 용언 '및-'의 활용형('미처는') 대신 '믿'이 문장 첫머리에 나타난 것은 '믿'을 '及'에 축자 대응시키고 한문의 어순에 따라 번역한 결과이며, (7)은 '이런 ᄃᆞ로'의 뜻을 나타내는 '所以'를 다시 두 개의 단어처럼 파악하여 '所'를 '바'로, '以'를 '뻐'로 번역하여 이루어진 현상이다. 물론『번역소학』에도 이러한 한문적 요소가 발견되나[8)]『소학언해』보다는 훨씬 드물다. 따라서 두 문헌의 대조적 성격을 잘 활용하면 직역 문헌(『소학언해』)에 나타난 전이어를 어렵지 않게 확인해 나갈 수 있을 것이다.

이상과 같은 방법으로 전이어를 추출하게 되면 이 연구로서는 추출된 모든 전이어를 연구 대상으로 하여 논의를 진행해 나가야 가장 이상적일 것이다. 그러나 효율적인 논의를 위하여 본 연구에서는 한문의 '以', '與', '及', '使' 등에 대응되는 전이어만을 연구 대상으로 한정하고자 한다. 첫째, 이들 전이어는 이희승(1947 : 192-3)[9)]에서 언급된 이래 전이어 논의에서 가장 보편적으로 언급되어 온 대상들이다. 둘째, 이들 전이어는 중세만이 아니라 근대 시기의 문헌에도 빈번히 등장하고 현대 한국어에까지도 문어체에 그 흔적을 남겨 문법적 의의가 남다른 대상들이다. 셋째, 이들

---

8) 『번역소학』은 전형적인 의역 문헌이지만 한문을 지나치게 의식하여 번역차용한 전이어가 산발적으로 존재한다.
  ㄱ. 님굼이 高允으로 히여 太子를 글 ᄀᆞᄅᆞ치라 ᄒᆞ더니(帝使允으로 授太子經ᄒᆞ더시니)<飜小9 : 44a>
  ㄴ. 나히 시졀와 다못 ᄃᆞᄅᆞ며 ᄠᅳ디 히와 다못 디나가(年與時馳ᄒᆞ며 意與歲去ᄒᆞ야)<飜小6 : 17a>
9) 이희승(1947 : 192-3)에 수록된 '외래어 이야기'는 실은 1941년의 <春秋>(第二卷 第三號)에 실린 글이다. 이렇게 볼 때 이들 전이어는 이미 1941년에 언급되었던 셈이다.

전이어는 전이어의 용법이 字釋으로 정착되는가 하면(예 : 以 뻐 이, 與 다믓 여 더브러 여, 使 ᄒ야곰 ᄉ, 及 밋 급) 언해문에서 'NP로 # 전이어' 구성으 로 나타나는 공통점도 보여 상호 비교 검토가 가능하고 또 필요한 대상들 이다. 넷째, 이들 전이어는 다른 전이어보다 출현 양상이 훨씬 다양하게 나타나므로 전이어의 성격을 파악하기에 보다 유리한 대상들이다. 요컨대 본 연구에서는 이들 전이어가 출현 빈도나 용법에 있어서 전이어의 특성 을 특히 잘 보여 줄 수 있는 전형적 대상들로 판단하여 논의 범위를 한정 하고자 하는 것이다.

전이어를 연구하기 위해서는 의역과 직역이 모두 이루어진 문헌 자료 를 선택하는 것이 당연히 가장 적합할 것이다. 중세 시기에 두 번 이상 번 역되어 의역과 직역이 함께 있는 언해 문헌은 안병희(1973 : 77)에서 다음 과 같이 제시된 바 있다.

> 원　전 : 小學
> 언해서 : ① 飜譯小學(飜小 1518)
> 　　　　 ② 小學諺解(小學 1587)
>
> 원　전 : 妙法蓮花經(法華)
> 언해서 : ① 釋譜詳節 ⅩⅢ－ⅩⅪ(釋詳 1447)
> 　　　　 ② 月印釋譜 Ⅺ－ⅪⅩ(月釋 1459)
> 　　　　 ③ 法華經諺解(法華 1463)
>
> 원　전 : 阿彌陀經(阿彌)
> 언해서 : ① 釋譜詳節Ⅷ[不傳]
> 　　　　 ② 月印釋譜Ⅷ(1459)
> 　　　　 ③ 阿彌陀經諺解(阿諺, 1464)

이상의 문헌들은 의역과 직역의 차이를 검토하여 전이어를 확인하는

데 직접적으로 중요한 자료들이다(예시된 문헌 중『소학언해』,『법화경언해』,
『아미타경언해』가 직역 문헌에 해당). 특히『번역소학』과『소학언해』는 의역
과 직역의 성격도 명시적으로 언급되었고 본 연구에서 다루는 전이어도
쉽게 확인할 수 있으므로 본 연구에서 일차적 중요성을 부여하여 기본 텍
스트로 삼았다. 다른 문헌은 본 연구에서 다루는 전이어가『소학언해』처
럼 많이 확인되지는 않지만 전이어의 출현 양상이나 분포를 검토하는 데
귀중하게 참고할 만한 자료들이다. 특히 같은 직역 문헌에 해당하더라도
『법화경언해』등 15세기 불경 언해 문헌은 16세기 경서 언해 문헌과 전
이어의 출현 양상에 미묘한 차이를 보이므로(후술 2.4. 참조) 두 부류의 문
헌을 서로 비교하여 이해할 필요가 있다.

　이밖에 직역 문헌일수록 번역 과정에서 구결문의 영향을 더욱 크게 받
는 점도 고려될 필요가 있다. 일반적으로 "언해가 먼저 달아 놓은 원문의
구결에 의거하여 거의 기계적으로" 이루어지는 점을 감안하면(후술 2.3.2.
참조), 구결문의 영향이 직역 문헌에 빈번히 나타나는 전이어, 특히 전이
어의 출현 양상에도 파급될 가능성이 충분하기 때문이다. 그러므로 한문
원문에 구결을 현결한 문헌, 즉 구결문이 포함된 문헌을 검토하는 것도
필요하다. 따라서 본 연구는 구결문과 언해문이 짝을 이룬 언해 문헌 역
시 중요한 참고 자료로 삼고자 한다. 15세기의 불경 언해 문헌, 경서 언해
문헌, 또 16세기의 경서 언해 등이 모두 그런 자료에 해당한다. 이에 따라
본 연구에서 참고하는 대상 자료의 목록과 약호를 제시하면 다음과 같다.

楞嚴經諺解	楞嚴	1462
圓覺經諺解	圓覺	1465
杜詩諺解	杜詩	1481
內訓	內訓	1475
金剛經三家解	金三	1482
六祖法寶壇經諺解	六祖	1496

論語諺解	論語	1590
孟子諺解	孟子	1590
中庸諺解	中庸	1590
大學諺解	大學	1590

1.4. 논의의 구성

본 연구는 중세 언해 문헌에 나타나는 전이어의 출현 양상과 기능을 밝히는 데 목적이 있다. 본 연구의 논의는 다음과 같이 진행될 것이다.

2장에서는 3~6장의 본격적 논의에 앞서 기초적 논의를 수행한다. 연구 대상으로 삼은 전이어와 관련하여 전이어의 개념과 유형을 비롯, 전이어와 선행 조사의 관계, 전이어와 직역 문헌의 관계 등을 두루 논의할 것이다.

3장부터 6장까지는 본 연구의 핵심적인 부분으로서 해당 전이어별로 전이어의 출현 양상과 기능을 기술·정리하는 데 중점을 둔다. 각 장에서는 우선 한문 원문('以, 與, 使, 及')에 대응되는 표현이 전이어에 해당되는지 여부부터 재확인한다. 이러한 확인은 이미 2장에서 밝혔듯이 동일 원문에 대한 직역과 의역의 대비를 중심으로 이루어질 것이다. 전이어를 확인한 다음에는 중세 문헌에 나타나는 전이어의 다양한 출현 양상을 앞서 2장에서 분류한 유형(곧 첨가형과 치환형)을 고려하여 정리·제시하고, 전이어의 기능은 크게 문맥 관계의 명시 기능과 문맥 의미의 보완 기능으로 나누어 논의를 진행할 것이다.

7장은 이상에서 논의한 내용을 간략히 정리하여 결론으로 삼는다. 한문이 한국어에 미친 영향 문제와 관련하여 본 연구에서 논의가 미진했던 점과 보완해야 할 과제에 대해서도 언급한다.

2. 전이어에 대한 기초적 논의

본장에서는 이 책에서 연구 대상으로 삼은 '전이어'에 대하여 아래 물음과 관련한 기초적 논의를 진행한다.

첫째, 전이어의 개념은 무엇인가? 본 연구에서 대상으로 삼는 전이어는 구체적으로 어떠한 성격을 특징으로 하는가?

둘째, 전이어의 목록은 어떠한가? 전이어의 용법상 세부 유형이 나뉠 필요성은 없는가?

셋째, 전이어와 선행 명사구의 관계는 어떠한가? 전이어의 '첨가성'에 입각할 때 전이어에 선행하는 조사는 어떻게 이해해야 하는가?

넷째, 전이어와 직역 문헌의 관계는 어떠한가? 직역의 성격 차이에 따라 전이어의 분포(=종류와 빈도)에 차이가 있을 가능성은 어떠한가?

위의 물음에 대한 순차적 논의를 통해, 본장에서는 3장 이하 전이어의 본격적인 기술에 앞서 본 연구의 기본적인 입장을 명확히 해 두고자 한다.

2.1. 전이어의 개념

전이어는 그 용어와 개념이 안병희(1973)에 의해 처음 도입된 이래 학계에 커다란 이견 없이 통용되어 왔다고 할 수 있다. 따라서 전이어의 개념을 점검하려면 무엇보다 안병희(1973)에서 언급된 '轉移語(transitional word)'의 개념을 세밀하게 살펴볼 필요가 있다. 다소 장황하기는 하지만 안병희(1973)에서 전이어와 관련된 부분을 우선 그대로 인용해 보이기로 한다(괄호의 숫자와 밑줄은 저자).

(1) 직역과 의역 즉 번역 양식에 따라 일어나는 언어 사실의 차이는, 우선 다음과 같은 조목들을 들 수 있다. (중략) 전후의 문맥을 분명하게 하여 주는 단어, 소위 轉移語 *transitional word*의 사용 여부를 들 수 있다. 다음 문례가 그러하다.

원문 : 日必冠帶 以見長者 平居雖甚熟 在父母長者之側 不得去巾襪縛袴 衣服唯謹(小學)

번역 : ① 랄마다 모로매 冠帶ᄒᆞ야 얼우시늘 뵈ᅀᆞ오며 샹해 비록 ᄀᆞ장 더운 저기라도 부모와 얼우신의 겯틔 이셔는 곳갈와 보션과 힝던 올 밧디 아니ᄒᆞ야 衣服ᄒᆞ고 조심ᄒᆞ야 겨시더라<飜小IX, 2b>

② 날마다 반ᄃᆞ시 冠帶ᄒᆞ야 써 얼우신끠 뵈ᅀᆞ오며 샹해 이실 제 비록 심히 더우나 父母와 얼우신 겯틔 이셔 시러곰 곳갈와 보션과 힝던올 밧디 아니ᄒᆞ야 衣服을 오직 삼가더라<小學VI, 2b>

이 문례 ②에 나타나는 '써, 시러곰'이 소위 전이어로 쓰인 단어다. 의역인 ①에서는 보이지 않은 단어가 나타나서, 한 상황에서 다른 상황으로 바뀌어지는 관계를 밝히고 있는 것이다. 그러나 원문의 '以, 得'을 지나치게 의식한 措辭(diction)이라 하겠다. 사실 中世語 이후 文獻에 나타나는 '써, 시러곰'은 漢文에서의 飜譯借用 *translating borrowing*으로 이루어진 단어인 것이다(p.80).

(2) 그러나 이러한 번역차용에 의한 단어가 아닌 것으로써, 다른 상황으로 바뀌어지는 관계를 밝히는 경우는 직역이 아니라, 오히려 의역에서 볼 수 있다. 즉

원문 : 儀對曰責在元帥 昭怒曰(小學)

번역 : ① 儀 디답ᄒᆞ야 닐오디 외요미 도원슈끠 인ᄂᆞ니이다 ᄒᆞ여늘 昭ㅣ 로ᄒᆞ여 닐오디 <飜小IX, 26a>

② 儀 디답ᄒᆞ야 ᄀᆞᆯ오디 허믈이 웃듬쟝슈끠 인ᄂᆞ니이다 昭ㅣ 怒ᄒᆞ야 ᄀᆞᆯ오디 <小學VI, 23b>

여기 ①인 意譯에 나타나는 'ᄒᆞ여늘'이 그러한 예다(p.80).

(3) 직역된 글에 나타나는 '써, 시러곰'에 인과관계를 표시하는 단어가 추가될 수 있다. '젼추, 그럴씨'가 그것인데, 역시 일종의 전이어다. 다음 문례

에 보인다.

　　원문 : 云何… 唯<u>以</u>一大事因緣 故出現語世(法華)

　　번역 : ① 엇뎨 〔……〕 다믄 흔큰읪 因緣<u>으로</u> 世間애 나시ᄂ다 ᄒ거뇨
　　　　　 ᄒ란뎌<釋詳Ⅷ,48b>

　　　　　 ② 엇뎨 〔……〕 오직 一大事因緣 <u>젼ᄎ로</u> 世間애 나 現ᄒ샴고<法
　　　　　 諺Ⅰ,179a>

　　원문 : 欲…咸得聞知一切世間難信之法 <u>故現此瑞</u>(法華)

　　번역 : ① 一切世間앳 信티 어려본 法을 다 듣ᄌᄫ아 알에 호리라 <u>ᄒ샤</u> 이런
　　　　　 祥瑞를 뵈시ᄂ니라<釋詳Ⅷ, 27a>

　　　　　 ② 一切世間앳 信ᄒ미 어려운 法을 다 드러 알에 코져 <u>ᄒ샤</u> <u>그럴ᄊ</u>
　　　　　 이 瑞를 나토시ᄂ니라<法諺Ⅰ, 90a>

　이들 문례에서 의역인 ①은 원인과 동기를 조사 '-으로'와 부동사 'ᄒ샤'
로써 나타내고 있으나, 직역인 ②는 거기에 다시 '젼ᄎ'와 '그럴ᄊ'를 덧붙
여 표시하고 있다. 이들 단어는 <u>원문의 '故'에 의식적으로 대응</u>된 것이다.
<u>類語反復*tautology*</u>이라 할 예다. <u>조사와 부동사로써 충분한데도 다시 원인과
동기를 표시하는 단어를 되풀이하였기 때문</u>이다. 요컨대 이들 '젼ᄎ'와 '그
럴ᄊ'는 전이어로서, 위의 '뼈, 시러곰'과 똑 같은 유형인 것이다(pp.80-81).

　(1)의 부분에서는 우선 전이어의 정의가 소개되고 있다. 전이어는 "전후
의 문맥을 분명하게 하여 주는 단어"로서 "한 상황에서 다른 상황으로 바
뀌어지는 관계"를 밝힌다고 정의되어 있다.[10] 의역에 비해 전이어는 첨가

---

10) 이러한 개념을 '전이어(轉移語)'로 명명한 것은 Nida(1964)를 참고한 것이라 할 수 있다.
안병희(1973 : 76 각주 3)에서는 "이 글의 Ⅲ절[전이어 관련 부분 - 저자] 아하의 논술
에서는 Nida(1964)에서 도움을 받았다."고 밝힌 바 있다. Nida(1964 : 232)에 따르면
'transitionals(전이어)'는, 구조적 관련이 있는 단위들을 접속시키는 'conjunctions(접속사)'
와 달리, 단순히 한 단위(unit)에서 다른 단위로 'transition'이 일어남을 표시하는 기능어
이다. 따라서 receptor language(=target language 저자주)에서는 source language의
'transitionals'가 번역상 생략되는 편이 오히려 나을 수 있다(아래의 인용문 참조. 밑줄
및 굵은 글씨체는 저자).

　　Transitionals differ from <u>conjunctions</u> in that, instead of combining two formally related
units, they serve merely to **mark a transition from one unit to another.** In the New
Testament, for example, there is a Greek form *egeneto*(which corresponds to a common
Semitic transitional) usually translated in the King James Version as "<u>it came to pass.</u>" On

된 성분이기 때문에 없는 경우보다 전후의 문맥을 분명하게 하여 준다는 것은 당연한 일이다. 문례로 제시된 '뼈'와 '그럴씨'는 그러한 경우에 속한 것들이다. '뼈'는 선행절이 후행절의 "방식"을 나타내는 문맥 관계, '그럴씨'는 선행절이 후행절의 "원인"을 나타내는 문맥 관계를 더 분명하게 하여 주는 것이다. 그러나 "한 상황이 다른 상황으로 바뀌어지는 관계"가 어떠한 관계를 가리키는지는 명확하지 않다. 만약 '전후의 문맥'과 같은 개념으로 이해될 수 있다면 '시러곰'의 경우를 설명하는 데 어려운 점이 발생하게 된다. 한문의 '得'이 문장 서술어의 양태와만 관련되듯이 여기의 '시러곰'은 문장 서술어의 양태와만 관련된 것이기 때문에 "한 상황이 다른 상황으로 바뀌어지는 관계"를 밝히는 것이 아니다. 정승철(1990 : 54-55)에서는 "'시러곰'은 전이어라고 할 수 있지만 이는 한문 원문 '得'에 대한 번역차용이며 상황이 바뀌는 관계를 밝히는 전이어가 아니라"고 지적한 바가 있다. 그러므로 여기의 '전후의 문맥'은 어떠한 관계를 가리키는지 새로 규명하지 않을 수 없게 된다. 이 '전후의 문맥'은 한 상황이 다른 상황으로 바뀌어지는 관계, 즉 복문의 선후행절의 관계를 가리키기도 하고 또 단문의 문장 성분 간의 통사적 관계를 가리키기도 하는 것으로 보다 폭넓게 해석될 필요가 있을 것이다.

---

occasion this transitional may be rendered effectively as "then", "now", or "after that", but in many contexts it is better simply to omit it.

The Gospel of Mark employs a very frequent Greek transitional euthus, which means literally "straightway" or "immediately". it may in certain cases be so translated as to indicate the immediacy of the subsequent event, but in many contexts the omission of such a transitional is a closer equivalent.

여기서 한 가지 유의할 점은 Nida(1964)에서 말하는 'transitionals'는 어디까지나 source language의 것이라는 점이다. 따라서 Nida(1964)에 충실하자면 ('transitionals'에 대한 譯語로서) '전이어'를 "한문에서 전후의 문장관계를 밝혀 주는 어휘"(김형철 1994 : 108)로 정의할 수도 있을 것이다. 그러나 본 연구에서는 직역 언해문에 등장하는 요소를 대상으로 하기 때문에 source language(한문)가 아니라 receptor language(언해문)의 것을 '전이어'로 지칭하고 있음을 밝혀 둔다.

(1)의 부분에서는 전이어의 형성에 대해서도 소개하고 있다. 전이어는 "漢文에서의 飜譯借用 translating borrowing으로 이루어진 단어"라는 것이다. 전이어의 형성을 '번역차용'의 결과로 보는 견해에 대해서는 기존 연구에서 별다른 이론이 없었다. 여기서 '번역차용'의 개념을 도입하게 되면 전이어의 기능으로 쓰인 듯한 고유어, 예를 들어 (2)의 부분에서 보여 주는 것처럼 의역에 나타나는 'ᄒᆞ여늘' 등이 배제될 수 있다. 여기의 'ᄒᆞ여늘'은 의역과 직역을 대비할 때 쉽게 포착될 수 있고 한 상황이 다른 상황으로 바뀌어지는 관계를 나타낼 수도 있다. 그러나 이러한 전이어는 한문의 어사를 번역하여 형성한 것이 아니므로 한문의 어사를 "지나치게 의식한 措辭"인 '뻐, 시러곰'의 형성과는 다르다. '지나치게 의식한다'는 것은 축자역의 번역 태도에서 비롯된 것인데 결과 한문 어사에 대응되는 고유 문법적 형태가 있음에도 불구하고 한문 어사를 번역차용하게 되었던 것으로 이해된다. 그렇게 보면 전이어는 전후 문맥을 분명히 하여 주는 단어이지만 한문 어사를 지나치게 의식한 존재로서 이질적인 성격을 지닌 것이라 하겠다. 김형철(1988 : 38)에서는 전이어가 자립성이나 구문상의 기능에 있어 한문과 한국어의 중간 성격을 띠고 있는 어휘라고 지적한 바 있다. 여기의 '중간 성격'도 이들 전이어가 이질적인 존재임을 말해 주는 것으로 이해된다.

다만 여기서 '차용'과 '번역차용'의 의미가 무엇인지 다시 음미할 필요가 있다고 본다. '차용'은 언어들의 접촉에서 일어나는 현상으로 다른 언어의 단어를 번역 없이 또는 거의 최소한의 번역만으로 직접 가져온 현상을 가리키는 것이다. 그러나 한문의 문법관계를 나타내는 어사의 경우, 예를 들어 한문의 허사 '以'는 문례 ①에서 보는 것처럼 한국어에서 이미 그 허사의 의미를 나타내는 대응 형태 '-어'로 번역되었음에도 불구하고 또 '뻐'로 번역하여 차용한 것은 일반적 의미에서의 '차용'과는 또 다르다고 하겠다. 송민(1979 : 21)에서는 "外國語의 單語나 句가 가지고 있는 특별한

意味나 用法을 自國語로 직역하여 사용하는 것이 번역차용(loan shift, loan translation, calque)"이라고 지적한 바 있다. 合成語나 複合語 혹은 句를 逐語的, 직역적으로 번역한 후 그 의미나 용법만은 본래 외국어의 것을 빌리는 것이므로 차용되는 것은 "단어나 구 자체가 아니라 그것이 나타내고 있는 특수 용법"이라는 것이다. 그러므로 여기서 '뻐'를 번역차용한 것은 한문의 '以'를 '뻐'로 고정적으로 대응시킴으로써 한문 '以'의 특수용법을 명시하기 위한 것으로 이해되어야 한다. 한문에서 '以'는 명사구와 통합하여 후행 서술어를 꾸미는 기능을 행하기도 하고 선후행절을 접속시키는 기능을 행하기도 하는데 문례 ①은 바로 후자의 경우에 속한 것이다. 따라서 이 경우의 '뻐'는 형태상으로는 동사 '쓰-'의 활용형과 다를 바 없다 하더라도 일반적으로 활용형이 갖는 서술성을 갖추지 못한 점에서 동사의 활용형과는 구분되어야 할 존재라 할 수 있다.11)

(3)의 부분에서는 전이어의 기능이 언급되고 있다. 전이어의 기능을 '類語反復(tautology)' 내지 '되풀이'로 규정한 것은 전이어의 기능을 '중복적, 잉여적'인 것으로 보아 온 기존의 관점과 상통하는 것이다.12) 전이어는 경우에 따라 중복적, 잉여적 요소로 해석될 수 있으나 어떤 경우에는 나름대로 적극적으로 일정한 기능을 행하는 경우가 드물지 않다. 이 부분의

---

11) 이러한 성격은 '뻐'만이 아니라 본 연구에서 대상으로 삼는 '동사어간 + -어'의 형태를 지닌 전이어 모두에 해당하는 것이라 할 수 있다. 첫째, 이들은 '-어'가 결합된 형태로만 쓰여 형태의 고정성을 보인다. 둘째, 이들은 '-시-', '-습-' 등 다른 선어말어미와 통합되어 쓰이는 경우가 없다. 셋째, 이들은 용언 어간이 아니라 부사에 가까운 독특한 字釋이나 주석 방식을 보여 주기도 한다. 예 : 以는 뻐 ᄒ논 ᄠᅳ디라 <月釋 1 : 釋序5b>, 以 뻐 이 <光千 14a> <注千 14a>; 使는 희여 ᄒ논 마리라 <訓諺 3a>, 使 브릴 시 ᄒᆞ야곰 ᄉ <新類 上 : 17b>, 使 ᄒᆞ야금 ᄉ 슈也 又 브릴 ᄉ 役也 又 브리일 시 <注千 8b>; 與 다못 여 <光千 11b>, 與 다ᄆᆞᆺ 여 더브러 여<新類 下63a>; 及 밋 급<光千 7a>.

12) 남풍현(1971ㄴ)에서는 '若'에 대응되는 'ᄒᆞ다가'가 일종 잉여적 요소임을 지적한 바 있다. 이 'ᄒᆞ다가'를 차용한 현상은 한문의 '及', '與'를 차용한 '밋', '다못'의 현상과 동질의 것이라 언급되었다. 김형철(1988 : 38)에 의하면 한문 원문을 한국어로 직역할 때 한국어의 굴절형식에다 직역된(대개 번역차용어임) 전이어들이 첨가되므로 중복 표현 형식이 되고 만다고 한다. 윤용선(2003 : 205) 역시 전이어를 "불필요한" 것으로 다루고 있다.

문례에 나타난 '젼ᄎ', '그럴ᄊᆡ'는 조사 '로', 부동사 'ᄒᆞ야'와 유어반복을 형성하였다고 할 수 있으나 (1) 부분의 문례에 나타난 '시러곰'까지 유어 반복이라 말할 수 있는지는 의문이다. '시러곰' 외에 '得'에 대응되는 조사나 어미 혹은 조동사가 보이지 않기 때문이다. 이 경우의 '시러곰'은 전후 문맥보다 문장의 의미를 보완하여 주는 기능을 한다고 하는 것이 더 적당하지 않을까 한다. 또 예를 들면 '以'에 대응하는 '뻐'는 'VP-어 뻐 VP' 또는 'NP로 뻐'의 구조에서 중복적, 잉여적 요소로 이해될 수 있으나 '與'에 대응하는 '더브러'는 'NP로 더브러'의 구조에서 단순히 중복적, 잉여적 요소로는 볼 수 없고 '로'와 함께 공동격 기능을 수행하는 데 적극 관여한다고 볼 수밖에 없다. '로'가 단독으로 공동격 기능을 나타내기에 기능 부담량이 극히 미미하기 때문이다(이에 대해서는 4장에서 상술). 결국 전이어의 기능에 대하여는 단순히 '유어반복'에 국한시키지 않고 적어도 직역 문헌 내에서 하는 적극적 기능을 포함시킬 필요가 있다 하겠다.

이상에서 논의한 내용을 바탕으로 본 연구에서 대상으로 삼는 '전이어'에 대한 개념을 보다 구체적으로 제시하면 아래 (4)와 같다.

> (4) 한문 어사의 번역차용을 통해 직역 언해 문헌에 특징적으로 나타나는 단어. 의역 언해 문헌과 비교하면 한문 어사에 대응되는 고유한 문법 형태가 있음에도 불구하고 별도로 첨가된 어휘 형태의 성격을 갖는다. 이러한 전이어는 직역 문헌에서 단순히 중복적 표현을 이루기도 하지만 전후의 문맥 관계를 명시하거나 문맥 의미를 보완하는 기능을 수행하기도 한다.

위에 정리한 내용은 안병희(1973)에서 제시된 '전이어'의 개념을 대체로 계승한 것이지만 다음 몇 가지 점에서 다소 차이가 있기도 하다.

첫째, 직역 문헌에 나타나는 요소임을 분명히 하였다. 안병희(1973 : 80)에서 지적되었듯이 오히려 의역 문헌에만 나타나는 전이어도 있을 수 있지만 그것은 한문 어사의 번역차용과는 아무런 관계가 없으므로 이 책에서는 이질적인 성격으로 보아 연구 대상에서 배제한 것이다.

둘째, 전이어의 '첨가성'을 보다 분명히 하였다. 안병희(1973 : 80)에서도 "덧붙여 표시"하는 요소임을 언급한 바 있듯이 이들은 고유한 문법 형태에 더하여 별도로 '첨가된' 성격을 특징으로 한다. 이러한 '첨가성'에 입각하면 전이어와 그에 선행하는 조사 사이의 관계를 '논항' 관계나 '격지배' 관계의 표시로 파악하기는 어렵게 된다. 이에 대해서는 2.3.절에서 기존 논의와의 입장 차이를 자세히 논의하게 될 것이다.

셋째, 전이어의 기능을 보다 적극적으로 이해하고자 하였다. 안병희(1973 : 80)에서는 전이어의 기능을 "類語反復(tautology)" 내지 "되풀이" 정도로 규정하였지만 이 책에서는 문맥 관계를 명시하거나 문맥 의미를 보완하는 보다 적극적 기능을 인정하는 태도를 취하였다. 이러한 적극적 기능에 대하여는 3장 이하의 논의에서 각 전이어를 대상으로 구체적 논증을 거칠 것이다.

2.2. 전이어의 목록과 유형

앞서 정리한 전이어의 개념에 따르면 의역과 직역을 대비함으로써 첨가적 성격의 전이어를 어렵지 않게 확인, 추출할 수 있다. 여기서는 앞절에서 정리한 전이어의 개념에 비추어 기존 연구에서 다루어 왔던 항목을 검토하면서 전이어의 목록을 점검하고자 한다. 우선 기존 연구에서 다루었던 전이어의 항목을 제시하면 아래와 같다.[13]

---

13) 제시한 항목 중에 (5)~(8)는 명확히 전이어로 제시된 항목들이다. (9)는 전이어의 개념을 언급하지 않았지만 의역과 직역을 대비해 보면 그 항목들도 전이어의 성격을 지닌 대상으로 파악될 수 있는 것들이다.

(5) 안병희(1973)

　　　뻐[以], 시러곰[得], 젼ᄎ/그럴ᄊᆞ[故]

(6) 박기선(1998)

　　　젼ᄎ/그럴ᄊᆞ[故], ᄒ다가[若], (-ㄴ)後에ᅀᅡ[然後], 그리ᄒᆞ여ᅀᅡ[爾乃]

(7) 김형철(1988)

　　　고로[故], 인ᄒᆞ애[因], 뻐[以], ᄒᆞ여곰[使], 더브러[與]

(8) 최성규(2006)

　　　① 다못[與], 므롯[凡], 밋[及], 뻐[以], ᄒᆞ여곰[使], 더브러[與]

　　　② 대개[蓋/盖], 고로[故], 즉[卽]14), 인(因)ᄒᆞ야[因]

(9) 성광수(1990)

　　　이[是], 뻐[以], ᄒᆞ여곰[使], 밋[及], 이셔[有], 그[其]

　　이중 (9)의 예들은 성광수(1990)에서 '특이표현'이나 '오역'으로 지적된 것이지만 앞서 정리한 개념에 비추어 보면 이들을 이 책의 '전이어' 범주에 포함시키는 데 무리가 없다. '뻐, ᄒᆞ여곰, 밋'의 경우는 이 책의 다른 장절에 제시하기 때문에 여기서는 남은 '이[是], 이셔[有], 그[其]'와 관련된 용례를 아래에 보이기로 한다.

　　(10) ㄱ. 이ᄂᆞᆫ <u>의</u> 됴ᄒᆞᆫ 긔별이어니와(此ᄂᆞᆫ <u>是</u>好消息이어니와)<小學6 : 46b>

　　　　ㄱ'. 이ᄂᆞᆫ 됴ᄒᆞᆫ 긔별이어니와(此<u>是</u>好消息이어니와)<飜小9 : 50b>

　　　　ㄴ. 곧 이거시 <u>의</u> 學이니라(卽此ㅣ <u>是</u>學이니라)<小學6 : 122b>

────────────

14) 여기의 '즉'은 한문의 '卽'이 아닌 '則'을 번역한 것이 아닌가 한다. 아래의 예문에서 볼 수 있듯이 중세 근대의 문헌에 나타난 '-ㄴ즉'의 용례들은 한문의 '則'을 번역한 경우가 태반이기 때문이다. 특히 예문 ㄱ)에서 직접 한자 '則'으로 나타난 것도 이 점을 뒷받침해 줄 수 있을 듯하다.

　　ㄱ. 昔에 魯목公이 子思의 側에 人을 업시<u>호즉</u> 能히 子思를 安케 몯ᄒ고 泄柳와 申詳이 목공의 側에 人이 업슨 <u>則</u> 能히 그 身을 安티 몯ᄒ더니라(昔者魯繆公無人乎子思之側<u>則</u>不能安子思泄柳申詳無人乎繆公之側<u>則</u>不能安其身)<맹자4:30a>

　　ㄴ. 言責을 둣ᄂᆞᆫ 재 그 言을 得디 몯<u>호즉</u> 去ᄒᆞᄂᆞ니(有言責者不得其言<u>則</u>去) <伍倫 4:29b>

　　ㄷ. 아니 듯고져 <u>호즉</u> 도적이 아비를 죽일 거시오(不聽<u>則</u>殺父)<五倫 열:11a>

　　ㄹ. <u>그런즉(然則)</u><국한회,44>

ㄴ'. 이리호미 므슴 자보몰 비호미니라(卽此ㅣ 是學이니라)<飜小10 : 24a>

ㄷ. 오오로 의 흔덩이 화훈 긔운이러시다(渾是一團和氣러시다)<小學6 : 122a>

ㄷ'. 자내 모미 젼당훈 얼읜 유화훈 긔운이러라(渾是一團和氣러라)<飜小10 : 23b>

ㄹ. 보시면 흔가짓 의 子孫이라(視之則均是子孫이라)<小學5 : 80a>

ㄹ'. 보건댄 흔가짓 즈소니라(視之則均是子孫이라)<飜小7 : 49a>

(11) ㄱ. 즈식이 벼슬호여 돈니는 이를 사룸이 이셔 와 닐오디(兒子從宦者룰 有人이 來云)<小學6 : 46b>

ㄱ'. 즈식이 벼슬호여 돈니거든 사룸이 와 닐오디(兒子從宦者룰 有人이 來云호디)<飜小9 : 50b>

ㄴ. 내 흔 벗이 이셔 뼈뎌 오매(我有一箇火伴 落後了來)<老諺上 1b>

ㄴ'. 내 흔 버디 뼈디여 올싀(我有一箇火伴 落後了來)<飜老上 1b>

(12) ㄱ. 인훈 사룸은 그 올훈 일을 졍히 흐고 그 利훌 일을 쇠흐디 아니흐며 그 도리룰 붉키고 그 공효룰 헤아리디 아니흐느니라(仁人者는 正其誼不謀其利흐며 明其道不計其功이니라)<小學5 : 82a>

ㄱ'. 인흐는 사르믄 올훈 이를 졍다이 흐고 리케 흐요믈 쇠흐디 아니흐며 도리룰 볼기고 공효룰 헤아리디 아니흐느니라(仁人者는 正其誼不謀其利흐며 明其道不計其功이니라)<飜小8 : 1a>

ㄴ. 출하리 그 몸을 주겨도 씨드롬이 업슴 マ트니(寧滅其身而無悟也흐니)<小學5 : 85b>

ㄴ'. 출흐리 모미 주거도 씨돋디 몯흐욤 マ트니(寧滅其身而無悟也흐느니)<飜小8 : 4b>

ㄷ. 그러모로 孝ㅣ 밋디 몯홈이 이시며 悌ㅣ 때예 몯홈이 잇다 흐니 그 이롤 닐옴인뎌(故로 孝有不及흐며 悌有不時라 흐니 其此之謂歟, 니뎌)<小學2 : 76a>

ㄷ'. 이런드로 효도도 몯 미초미 이시며 공슌도 몯홀 저기 잇다 흐니 이롤 니론뎌(故로 孝有不及흐며 悌有不時니 其此之謂歟, 니뎌)<飜小3 : 45a>

(10)의 '是'는 한문에서 계사로 사용되는 용례이다. 의역에서는 그 기능

이 한국어의 계사 '이-'가 담당되고 있는데 직역에서는 다시 '이'가 첨가
되었다. (11)의 '有'는 한문에서 부분 체언 앞에 붙어 "不定의 '某'와 같은
의미"(성광수 1990 : 337)를 나타내는 접두사처럼 사용된 것인데 직역 언해
에서는 동사처럼 간주하여 '이셔'로 언해되었다. (12)의 '그'는 한문의 '其'
에 대응된 것인데 의역에서 '제'로 언해된 경우가 있기는 있으나 대부분
언해되지 않고 있다. 이에 비해 직역에서는 '其'의 자리에 대응되는 위치
에 '그'가 나타나 의역과 대조적인 모습을 보인다.

(5)~(9)의 전이어 항목이 차이나는 것은 각 연구자가 고찰 대상으로 한
문헌의 시기나 범위가 달랐기 때문인 것으로 해석된다. (6)은 『월인석보』
(권15)와 『법화경언해』(권4)만을 대상으로 하여 전이어를 정리한 것이다.
그 관련 용례를 다시 제시하면 다음과 같다.

> (13) ㄱ. 내 이 經 드로물 爲혼 젼ᄎ로 이에 오라(我爲聽是經故로 而來至此
>   호라)<法華4 : 131b>
>   ㄱ'. 내 이 經 드로물 爲ᄒᆞ야 이에 오라<月釋15 : 83b>
>   ㄴ. 實相ᄋᆞᆯ 다 알에 ᄒᆞ시니 그럴ᄊᆞ(頓悟實相케 ᄒᆞ시니 故로)<法華4 :
>   114a>
>   ㄴ'. 實相ᄋᆞᆯ 頓悟케 ᄒᆞ실ᄊᆞ<月釋15 : 68a>
>   ㄷ. 如來ㅅ 座애 안자ᅀᅡ 그리ᄒᆞ야ᅀᅡ 반ᄃᆞ기 四衆 爲ᄒᆞ야(坐如來座ᄒᆞ
>   야ᅀᅡ 爾乃應爲四衆ᄒᆞ야)<法華4 : 98a>
>   ㄷ'. 如來ㅅ 座애 안자ᅀᅡ 四衆 爲ᄒᆞ야<月釋15 : 56a-b>
>   ㄹ. 그 부톄 神通願力으로 … ᄒᆞ다가 法華經 니ᄅᆞ리 잇거든(其佛이 以
>   神通願力으로 …若有說法華經者ㅣ어든)<法華4 : 115a>
>   ㄹ'. 그 부톄 神通願力으로 … 法華經 니ᄅᆞ리 잇거든<月釋15 : 69a>
>   ㅁ. 모미 브툰 더 이신 後에ᅀᅡ 能히 사ᄅᆞᄆᆞᆯ 通達히ᄂᆞ니(已有所接然後
>   에ᅀᅡ 能達人ᄒᆞᄂᆞ니)<法華4 : 99a>
>   ㅁ'. 모미 브툰 더 이셔ᅀᅡ 能히 ᄂᆞᄆᆞᆯ ᄉᆞᄆᆞᆺ긔 ᄒᆞᄂᆞ니<月釋15 : 57a>
>   [※ 이상 예문은 박기선(1998)에서 재인용]

(13ㄱ)의 '젼츠'는 한문 원문 중의 "'故'가 名詞와 接續詞의 機能을 겸하고 있음에도 불구하고 '故'의 접속사적 기능을 무시하고 명사로만 파악하여 훈독한 것"(남풍현 1979 : 220)이다. (13ㄴ)의 '그럴씨'는 부동사 'ㅎ시니'가 "원인"을 충분히 나타낼 수 있음에도 불구하고 또 '그럴씨'를 첨가된 것이다. (13ㄷ)의 '그리ㅎ야사'[爾乃]의 용례는 하나밖에 확인되지 않았는데 부동사 '안자사' 뒤에 첨가된 것으로 보면 전이어로 간주할 수도 있다. (13ㄹ)의 'ㅎ다가'는 한문의 '若'을 지나치게 의식한 결과라 할 수 있다. 'ㅎ다가'는 『월인석보』에서도 확인될 수 있지만 『석보상절』에서는 거의 쓰이지 않고 『법화경언해』에서는 항상 쓰인 점을 감안할 때 전이어의 성격을 부여해도 괜찮을 듯하다. 남풍현(1971ㄱ : 14)에서는 'ㅎ다가'를 차용하는 현상이 한문의 접속사 '及', '與' 등의 사용법을 차용하여 한국어의 접속사와 첩용하는 '나와 및 너(予及汝)', '글과 다못 글씨(文與筆)'의 현상과 동질의 것이라고 언급된 바 있다. (13ㅁ)의 '(-ㄴ) 後에사'는 '젼츠'의 경우와 비슷하여 한문의 '然後'가 접속사의 기능을 무시하고 그 중의 '後'를 명사로 파악하여 언해한 것인데 역시 '後'를 지나치게 의식한 결과라 하겠다.

김형철(1988)은 19세기의 문헌을 대상으로 전이어의 사용을 고찰한 연구인데 그 중 '써'[以](중세 시기에 '뻐'로 표기됨), 'ㅎ여곰'[使], '더브러'[與]는 중세 시기의 문헌을 살펴보면 쉽게 확인될 수 있는 항목들이다. '고로'는 중세 시기의 문헌에 나타난 '그럴씨'에 해당하여 전이어로 다루는 것은 문제가 없다. 한문의 '因'에 대응되는 '인ㅎ야'는 중세 시기에 항상 동사로 파악하여 'NP롤 인ㅎ야'로 언해된 것이 보통이다.15) 실은 19세기 말

---

15) 중세 시기의 문헌에 '로 인ㅎ야'의 용례가 몇 개 확인되었다.
   ㄱ. 오직 晁氏옷 以道ㅣ란 소노로 <u>인ㅎ야</u> 다시곰 즈데롤 경계ㅎ야 다 법되 잇게 홈으로
     (惟晁氏옷 因以道ㅎ야 申戒子弟호더 皆有法度ㅎ야)<飜小9 : 80b>
   ㄱ'. 오직 晁氏ㅣ 以道의 子弟를 다시곰 경계홈을 <u>인ㅎ야셔</u> 다 법도이시니(惟晁氏ㅣ 因以道의 申戒子弟ㅎ야 皆有法度ㅎ니)<小學6 : 74b>

엽까지 대부분의 문헌에 아직도 대격 지배형 '~을 因ᄒ여' 형태가 주류를 이루고 있다(김형철 1988 : 42). 이 경우의 '인ᄒ야'는 서술어의 기능이 엄연히 유지되어 있기 때문에 전이어로 간주하기가 어렵다. 그러나 근대 시기부터 문헌에 나타나는 '로 인ᄒ야' 중의 '인ᄒ야'에 대해서는 전이어의 성격을 부여할 수 있을 듯하다. 다음 예문을 살펴보도록 한다.

> (14) ㄱ. 이런 젼ᄎ로 半夜三更의 니러 뎌 집 門 앏히 가셔(因此上 半夜三
> 更起來 上他家門前)<朴諺上 31b>
> ㄱ'. 이런 연고로 <u>인ᄒ여</u> 내 미양 반야삼경 제 집 문에 가(因這箇緣故
> 我每每半夜三更到他家門上)<朴新1 : 34b>

(14ㄱ)의 '因此上'는 '이런 젼ᄎ로', '이러모로' 등으로 번역한 것이 보통이지만 (14ㄱ')에서 '因'에 대응되는 '인ᄒ여'까지 번역되었다. 이렇게 볼 때 '인ᄒ여'도 첨가된 진이어로 보아도 무리하지 않을 것이다.[16]

최성규(2006)은 구역 『신약젼셔』를 대상으로 그 중에 나타난 전이어를 고찰하였다. 논의에서 전이어를 한자어 전이어와 고유어 전이어로 분류하는 방법이 다른 연구에서 보이지 않은 것으로서 특이하다. 그 중의 '다못,

---

> ㄴ. 내 글로 <u>인ᄒ야셔</u> 싱각ᄒ니 ᄒ갓 머릿톄를 곧게 홀 ᄲ니 아니라 ᄆ숨도 곧게 홀 거시로다 ᄒ야(某ㅣ 因自思不獨頭容이 直이라 心亦要直也ㅣ라 ᄒ야)<飜小10 : 27a>
> ㄴ'. 내 <u>因ᄒ야</u> 스스로 싱각ᄒ되 홀로 머리의 양을 바르게 홀 뿐이 아니라 ᄆ임도 쏘 볼ᄋ고져 홀 거시라 ᄒ야(某ㅣ 因自思不獨頭容이 直이라 心亦要直也ㅣ라 ᄒ야)<小學 6 : 125b>
> ㄷ. 내 이제 널로 인ᄒ야 어딘 이룰 무러 뉘이츠몰 브즈러니 ᄒ니(我今因汝善問慇懃懺悔)<장수18b>
>
> 16) 김형철(1988 : 42)는 『성경직해』에 나타난 '~을 인ᄒ야'가 '위원회본'에서 모두 '로'로 바뀌어 나타난 점에 대해서 '~을 인ᄒ야'가 '~으로 인ᄒ야로 바뀌었다가 다시 '인ᄒ야'가 탈락되어 생긴 것이라고 지적하였다. 유동석(1984 : 125)에서는 '因하다'는 원래 서술어이었는데 부사형어미 '-어'가 첨가되어 문법화되면서 서술 기능을 잃고 탈락되어 '~로 인하여'가 '로' 형식으로 사용된다고 언급되었다. 다시 말하자면 '인ᄒ야'는 첨가되는 것으로 보지 않고 탈락되는 것으로 본다는 것이다. 이 주장은 본 연구에서 '인ᄒ야'가 첨가되는 것으로 보는 접근 태도와 다르다.

밋, 써, ㅎ여곰, 더브러, 고로' 등은 전이어로 간주하는 것은 다른 연구와
마찬가지로 문제가 없다. 그러나 '한문의 '凡'에 해당되는 '므롯'을 전이어
로 다루는 것은 받아들이기가 어려운 점이 있다. '므롯'의 소급형 '믈읫'
은 의역이나 직역이나 중세 시기의 언해 문헌에 빈번하게 사용되었던 어
형이다. 그리고 다음 예문 (15)에서 보는 바와 같이 '믈읫'은 관형사처럼
"모든"과 비슷한 의미를 나타내는 것이므로 전이어로 다루기가 어렵다.17)

> (15) ㄱ. 世間앳 믈읫 잇는 物이 다 곧 微妙훈 ᄆᆞᅀᆞ미라(世間앳 諸所有物
> 이 皆卽妙心이라)<楞嚴3 : 63b>
> ㄴ. 낫나치 子細히 무르샤문 믈읫 妄히 動호미 다 민 業이 ᄃᆞ외요믈
> 알에 ᄒᆞ시니라(一一詳問者ᄂᆞᆫ 使悟凡所妄動이 皆爲結業也케 ᄒᆞ시
> 니라)<楞嚴5 : 19a-b>
> ㄷ. 날로 行홀 바와 다뭇 믈읫 닐온 바롤(日之所行과 與凡所言ᄒᆞ니)
> <內訓1 : 15a>
> ㄹ. 帝ㅅ 믈읫 御膳을 后ㅣ 반ᄃᆞ기 親히 술펴보더시니(帝凡御膳을 后
> ㅣ 必躬自省視ᄒᆞ더시니)<內訓2 : 98b>

한문의 '蓋'에 대응되는 '대개'는 중세국어에서는 보기 어려우나 근대
시기부터는 많이 보인다. '蓋'의 자석('蓋ᄂᆞᆫ 말쏨 내는 그티라'<月釋 序21b>)
으로 보면 중세 시기의 언해문에서 언해하지 않아도 되는 말이었을 것이
다(글워리 經이 아니며 經이 부톄 아니라(蓋文非爲經이며 經非爲佛이라)<月釋 序
21b>). 그러나 근대 시기부터의 문헌에서는 '蓋'를 의식하여 '대개'로 언
해하는 용례가 많이 등장하게 되었다. 예문 (16)은 그런 것들이다.

---

17) '믈읫'은 '凡'을 언해한 것으로 '凡'과 마찬가지로 "므롯"의 의미를 표시하는 부사는 물
론, "모든"의 의미를 표시하는 관형사적 용법도 지니고 있었다(송철의 외 2004 : 30). 그
러나 중세국어와 근대국어에서 부사로 쓰이는 '믈읫'은 많이 확인되지 않는다. 최성규
(2006)에서는 '므롯'의 용례가 워낙 적으므로 어떤 결론을 뒷받침하기에는 부족하다고
'므롯'을 전이어로 다루는 근거를 제시하지 않았다.

(16) ㄱ. 대개 주식은 이에 父의 기친 體오 나흐니 母ㅣ라(盖子는 乃父之
　　　遺體而生之者ㅣ 母也ㅣ라)<無冤錄3：92a>
　　ㄴ. 다만 兒子룰 위홈이 아니라 대개 伍氏祖宗을 위흐여 拜홈 이니이
　　　다(非但爲兒子 盖爲伍氏祖宗拜也)<伍倫1：19b>
　　ㄷ. 대개 임의 블쏫 가온디 뻐러딤이니(盖已落在火焰中)<伍倫5：2b>

'즉'의 경우 논의에서 '卽'에 해당하는 대상으로 다루고 있으나 혹시 한
문의 '則'에 대응되는 형태가 아니었을까 한다. 『신약전셔』(舊譯)에 한문이
없기에 단언하기 어렵지만 국한문 혼용으로 된 『新約全書』를 대조해 보
면 '즉'이 한자 '則'에 해당됨을 알 수 있다. (이러흐즉=如此흐則(마태19：6))
특히 『신약전셔』(舊譯)에서의 출현 양상이 한문의 '則'을 번역한 양상과 일
치한 점을 감안하면 '則'일 가능성이 가장 크다 할 수 있다. 다음 예문
(17)은 『신약전셔』(舊譯)에 나타나는 '즉'의 용례이며 예문 (18)은 중세, 근
대 시기의 문헌에 나타나는 '則'을 번역한 용례들이다.

(17) ㄱ. 병든 사롬을 손으로 언진즉 나흐리라<마가 16：18>
　　ㄴ. 지금 잔과 쇼반 밧글 씌긋시흐나 네 안힌즉 겁탈 흐고 악특흔 거
　　　시 ㄱ득흐도다<누가11：39>
　　ㄷ. 그런즉 흐ᄂ님끠셔 씍 지어 주신 거술 사롬이 ᄂ호지 못 홀지니
　　　라<마가10：9>
　　ㄹ. 이러흐즉 둘이 아니오 흔 몸이니<마태 19：6>
　　　　　　　　　　　[※이상 예문은 최성규(2006：78)에서 재인용]

(18) ㄱ. 邦이 道ㅣ 의신즉 仕흐고 邦이 道ㅣ 업슨즉 可히 卷흐야 懷흐리
　　　로다(邦有道則仕흐고 邦無道則可卷而懷之로다)<論語4：4b>
　　ㄴ. 言責을 둣는 재 그 言을 得디 못흔즉 去흐ᄂ니(有言責者不得其言
　　　則去) <伍倫 4:29b>

『신약전셔』(舊譯)의 '즉'은 반드시 관형사형 어미 '-ㄴ'에 후행해야 하

는데 이것은 '則'을 번역한 '즉'과 같은 양상을 보이고 있다. 예문 (18)의 '則'은 중세 시기의 언해 문헌에서 보통 연결어미 '-면'으로 번역되는데 이렇게 볼 때 '즉'도 '則'을 지나치게 인식한 것이므로 일종 전이어로 다룰 수 있을 듯하다.

이상의 논의를 통해서 전이어로 다룰 수 있는 대상 항목을 다시 정리하면 아래와 같다.

> (19) 뻐[以], 시러곰[得], 젼ᄎ/그럴씨/고로[故], ᄒ다가[若], (-ㄴ)後에ᅀᅡ[然後], 그리ᄒ여ᅀᅡ[爾乃], ᄒ여곰[使], 다ᄆᆺ/더브러[與], 밋[及], 이[是], 이셔[有], 그[其], 대개[蓋/盖], 즉[則]

이상의 전이어 외에 중세 시기의 문헌을 살펴보면 다음과 같은 전이어도 확인될 수 있다.

> (20) ㄱ. 샹녜 無上 道를 니롤씨 <u>그런ᄃ로</u> 號ㅣ 普明이 ᄃ외리니(常說無上道홀씨 <u>故</u>號曰普明이리니)<法華4 : 32a>
> ㄱ'. 샹녜 無上 道를 니롤씨 <u>그럴씨</u> 號ㅣ 普明이 ᄃ외리니(常說無上道홀씨 <u>故</u>號曰普明이리니)
> ㄴ. 여러 가지 微妙ᄒ 보비와 <u>ᄯ</u> 象馬 車乘과 七寶로(諸妙珍寶와 <u>及</u>象馬車乘과 七寶)<法華6 : 6b>
> ㄴ'. 여러 가짓 微妙ᄒ 珍寶와 象馬 車乘과 七寶로<月釋17 : 47a>
> ㄷ. 或 ᄀᆯ오디 吉ᄒ 사ᄅᆞᆷ이라 닐ᄋ디 아니ᄒ야도 곧 나는 믿디 아니호리라(或曰不謂之吉人이라두 <u>則</u>吾不信也호리라)<小學5 : 28a>
> ㄷ'. 혹 ᄀᆯ오디 吉ᄒ 사ᄅᆞ미 아니라 ᄒ야도 나는 믿디 아니호리라(或曰不謂之吉人이라두 <u>則</u>吾不信也호리라)<飜小6 : 30b>

예문 (20ㄱ)와 (20ㄱ')의 한문이 같은데 (20ㄱ)은 '그런ᄃ로'로, (20ㄱ')은 '그럴씨'로 나타난다. '그럴씨'와 '그런ᄃ로'가 비슷한 기능을 하고 있는 것으로 이해된다. 이 점을 감안하면 '그런ᄃᆞ로'도 전이어라 할 수 있다. 그리고 이에 유추될 수 있는 '이럴ᄊᆡ, 이런ᄃᆞ로'도 전이어의 목록에 포함될 수 있다. (20ㄴ)의 'ᄯᅩ'는 의역과 직역을 대비해 보면 확인될 수 있는 예이다. (20ㄷ)의 '곧'은 의역과 직역을 대비해 볼 때 확인된다.

추가된 항목을 포함하여 전이어의 목록을 다시 제시하면 다음과 같다.

(21) ᄡᅧ[以], 시러곰[得], 젼ᄎᆞ/그럴ᄊᆡ/고로/그런ᄃᆞ로/이럴ᄊᆡ/이런ᄃᆞ로[故], ᄒᆞ다가[若], 비록[雖], (-ㄴ)後에ᅀᅡ[然後], 그리ᄒᆞ여ᅀᅡ[爾乃], ᄒᆞ여곰[使], 다ᄆᆞᆺ/더브러[與], 밋[及], 이[是], 이셔[有], 그[其], 곧/ᄌᆞᆨ[則]

이상에서 본 연구에서 정리한 전이어의 개념에 비추어 기존 연구에서 언급된 전이어를 검토하면서 전이어의 목록을 다시금 점검해 보았다. 물론 더 많은 문헌 자료를 검토하면 전이어에 해당하는 항목을 더 많이 추가할 수 있을 것이다. 전이어에 해당하는 항목을 두루 모아 보면 출현 빈도 등 여러 기준에 따라 전이어에 대한 여러 가지 분류도 이루어질 수 있을 듯하다. 이에 대해서는 여기서 더 이상 깊이 다루지 않고 추후의 과제로 미루기로 한다.

앞서 언급한 바 있듯이 전이어는 의역 언해 문헌과 비교할 때 한문 어사에 대응되는 고유한 문법 형태가 있음에도 불구하고 별도로 첨가된 어휘 형태의 성격을 갖는다. 그러나 전이어에 해당하더라도 아래와 같이 꼭 첨가적 성격을 확인할 수 없는 경우도 존재한다. 다음 'ᄡᅧ[以]'와 관련된 예문을 살펴보기로 하자.

(22) ㄱ. 君子ㅣ 그 아ᄃᆞᆯ이 나히 열다ᄉᆞᆺ스로 ᄡᅧ 우히 能히 孝經과 論語ᄅᆞᆯ 通ᄒᆞ야…(君子ㅣ 俟其子年十五以上이 能通孝經論語ᄒᆞ야…)<小學 5 : 43b>

ㄱ'. 어딘 사ᄅᆞ미 그 아ᄃᆞ리 나히 열다ᄉᆞᆺ 나마 ᄂᆞᆼ히 효경과 논어ᄅᆞᆯ ᄉᆞ

못 아라(君子ㅣ 俟其子年十五以上이 能通孝經論語ᄒ야···)<飜小
7:10a>

(23) ㄱ. ᄆ올히 **뻐** 외다 의론홈을 **삼**으니(鄕黨이 以爲貶議ᄒ니)<小學5:
53b>

　　ㄱ'. ᄆ술히 외다 ᄒ야(鄕黨이 以爲貶議ᄒ야)<飜小7:20b>

(24) ㄱ. 이 세 가지를 알면 **뻐** 몸 가질 **바**를 알리라(知此三者則知所以持
身矣리라)<小學5:59b>

　　ㄱ'. 이 세 이를 알면 내 몸 가지**기**를 알리라(知此三者則知所以持身矣
리라)<飜小7:27a>

　　ㄴ. 분로ᄒ며 원망홈이 수이 나 ᄇ롬의 믈셜이 즉시예 니러나ᄂ디라
뻐 君子의 ᄆ옴이 汪汪ᄒ야 맑옴이 믈 ᄀ툰 배니라(忿怨이 容易
生ᄒ야 風波ㅣ 當時起라 所以君子心이 汪汪淡如水ㅣ니라)<小學
5:23a>

　　ㄴ'. 분로ᄒ며 원망호미 수이 나 ᄇ롭앳 믓겨리 ᄀ타야 즉시예 니러
나ᄂ니 **이런ᄃ로** 어던 사ᄅᄆ 믁ᄉ몬 깁고 너버 물ᄀ 믈 ᄀ타니
라(忿怨容易生ᄒ야 風波當時起라 所以君子心은 汪汪淡如水ㅣ니
라)<飜小6:25a>

(22ㄱ)의 '**뻐**'는 단순히 고유한 문법 형태에 별도로 첨가된 것이 아니고
뒤의 '우희'와 함께 (22ㄱ')의 '나마'[18]에 대응된다. (23)은 '以爲'에 관련된
것인데 의역에서는 인용구문의 대동사 'ᄒ-'로 번역되고 직역에서는 '**뻐**
~ (-롤) 삼-'으로 번역되어 있다. (24)는 한문의 '所以'에 관련된 용례들이
다. (24ㄱ-ㄱ')의 '所以'는 명사화소의 기능을 하기 때문에 (24ㄱ')에서 명사
형 어미 '-기'로 번역된 것인데 (24ㄱ)에서는 '**뻐** ~(-을) 바'로 나타났다.
(24ㄴ')의 '이런ᄃ로'는 한문의 '所以'에 대응되어 문장에서 접속의 기능을
하고 있는데 (24ㄴ)에서는 축자역하여 '**뻐** ~(-은)바'로 번역되어 있다.

　한문 원문으로 보면 이들 용례는 모두 숙어화된 2음절 어사를 축자역

---

18) '넘게'의 의미. '넘[餘,越]-+-아'로 분석된 어형.

한 것들이다. 의역과 직역을 대비해 볼 때 이 경우 '㖸'의 첨가성을 확인
할 수는 없다. 예를 들어 (22ㄱ)의 '㖸'는 '나마'에다가 첨가된 것이 아니
며 (23ㄱ)의 '㖸'는 '~S다 ㅎ-'에다가 첨가된 것도 아니다. (24ㄱ)의 '㖸'
는 '~-기'에다가 첨가된 것이며 (24ㄴ)의 '㖸'는 단순히 '이런ᄃ로'에 첨
가된 대상이 아닌 것이 분명하다. 그러나 이들도 의역과는 뚜렷한 차이를
보이고 있음은 물론이다. 의역인 경우, '以上'은 '나마'로, '以爲'는 인용구
문의 대동사 'ㅎ-'로, '所以'는 명사형 어미나 접속부사 '그런ᄃ로'로 번역
되어 있다. 의역과 비교할 때 직역은 '以'에 대응되는 문법적 형태에다가
첨가된 것이 아니고 단순히 원문의 한자를 고정적인(=기계적인) 대응 형식
으로 치환한 듯한 양상을 보인다. 이들 예에 등장하는 '㖸'를 빼면 숙어화
된 한문 어휘의 의미를 잘 드러내지 못하거나 전혀 드러내지 못하여 첨가
성이 확인되는 '㖸'와 다른 점이 있는 것이다. 그러나 다른 경우의 '以'와
마찬가지로 다같이 한문의 어사(특히 '所以'의 경우)를 지나치게 의식하여
번역차용한 결과이므로 두 경우의 '㖸'를 달리 보아야 할 이유는 없다. 그
렇다면 동일한 전이어로 다루되 고유한 문법 형태에다 별도로 첨가된 경
우는 첨가형 전이어로, 한문의 숙어를 한 글자씩 대응시켜 번역된 경우는
치환형 전이어로 일단 구분하고자 한다.19) 아래에서 '以', '與', '及', '使'
에 대응되는 전이어의 출현 양상을 정리할 때 원칙적으로 첨가형을 먼저
검토하고 나서 치환형을 검토하는 순서로 논의를 진행하도록 한다.

---

19) 첨가형과 치환형은 편의상 구분하였을 뿐이지, 절대적 분류가 아님을 밝혀 둔다. 한문의
숙어를 번역할 경우더라도 문법적 형태에다 첨가된 것이 아니지만 어휘적 형태에다 첨
가된 것으로 다룰 수 있는 경우도 있기 때문이다.
　ㄱ. 玄宗이 그 스샤믈 微妙히 ㅎ실시 이런ᄃ로 㖸 두어 사ᄅ미 오니라(玄宗妙其書 是以數
　　子至)<杜詩16 : 17a-b>
　ㄴ. 내 常해 㖸 확실흔 의론이라 ㅎ노라(품ㅣ 常以爲確論이라 ㅎ노라)<小學6 : 46b>
　ㄴ'. 내 그 마를 ᄀ장 구든 의론이라 ㅎ노라(吾常以爲確論이라 ㅎ노라)<飜小9 : 51a>
　예문 (ㄱ)의 '是以'는 '이런ᄃ로'의 의미인데 직역일 경우 '일로 㖸'로 언해된 것이 보통
이다. 그러나 (ㄱ)에서는 '이런ᄃ로'로 언해된 후 또 뒤에 '㖸'를 첨가한 것으로 나타난다.
예문 (ㄴ)의 '㖸'는 (ㄴ')에 비하면 '~S다 ㅎ-'에다가 첨가된 것으로 이해될 수 있다.

2.3. 전이어와 선행 조사

이 책에서 대상으로 하는 전이어는 언해문에서 'NP와'나 'NP로' 같은
명사구가 선행하고 그에 뒤이어 나타나는 경우가 일반적이다. '다뭇'과
'또/밋'의 경우를 제외하면 이들 전이어는 모두 기원상 '동사어간 + -어'
로 분석될 수 있는 형태상 공통점을 지녀 언해문에 나타나는 '{NP와, NP
로} # 전이어'의 구성에서 선행 명사구는 후행 서술어(사실은 전이어)의
논항(argument)으로 파악될 개연성이 항상 존재한다. 실제로 기존 논의에서
는 특히 'NP로 # 전이어'의 구성과 관련하여 선행 명사구의 조사 '로'를
격지배 변동의 결과로 파악하고 이때 '전이어'는 용언 활용형이 문법화한
'후치사'의 문법적 지위를 갖는 것으로 파악하는 견해가 일반적이었다. 이
러한 견해는 '전이어'를 한국어의 질서에 적극 포함시켜 '문법화' 차원의
논의를 심화시킨 장점이 있으나 한문 어사의 번역차용이나 구결문의 영
향 등을 고려하지 않은 문제점도 함께 지니고 있다. 물론 이 책의 입장에
서는 전이어가 "고유한 문법 형태에 더하여 별도로 '첨가된' 성격을 특징
으로" 하기 때문에 전이어와 그에 선행하는 조사 사이의 관계를 '논항'
관계나 '격지배' 관계의 표시로 파악하지는 않는다. 본절에서는 기존 논의
를 비판적으로 검토하는 가운데 전이어에 선행하는 조사의 성격을 구결
문의 영향과 관련지어 해석할 가능성을 조심스럽게 제기해 보고자 한다.

2.3.1. 기존 논의에 대한 비판적 검토

문법화 차원에서 후치사설을 주장한 기존 연구로는 홍윤표(1983, 1994),
안주호(1997), 서종학(1982, 1997) 등을 들 수 있다. 이 가운데 다양한 전이
어를 대상으로 문법화 차원의 논의를 가장 심도 있게 전개한 것은 홍윤표

(1994)이다. 우선 홍윤표(1994 : 540)에서 주장된 핵심 논지를 그대로 인용하면 아래와 같다.

> 도구격 조사로서 사용되는 '-로'가 이루어지는 변천과정을 다음과 같이 설명할 수 있다. 즉, 도구격은 모두 '-을 써서'라는 의미를 지니기 때문에 도구격을 요구하는 VP들은 모두 'A이 I로 O를 뻐 VP'(A는 행위격, I는 도구격, O는 목적어)와 같은 복문구조를 지녔었지만, 이 '뻐'가 후치사로 되었고, 이 후치사가 지배하는 격의 변동이 일어나 '-을뻐'가 '-로뻐'로 된 'A이 I로 뻐 O를 VP'가 되었다. 이와 같은 후치사의 격지배 변동현상은 '뻐'에만 국한된 것이 아니라 '-브터, -조츠, -더브러, 드려' 등에서도 볼 수 있는 것으로서, 국어의 변천과정에서 일반화되어 있는 현상이었다. 그리고 다시 '-로뻐'에서 후치사 '뻐'가 탈락하면서 '-로'로 되어 "A이 I로 O를 VP"의 단문구조로 바뀐 것이다. 후치사의 탈락현상도 매우 일반적인 현상으로 '-을 더브러>-로더브러>-와 더브러>-와'와 같은 현상에서도 볼 수 있는 것이다. 이때 '-뻐'의 탈락은 필수적인 것이 아니라 수의적인 것이므로 '-을뻐'와 '-로뻐'가 근대국어에서 공존할 수 있었지만, 이미 중세국어부터 '-로뻐'가 일반화되었다. 그리고 기구격, 기관격은 '-을뻐'가 '-로뻐'로 된 뒤에야 '-뻐'의 탈락을 경험하여 '-로'로 되었지만, 재료격은 '-을뻐'가 '-로뻐'로 되기 이전과 이후에 두 번 '-뻐'의 탈락을 경험하였기 때문에 '-을'로도 되고 '-로'로도 되어 'A이 I를 O를 VP'와 같은 이중목적어문과 'A이 I로 O를 VP'의 두 가지 대표적인 통사형식이 생기게 되었다.

위에 인용한 홍윤표(1994)의 핵심 논지는 아래 두 가지로 요약될 수 있다.

첫째, 'NP로 뻐'의 예에서 '뻐' 앞의 조사 '로'는 대격 '를'을 지배하던 용언 활용형 '뻐'가 후치사화하면서 '를' 대신 '로'를 지배하는 격지배 변동이 일어난 결과이다.

둘째, '를'에서 '로'로 격지배 변동이 일어난 경우는 비단 '뻐'의 경우에 국한되지 않고 '브터, 조츠, 더브러, 드려' 등에서도 볼 수 있는 한국어의 변천 과정에서 일반화된 현상이다.

후치사란 전치사에 대비되는 것으로서 실사와 허사의 중간적인 성격을 띤 이 형태들이 자립성을 지니는 것으로 파악하여 부르는 명칭이다. 어원적인 형태의 재구가 가능하다고 보는 후치사는 체언에 후속하여 선행 체언의 격을 지배하거나 용언, 부사 등에 연결되어 뜻을 더해 주는 역할을 한다(서종학 1997 : 738).

'뻐'는 동사 '쓰다'에서 나온 것으로서 실사와 허사의 중간적인 성격을 띠고 있으며 'NP롤 뻐' 구성과 마찬가지로 'NP로 뻐' 구성 역시 '뻐'가 NP에 후행하여 외견상 선행 체언의 격을 지배하고 있는 듯이 보인다. '뻐'의 이러한 특성은 위에서 말하는 후치사의 개념에 부합하고, 또 'NP로 뻐' 구성이 'NP롤 뻐' 구성보다 출현 시기가 뒤늦으므로 선행 체언에 통합하는 조사 '를'이 '로'로 바뀐 것은 격지배 변동의 결과로 간주하여 아무런 문제가 없는 듯 보인다. 그러나 이러한 견해 속에는 여러 가지 만만치 않은 문제가 잠복해 있다.

우선 가장 큰 문제가 되는 것은 '뻐 NP로'나 '히여곰 NP로'와 같이 '뻐'가 체언에 후행하지 않고 오히려 선행하는 예를(구체적 논의는 3장에서 진행할 것이다)[20] 설명하지 못한다는 점이다. 마찬가지로 후치사의 접근 방법은 '뻐'와 비슷한 성격을 가지고 있는 '히여곰'의 현상에 적용될 수도 없을 것이다. '히여곰'이 체언에 선행한 용례도 있기 때문이다.

> (25) ㄱ. 안해 굴오디 아비 뻐 先生이 德을 닷가 검약을 딕킈연는 연고로
>   賤훈 妾으로 히여곰 뫼〈와셔 슈건과 비슬 잡게 ᄒ시니(妻 l 日
>   大人이 以先生이 修德守約故로 使賤妾으로 侍執巾櫛ᄒ시니)<小
>   學6 : 54b>
> (26) ㄱ. 堯 l 舜의게 히여곰 그 子 九男으로 事ᄒ며 그 二女로 女ᄒ시고

---

20) 이 문제에 대해서는 홍윤표(1969 : 119)에서 지적한 적이 있다. "이 「〈로」와 「뻐」는 각각 分離되어서 사용되기도 하는데 이 때 「뻐」가 文章의 앞에 놓일 수도 있다. 이것은 번역상에서 「以」의 영향인 것 같다."라고 언급되어 있다.

百官과 牛羊과 倉廩을 備ᄒ야 ᄡᅥ 舜을 畎畝ㅅ 가온ᄃᆡ 養ᄒ더시니
(堯之於舜也애 使其子九男으로 事之ᄒ며 二女로 女焉ᄒ시고 百官
牛羊倉廩을 備ᄒ야 以養舜於畎畝之中이러시니)<孟子10 : 29>

ㄴ. 쟝ᄎᆞ ᄒᆡ여곰 卑로 尊을 蹃ᄒ며 疏로 戚을 蹃케 ᄒᆞᄂᆞ니(=將使卑蹃
尊ᄒ며 疏蹃戚이어니)<孟子2 : 24a>

ㄷ. ᄒᆡ여곰 스승 되니로 ᄡᅥ ᄀᆞᄅᆞ칠 바를 알에 ᄒ며 뎨ᄌᆞ로 ᄡᅥ ᄇᆡ홀
바를 알에 하노라(=俾爲師者로 知所以敎ᄒ며 而 弟子로 知所以學
ᄒ노라)<小學1 : 1b>

예문 (25)는 'ᄡᅥ'가 'NP로' 앞에, (26)은 'ᄒᆡ여곰'이 'NP로' 앞에 선행하는 용례들이다. 후치사는 前置詞에 대응되는 개념으로, 위치상 체언에 후행하는 것을 근본 특징으로 하는 것이다. 그러나 위의 예는 이에 정면으로 위배되므로 후치사라는 주장은 문제가 될 수밖에 없다.

그리고 논항(목적어)을 상정할 수 없는데도 'ᄡᅥ'가 단독으로 쓰인 예도 문제가 된다.

(27) ㄱ. 돋틔 고기를 사다가 ᄡᅥ 먹이니라(乃買猪肉ᄒ야 以食之ᄒ니라)<小
學4 : 5a>

ㄴ. 豫ㅣ 順ᄒ고 ᄡᅥ 動ᄒᄂᆞᆫ 故로 天地도 如ᄒ곤 ᄒᄆᆞᆯ며…(豫順以動 故
天地如之)<周易2 : 15a>

ㄷ. 사오나온 거시 젹다 ᄒᆞ야 ᄡᅥ ᄒᆞ디 말며 어딘 거시 젹다 ᄒᆞ야 ᄡᅥ
ᄒᆞ디 아니티 말라(勿以惡小而爲之ᄒ며 勿以善小而不爲ᄒ라)<小學
5 : 14b>

예문 (27)의 'ᄡᅥ'는 한문의 접속사 '以'에 대응되는 용례인데 'NP를' 또는 'NP로'의 논항을 상정할 수 없는 경우이다. 이 경우의 'ᄡᅥ'는 번역상 '以'의 위치에 따른 영향으로 설명을 시도할 수도 있을 듯하다. 그렇게 보면 '로 ᄡᅥ', '로 ᄒᆡ여곰'의 경우는 한문의 영향이 배제된 채 온전히 한국어

질서에 따른 것으로 보아야 하는지가 또 문제될 것이다.

둘째는 '를→로'의 격지배 변동이 한국어에 일반화된 현상이라고 지적하고 있으나 '를→로'의 변화를 설명하는 데 문제점이 역시 많이 남아있다. 왜냐하면 대격의 '를'이 반드시 '로'로 변해야 한다는 이유가 없기 때문이다. 안주호(1997 : 38)에서는 이들 후치사들이 가지고 있는 의미기능이 조격 '로'와 유사한 데 유추되어 대격조사가 모두 '로'로 바뀌게 된다고 언급하였다. 그러나 '더브러', '드려'의 경우 "동반, 교호, 비교" 등의 의미를 나타내는데 그 의미 기능은 '로'와 유사하다고 말하기는 어렵다.21)

홍윤표(1994 : 519)는 '뻐'의 후치사화는 '-을 뻐'→'-을뻐→'-로뻐'→ '로(뻐)'의 변화 과정을 거쳤고 그 중의 '-을뻐'는 '뻐'가 이미 허사화되어 형성된 것이라고 언급하였다. 그런데 '-을 뻐→-을뻐'의 변화는 어떠한 기제에 의해 실현되는지를 설명하지 않았고, 또 그들 사이에 통사 구조나 의미에 있어서 어떠한 차이가 있는지 판단하는 기준도 찾아볼 수 없다. '뻐'의 탈락 문제에 있어서 격지배의 변동이 되기 전에 탈락되면 '-를'만 남게 되고 격지배 변동 이후에 탈락되면 '로'만 남는데 그 탈락은 아무 규칙없이 임의적인 것이라고 언급하고 있다. 그러나 직역과 의역 문헌의 언어 현상을 비교하면 '뻐'의 출현이 임의적인 것이 아니고 번역 양상에 따라 규칙적으로 나타나는 것임을 알 수 있다. 즉 의역 문헌에서는 'NP로'로 나타나는 데 비해 직역 문헌에서는 'NP로 뻐'로 나타나는 것이다.

---

21) 안주호(1997 : 38)에서 '드려, 더브러, 브터, 뻐, 다가' 등 후치사들이 '로'와 결합하여 쓰이는 현상은 유추 기제에 기인한 것으로 파악하고 있다. 이들은 15, 16세기에는 대격조사를 취하여 쓰이다가 17세기부터 이들 후치사들이 가지고 있는 의미기능이 조격 '로'와 유사한 데 유추되어 대격조사가 모두 '로'로 바뀌게 된다고 언급되었다. 그리고 유추된 순서는 먼저 '을 드려→로 드려'의 변화가 일어나게 되고 이에 유추되어 '을 더브러→로 더브러' 등은 형성되었다고 하였다. 그러나 '로'와 결합되어 쓰이는 현상은 16세기부터 활발하게 나타나게 되어 우선 변화의 시기에 대해 잘못 지적하였다. 그리고 15, 16세기 '로 더브러'의 용례가 '로 드려'보다 일찍 나타난 점을 감안하면 유추되는 순서에 대한 지적도 문제가 있다.

홍윤표(1994)에서 일반화된 현상으로 언급한 '로 더브러'의 경우도 마찬가지로 여러 가지 문제점이 존재한다. 여기서 '로'는 동사 '더블다'가 문법화되어 후치사로 변한 다음 후치사의 격지배 변동규칙의 적용을 받은 결과라고 보고 그 후치사화의 과정을 '를 더브러 > 로 더브러 > 와 더브러 > 더브러'로 설정하고 있다. 이러한 변화를 상정할 때 그들 사이에 의미의 동일성이 전제되어야 한다는 것에 유의할 필요가 있다. 중세국어에 나타나는 '를 더브러'는 그 뒤에 화법동사가 후행하여 문장에서 여격의 기능을 하는 것이 보통이다. 그러나 중세 시기의 '로 더브러'는 대부분 공동격의 기능을 하는 것이 '를 더브러'와 의미가 동일하지 않았다.22) 다음 예문을 살펴보도록 하자.

> (28) ㄱ. 이제 눌 <u>더브러</u> 무르려뇨 ᄒ더니<釋詳13 : 15b>
>   ㄴ. 내 가난ᄒ야실 제 네 어미<u>로 더블어</u> 내 어버이ᄅᆞᆯ 칠ᄉᆡ(吾ㅣ 貧時예 <u>與汝母로 養吾親홀ᄉᆡ</u>)<小學5 : 79a>

(28ㄱ)은 '더브러' 앞에 '누구를'이 선행하고 뒤에 '묻다'가 후행하여 여격의 기능을 하는 데 반해 (28ㄴ)은 '더블어'가 선행하는 '로'와 공동격처럼 기능을 하는 것이다. 이렇게 볼 때 '를 더브러 > 로 더브러'의 과정을 상정하는 것이 과연 적당한지 검토할 필요가 있다.

16세기의 언해 문헌『소학언해』에는 '로 더브러'와 '와 더브러'가 공존한다. 홍윤표(1994)에서 설정한 문법화 과정에 의하면 16세기 말기에 적어도 '로 더브러 > 와 더브러'의 변화가 과도기에 처하고 있다고 설명될 수 있다. 문법화의 방향에 의하면 17세기에 들어 '와 더브러'의 용례가 '로 더브러'보다 많아지거나 비슷한 빈도수를 드러내야 한다. 그러나 17세기, 18세기에

---

22) 중세국어에서 '로 더브러'가 여격의 기능을 하는 용례도 확인되는데 용례가 드물고 대응되는 '與'가 노출되지도 않는다.
　ㄱ. 슬허 여위여 병 들엇더니 죽을 적의 계집<u>으로 더브러</u> 닐오되(臨死語妻曰)<續三 중간본 효 : 34a>
　ㄱ'. 슬허 여위여 病 드럿더니 주글 저긔 <u>겨집 더브러</u> 닐오디<續三 원간본>

'로 더브러'의 용례가 역시 '와 더브러'보다 훨씬 많이 나타나고 있다.[23] 반대로 문법화 과정을 '와 더브러 > 로 더브러'로 상정할 수 있으나 그것은 또 당시의 언어 현실과 맞지 않는 문제점이 있다. 뿐만 아니라 'ᄅᆞᆯ 더브러 > 와 더브러(> 로 더브러)'의 문법화 과정을 설정할 때 'ᄅᆞᆯ > 와'의 격변동 현상을 설명해야 하는 더욱 큰 부담을 초래할 수도 있게 될 것이다.

그리고 타동사가 문법화될 때 왜 격변동이 반드시 '로'에 의해 이루어져 있는가 하는 것도 문제가 된다.

(29) 를 ᄡᅥ>로 ᄡᅥ(>로)
를 브터 >로 브터>브터
를 조차 >로 조차>조차
를 ᄃᆞ려>로 ᄃᆞ려> ᄃᆞ려
를 더브러>로 더브러>와 더브러>더브러

(30) ㄱ. 禪定에 브터 니러(從禪定起ᄒᆞ야)<法華5 : 32a>
ㄴ. 내 젼년 正月에 브터(我從年時正月裏)<飜老 上 : 15a>
ㄷ. 네 識이 決定히 法에 브터 낧딘댄(汝識이 決定依於法ᄒᆞ야 生인댄)<楞嚴3 : 59a>

(31) ㄱ. 外道ㅣ 佛教애 조차 몯홈ᄃᆞᆯ히오(外道不共佛教等)<圓覺 下 2-1 : 13b>
ㄴ. 智ㅣ 境에 조차 안해 能히 브투미 업스니(智ㅣ 從於境ᄒᆞ야 內無能緣ᄒᆞ니)<永嘉 上 112a>
ㄷ. 부톄 十六 菩薩애 조차 ᄃᆞ외야 겨싫 저긔<月釋15 : 23a>
ㄹ. 그 毒氣ㅣ 小便에 조차 나ᄂᆞ니(其毒必從小便中出)<救急方 下 71a>

---

23) 저자는『동국신속삼강행실도』(1617)를 대상으로 하여 조사해 보았는데 그 중에 '로 더브러'는 109번이나 나타났는데 '와 더브러'는 2번밖에 나타나지 않았다.
ㄱ. 뇨동의 니ᄅᆞ러 고구려 사ᄅᆞᆷ으로 더브러 듀필산 아래셔 싸호ᄃᆡ(至遼東與麗人戰于駐蹕山下)<東新忠1 : 3b>
ㄴ. 어미 아ᄋᆞ 덕린으로 더브러 사ᄅᆞ잡핌을 닙으니(母與弟德麟被虜)<東新孝1 : 13b>
ㄷ. 그 며ᄂᆞ리 안시 ᄯᅩᄒᆞᆫ 그 아ᄒᆡ로 더브러 방의 드러가 서ᄅᆞ 베고 주그니라(其婦安氏亦與其兒入房枕籍而死)<東新烈3 : 63b>
ㄹ. 인ᄒᆞ여 승쟝 녕규와 더브러 금산 도적글 티다가(仍與僧將靈珪討錦山賊)<東新忠1 : 36b>
ㅁ. 형뎨와 더브러 뎐턱과 노비롤 ᄂᆞᆫ호ᄃᆡ(與兄弟分田宅奴婢)<東新孝5 : 9b>

(29)에 예시된 문법화에 관련된 일련의 현상은 한국어 동사가 문법화되는 일반화 현상으로 인식되어 왔다. 그러나 극히 드물게 나타나는 용례들이지만 (30), (31)에서 보는 것처럼 '브터', '조차' 앞에 반드시 '로'만 선행하는 것이 아니다. (30)은 문맥에 의하면 모두 '로 브터'로 바꿀 수 있는 용례들이다. (30ㄷ)의 '에 브터'는 한문 원문에 '於'가 있기 때문인 것으로 이해될 수 있다.[24] (31)의 '조차'도 '애'가 선행하는 용례들인데 반드시 '로'가 선행해야 하는 것이 아님을 시사해 주는 것이다.

홍윤표(1994)에서 조격조사를 취하는 문제에 대해서 이들 후치사들이 가지고 있는 의미 및 기능이 조격조사 '로'와 가장 유사하기 때문이라고 해석하고 있다. 그러나 '뻐'의 경우는 큰 이의(異議)가 없을 듯이 보이지만, "동반", "비교", "교호" 등 의미를 나타내는 '더브러'는 과연 '로'와 가장 유사한 의미 및 기능을 가진다고 할 수 있을지 의심스럽다. '더브러'는 '와'의 의미와 기능에 더욱 가깝기 때문이다. 중세 시기, 근대 시기에 '로 더브러'의 용례가 많이 나타났지만 현대국어에 소멸되었고 또 '와 더불어'의 구성으로 변한다는 점도 이 점을 뒷받침해 준다.

2.3.2. 구결문의 영향에 대한 검토

앞절에서 우리는 문법화 차원의 후치사설을 검토하면서, 특히 'NP로 # 전이어' 구성과 관련하여 전이어에 선행하는 조사 '로'를 격지배 변동으로 이해하는 입장에 대하여 여러 측면에서 비판적인 태도를 취하였다. 본

---

24) 15세기의 언해 문헌에서는 한문의 '於'는 처격조사 '애'와 강한 호응관계를 형성한다. 당시 편찬자들이 '於'를 한국어의 처격조사 '애'와 같은 것으로 인식하고 있기 때문이다. '於는 아모그에 ᄒᆞ논 겨체 쓰는 字ㅣ라<훈언3a>'의 예도 이런 점을 뒷받침해 준다. 이러한 인식은 언해 과정에도 영향을 미쳐 '於'가 통합된 명사구는 '애'가 현결되지 않더라도 대부분 '명사-애'의 형식으로 언해된다(윤용선 2003 : 49-54) 참조.

절에서는 전이어가 직역 문헌에 한문 어사의 번역차용으로 등장하는 점을 중시하여 'NP로 # 전이어' 구성의 '로'가 직역 언해문의 전제가 되는 구결문의 현결 방식과 관련될 가능성을 조심스럽게 검토해 보고자 한다.

중세 시기의 언해 문헌은 일반적으로 구결문이 먼저 제시되고 언해문은 그에 대응 배당되는 체재를 가지고 있었다(윤용선 2003 : 12). 그 당시의 언해 사업은 먼저 원문에 구결을 다는 것으로부터 시작되고 언해는 먼저 달아 놓은 원문의 구결에 의거하여 거의 기계적으로 이루어지게 된다. 이렇게 볼 때 언해문이 구결문의 영향을 받는 것은 피할 수 없다. 윤용선(2003 : 46)에서는 구결문과 언해문의 관계를 다음과 같은 표로 제시한 바 있다.

<표-1> 구결문과 언해문의 관계

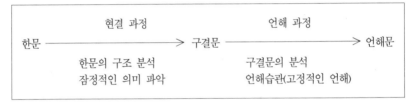

<표-1>에서 보듯 한문이 언해문으로 바뀌는 데는 2단계의 인식 과정이 존재한다. 구결문은 한문 구조에 대한 통사적 인식과 잠정적인 의미 파악의 결과이며, 언해문은 구결문에 대한 재분석(통사구조의 재인식)과 일부 고정화된 언해습관을 이용하여 한국어로 표현된 것이다. 결국 구결문은 언해문의 전제 조건이 되어 언해문의 구조적 모습을 결정하게 된다. 김상대(1993 : 14)에서 직역 문헌의 구결문은 언해문의 직접적인 모체가 되고 언해문은 구결문의 직접적인 반사형이라고 언급된 바 있다. 이렇게 볼 때 구결문의 구결이 직역 문헌의 언해문에 직접 영향을 줄 가능성도 배제될 수 없다. 기존 논의에서는 구결문의 고정된 현결 양식이 언해문에 그

대로 투영된 결과 언해문 내에 일반적인 한국어 질서와 이질적인 요소가 초래된 예를 보고한 바 있다. 다음 예문을 살펴보도록 한다.

(32) ㄱ. 此ᄂ 甫ㅣ 欲以書籍<u>ᄋ로</u> 與虞而傳其業也라<杜詩8 : 25b>

　　 ㄴ. 言<u>以爪로</u> 浸水ᄒ니 或浮或沈이 如水玉也ㅣ라<杜詩15 : 18b>

　　 ㄷ. <u>以竹筒ᄋ로</u> 貯書ᄒ야 繫犬頸ᄒ대<杜詩8 : 35b>

(33) ㄱ. <u>於一佛乘에</u> 分別說三ᄒ시ᄂ니라(ᄒ 佛乘에 ᄂᆞ호아 세흘 니르시ᄂ
　　　 니라)<法華1 : 186a>

　　 ㄱ'. ᄒ 佛乘<u>ᄋᆞᆯ</u> 가져 이셔 세헤 굴ᄒᆞ야 니르시ᄂ니라<釋詳13 : 56b>

　　 ㄴ. <u>於此好色香藥애</u> 以爲不美ᄒ니라(이 色香 됴ᄒ 藥<u>애</u> 됴티 몯다 너
　　　 기니라)<法華5 : 156a>

　　 ㄴ'. 이 色香앳 藥<u>ᄋᆞᆯ</u> 됴티 몯다 ᄒ니라<月釋17 : 20a>

이상 예문 (32), (33)은 윤용선(2003 : 49-52)에서 다시 인용한 것들이다. 15세기의 문헌의 구결문은 '以'가 쓰인 구절에는 반드시 '로'를, '於'가 쓰인 구절에는 반드시 '애'를 현결하려는 경향이 있다고 한다. 한문에서 '以' 는 "憑藉(依據), 원인, 자격, 受惠, 처소, 시간, 목적"의 기능을 가진다고 한다. 언해문의 '로'도 이와 유사한 의미 범주를 갖기 때문에 호응관계가 성립한 것이겠지만 뒤의 "시간, 처소, 목적"은 '로'가 갖는 본래적 의미는 아닌 것으로 보인다. 위의 예문 (32ㄱ-ㄴ)은 '以'가 "목적"의 의미로 쓰인 예이고, (33ㄷ)은 "처소"의 의미로 쓰인 예인데 만일 (32)에서 호응관계를 무시하고 현결되었다면 (32ㄱ-ㄴ)의 '로'는 목적격의 '롤'로 실현되고 (33 ㄷ)은 '애'로 실현되었을 것이다.[25] 그러나 이 '로'는 언해될 때 언해문에 그대로 전이되는데 이런 식으로 언해문에 나타난 '로'는 한문에서의 기능

---

25) 목적어와 처소를 나타내는 NP 뒤에 '롤'과 '애'를 현결한 용례도 확인된다.
　 ㄱ. 雖見諸根이 動ᄒ나 要以一機<u>롤</u> 抽ㅣ니(비록 모든 根이 動ᄒᆞᆯ 보나 모로매 ᄒ 機롤
　　 ᄲᅢ혈 디니)<楞嚴6 : 7b>
　 ㄴ. <u>以靑蓮華애</u> 盛滿抹香ᄒ야 供散其上ᄒ고(靑蓮華애 抹香ᄋᆞᆯ ᄀᆞᄃᆞ기 다마 그 우희 供養ᄒ
　　 야 비코)<法華6 : 181a>

을 그대로 유지한 것이므로 당시 국어체계에서는 이질적 존재가 되었을 것이라고 한다(윤용선 2003 : 50). 마찬가지로 한문의 '於NP'는 "대상, 장소, 시간, 원인, 비교" 등 여러 가지 기능을 나타내는데 구결문에서는 '애'와 강한 호응관계를 형성한다. 예문 (33ㄱ), (33ㄴ)은 이러한 호응관계를 잘 보여 주는 용례로서 중세 시기의 문헌에서 쉽게 발견될 수 있다. 그러나 (33ㄱ), (33ㄴ) 중의 '於NP'는 "대상"의 기능을 하는 예로서 의역적인 문헌 『석보상절』과 『월인석보』에서 목적격 조사 '롤'을 사용하여 언해하고 있다. 이 점을 감안하면 적어도 『법화경언해』의 언해문에서도 '롤'을 사용하여 언해할 것으로 예상되지만 그렇지 않고 '애'를 사용한 것은 구결문의 '애'가 그대로 반영된 결과로 볼 수밖에 없다. 왜냐하면 한국어의 '애'가 목적어의 기능을 하는 일이 없기 때문이다. 이 때의 '애'가 수행하는 기능은 자연스러운 현상으로 보기 어려울 것이다(윤용선 2003 : 52).[26]

　구결문의 고정된 현결 양식은 경서 언해에서 더욱 중요한 의미를 지닐 수 있다. 실제로 이 책에서 대상으로 한 전이어 가운데 '以, 使, 與, 及'과 관

---

26) 황국정(2009 : 46-7)에서는 대상 행위 자동사가 용구하는 '대상 논항'는 'NP에' 논항으로 실현되기도 하고 'NP로' 논항으로 실현되기도 한다고 한다. 여기서의 '대상' 논항은 타동구문에서 목적어로 실현되는 대상의 'NP를' 논항과 통사·의미적 관계를 가지는 것이다. 이들이 자동구문을 구성했을 때의 'NP에'와 'NP로' 논항이 타동 구문에서는 'NP를' 논항으로 실현되기 때문이다. 이처럼 'NP에'와 'NP로'가 '대상' 논항으로 실현되어 자동 구문을 구성할 수 있었던 것은 15세기 국어에서 조사 '에'와 '로'가 가진 '대상'의 기능 때문에 나타난 결과라 한다. 황국정(2009)에 의하면 '대상'의 기능은 '에'와 '로'의 고유한 기능인 것으로 이해된다. 그러나 윤용선(2003)에 의하면 구결문 특유의 용법에 의해 사용된 형태가 언해문에 그대로 옮겨간다면 문법체계에 새로운 기능과 용법이 추가되는 것이 된다. 즉 '에'와 '로'의 '대상' 기능은 구결문 특유의 용법에 의해 새로 추가되는 기능이라는 주장이다. 요컨대 황국정(2009)은 '대상'은 '에'와 '로'의 고유한 기능, 윤용선(2003)은 '대상'은 구결문에 의해 '에'와 '로'에 새로 추가된 기능으로 보아 두 가지 주장은 뚜렷한 차이가 존재한다. 황국정(2009)에서 언급된 소위 자동 구문의 논항 'NP에'와 'NP로' 중의 '에'와 '로'는 윤용선(2003)에서 그것들이 구결문의 문법 형태가 그대로 언해문에 옮겨 간 것이라고 주장하고 있어 황국정(2009)과 다르다. 두 가지 관점은 모두 일리가 있는데 본 연구는 언해문과 구결문의 대응 관계를 중시하여 윤용선(2003)의 접근 방법이 더 설득력이 있다고 본다. 이 문제는 3장 이하에서 다시 구체적으로 논의하게 될 것이다.

련된 전이어 앞에 출현하는 조사는 경서 언해에서 한결같이 '로'로 통일된 양상을 보인다. 이 언해문의 '로'는 바로 구결문의 현결과 일치하는 점에 주목할 필요가 있다. 특히 '與'와 관련된 조사는 구결문의 현결이 불경 언해의 '와'에서 경서 언해의 '로'로 옮아간 양상을 보이는데 이러한 양상이 언해문에도 그대로 투영되고 있는 점이 중요한 의미를 지닌다 하겠다. 이제 한문의 '與NP'와 관련된 경우를 아래에서 좀더 상세히 논의하기로 한다.

한문의 '與NP' 구조는 불경 언해의 구결문에서는 '와', '와로', '로' 세 가지 유형의 구결이 달려 있다. 어느 유형이든 언해문에서는 'NP와'가 다 나타날 수 있는 것은 '與'가 나타내는 문법적 기능이 국어에서 '와'에 의해 담당될 수 있기 때문이다.[27] '與는 이와 며와 ᄒᆞᄂᆞᆫ 겨체 쓰ᄂᆞᆫ 字ㅣ라' <훈언1b>의 자석도 이 점을 보여 준다. 언해문에 '로'가 나타난 경우는 대응되는 구결문에도 '로'가 출현된 경우에만 한한다. 구결문에 '로'가 없는데 언해문에 '로'가 나타나는 용례는 하나도 발견되지 않았다. 이는 언해문 중의 '로'가 구결문에서 이끌려 왔을 가능성이 있음을 시사한다. 그리고 언해문에서 '로'는 항상 '와'와 통합하여 쓰이거나 아니면 '다뭇', '더브러', 'ᄃᆞ려' 등 전이어와 통합하여 쓰이는 제약성을 보인다.[28] 이는

---

27) 김문웅(1986 : 42-43, 45)에 의하면 "동반"이나 "비교"의 뜻으로 쓰인 '와/과'는 '與'와 호응관계를 맺고 있는데 이는 '與~와로'에서 '로'가 삭제된 간략한 형태에 해당한다. '와로'는 기능부담량으로 보아서 '와' 쪽이 크고 '로' 쪽은 극히 미약하기 때문에 번역과정에서 '로'가 삭제되고 '와'로만 나타나며 이러한 '로'의 삭제 현상은 구결에도 파급되어 '與NP와'로 된다는 것이다. 그러나 본 연구는 이와 정반대로 구결문에서 나타나는 '與NP와'는 '로'가 삭제되어 형성된 간략 형태가 아니고 '與NP와로'는 '與NP와'에다 '로'를 첨가하여 형성된 複合形態로 보고자 한다. 다시 말하면 '與NP와로'는 '與NP와'와 '與NP로'의 중간 단계에 해당하는 형태인 것이다.

28) 언해문에서 '로'가 단독으로 쓰이는 용례가 중세국어와 근대국어에 발견되나 용례의 수가 극히 드물다.
ㄱ. 하품엣 빅셩<u>으로</u> ᄒᆞᆫ가지라(<u>與下民一致</u>라)<飜小8 : 12b>
ㄴ. 司馬溫公이 그 형 伯康<u>으로</u> ᄉᆞ랑호믈 지극이 ᄒᆞ더니(馬溫公이 <u>與其兄伯康</u>으로 友愛 尤篤ᄒᆞ더니)<飜小9 : 79b>
ㄷ. 侍講<u>으로</u> 夫婦ㅣ 되외야(<u>與侍講ᄋᆞ로</u> 爲夫婦ᄒᆞ야)<內訓2 : 17b>
ㄹ. 형왕부인이 원우간의 죵겨집<u>으로</u> 졍히 셔방을 닷고(荊王夫人이 元祐間애 與婢妾로

'로'가 '與'의 문법적 의미를 나타내기에 상대적으로 미미하기 때문인 것
으로 해석된다. 김문웅(1986)에 의하면 '로'의 기능 부담량이 미미하여 변
천과정에서 '로'가 삭제되고 '와'만으로도 '與NP로'의 기능을 나타낸다고
한다. 그러나 중세나 근대 시기의 문헌을 검토하면 기능 부담량이 미미한
'로'가 삭제되기는커녕 구결문에서든 언해문에서든 더욱 활발하게 나타나
반대 양상을 보인다. 구결문에서 '與NP' 구성의 현결 방식을 고려하지 않
고서는 이 문제를 설명하기에 어려운 점이 남아 있을 수밖에 없게 된다.
다음 구결문에 나타난 '與NP'의 현결 방식을 살펴보도록 하자.

(34) ㄱ. 與大比丘衆千二百五十人<u>과</u> 俱ᄒ얫더시니(큰 比丘衆 千二百五十人
　　　　<u>과</u> ᄒ더 잇더시니)<楞嚴1 : 23b>
　　ㄴ. 與造世界所有微塵<u>과로</u> 等無差別ᄒ야(世界 밍ᄀ랫는 微塵<u>과</u> ᄀᆮᄒ
　　　　야 ᄀᆯ희요미 업서)<楞嚴 : 5 : 67b>
　　ㄷ. 四天宮이 與日月<u>로</u> 齊ᄒ니라(四天宮이 日月<u>와</u> ᄀ즉ᄒ니라)<楞嚴
　　　　2 : 41a>

(35) ㄱ. 與侍講<u>ᄋ로</u> 爲夫婦ᄒ야(侍講<u>ᄋ로</u> 夫婦ㅣ ᄃ외야)<內訓2 : 17a>
　　ㄴ. 與賢者<u>로</u> 語ㅣ라 不知飢倦也호라(賢者<u>와</u> 말ᄒ다라 비골ᄑ며 ᄀᆺ
　　　　본 주를 아디 몯호이다)<內訓2 : 18a>
　　ㄷ. 與太中<u>ᄋ로</u> 相待如賓客ᄒ더니(太中<u>과로</u> 서르 待接호ᄆᆯ 손ᄀ티
　　　　ᄒ더니<內訓2 : 16a>

(36) ㄱ. 與汝母<u>로</u> 養吾親홀식(네 어미<u>로</u> 더블어 내 어버이롤 칠식)<小學
　　　　5 : 79a>
　　ㄱ'. 與汝母<u>로</u> 養吾親호ᄃ(네 어미와로 내 어버이롤 효양호ᄃ))<飜小
　　　　7 : 47b>
　　ㄴ. 臣이 與崔浩<u>로</u> 實同史事호니(臣이 崔浩로 더블어 진실로 스긔일
　　　　을 ᄒᆫ가지로 호니)<小學6 : 44a>

────────────

　精修西方호ᄃ)<勸善要錄23a>
ㅁ. 아둘 인후와 막하 사ᄅᆷ 뉴펑 노안영<u>ᄋ로</u> ᄒᆫ가지로 죽다(與子因厚幕下士柳彭老安瑛同
死)<東新忠1 : 37b>

ㄴ'. 臣이 與崔浩<u>로</u> 實同史事호니(내 최호와 스긔 이를 진실로 혼가
지로 호니)<飜小9 : 48a>

ㄷ. 司馬溫公이 與其兄伯康<u>으로</u> 友愛尤篤이러니(司馬溫公이 그 兄 伯
康<u>으로</u> 더블어 스랑홈을 더옥 도타이 ᄒ더니)<小學6 : 73b>

ㄷ'. 馬溫公이 與其兄伯康<u>으로</u> 友愛尤篤ᄒ더니(司馬溫公이 그 형 伯康
<u>으로</u> 스랑호믈 지극이 ᄒ더니)<飜小9 : 79b>

예문 (34)는 15세기의 불경 언해인 『楞嚴經諺解』에 나타나는 용례들인
데 구결문의 경우 '與NP와'가 가장 많이 나타나고, '與NP와로'와 '與NP
로'는 드물게 나타났다. 언해문의 경우 구결문에서 '與NP와'가 가장 많이
나타난 만큼 'NP와'의 언해가 가장 많이 출현한다. 심지어 구결문이 '與
NP와로', '與NP로'임에도 불구하고 언해문에서는 'NP와'로 나타난 경우
가 있는데 이는 그 당시 일반적인 한국어의 현상을 반영한 번역으로 보인
다. 예문 (35)는 15세기의 경서 언해인 『내훈』에 나타나는 용례들인데 구
결문에서 일률적으로 '로'를 현결하고 있는 점은 15세기의 불경 언해와
대조적이다. 언해문은 'NP로'의 경우가 드물게 나타나지만 역시 'NP와',
'NP와로'의 경우가 많이 발견되어 구결문의 구결과 언해문의 문법 형태
가 크게 일치하는 양상을 나타내지는 않는다. 그러나 전형적인 직역 문헌
인 『소학언해』를 보면 (36)에서 보듯이 구결문에서 일률적으로 '로'를 현
결할 뿐만 아니라 언해문에서도 'NP로'로 언해가 통일된 것으로 나타난
다. (36)의 용례를 통해서 직역일수록 언해문이 구결문의 영향을 더욱 쉽
게 받는다는 점을 한층 더 뚜렷이 확인할 수 있다. 다음의 예문 (37)은 중
세 시기에 많이 등장하지 않았지만 구결문이 언해문에 미치는 영향을 다
시 한 번 확인할 수 있는 용례들이다.

(37) ㄱ. 予 及女로 偕亡이라 ᄒ니(내 널<u>로</u> 밋 홈끠 亡호리라 ᄒ니)<孟子
1 : 6a>

ㄴ. 管叔이 及其群弟로 乃流言於國(管叔이 믿 그 群弟로 國애 流言ᄒ
야)<서전3 : 51a>

(37)은 한문의 '及'을 명사(구)를 접속시키는 접속사로 파악하지 않고 명
사(구)를 지배하는 개사로 파악하여 '及NP' 뒤에 '로'를 현결한 결과이다.
이전에는 'NP로 밋'의 언해가 나타나지 않은 것은 '及NP로'의 현결이 아
직 형성되지 않았기 때문인 것으로 해석된다. ('及'이 접속사의 기능을 할 수
있더라도) '介詞 # 名詞 + 로'의 현결 방식이 더욱 확대됨에 따라 '及NP
로'가 나타나고 그 다음에 'NP로 밋', 내지 '믿 NP로'가 나타났던 것이다.
　　결국 전이어 앞에 빈번히 출현하는 '로'는 구결문에 대한 의존도가 높은
직역 문헌에서 구결문의 구결이 그대로 반영된 것일 개연성이 높다. 그렇다
면 '로'는 원전의 한문 구조에 대한 구결문의 인식이 반영된 요소일 뿐, 후
행하는 전이어의 논항 표지와는 직접적 관련이 없다고 보아야 할 것이다.

2.4. 전이어와 직역 문헌

　　중세 시기의 언해 문헌은 두 번 이상 언해되었을 경우 처음에는 의역되
었다가 나중에 '의식적으로' 직역된 경우가 많다. 의식적인 언해 양식의
차이에 따라 언해 문헌에 반영되는 언어 사실도 그 영향을 받지 않을 수
없다. 일찍이 안병희(1973)를 비롯하여 홍윤표(1997), 윤용선(2003)에서는 직
역 문헌이 의역 문헌에 비해 갖는 특성을 상세히 논의한 바 있다. 여기서
는 일일이 반복 설명하지 않고 기존의 논의에서 언급된 사항을 그대로 요
약하여 인용한 뒤 표를 통하여 간략히 논자간의 공통점과 차이점을 정리
해 보이기로 한다.

① 안병희(1973)

> ㄱ. 직역일수록 한자어가 훨씬 많이 나타난다(p.78).
>
> ㄴ. 직역일수록 번역에 쓰이는 단어와 어구의 품사적 성격이 원문의 그 것과 일치한다(p.79).
>
> ㄷ. 직역에서는 번역차용(translating borrowing)으로 이루어진 轉移語가 사 용된다(p.80).
>
> ㄹ. 경어법의 사용에 있어서 의역일수록 민감하다. 원전의 한문에는 경어 법에 관한 정보가 외현되어 있지 않으므로 원문에 충실한 직역일 경 우 경어법은 무시되어도 무방하겠기 때문이다(p.81).

② 홍윤표(1997)

홍윤표(1997 : 102-3)에서 언해본을 언해의 양상에 따라 직역본과 의역본의 두 가지로 구분하였다. 그 중의 직역본은 다음과 같은 몇 가지 특징을 지닌다.

> ㄱ. 언해 과정에서 한문 문장에 구결을 달고 번역하는 것이 일반적이어 서 대체로 문법적으로는 구결의 영향을 많이 받는다.
>
> ㄴ. 직역본에는 고유어보다 한자어의 빈도수가 높다.
>
> ㄷ. 직역본에 나타나는 한자어는 외래어로서의 한자어인지 외국어로서의 한자어인지를 구별하기 어렵다.
>
> ㄹ. 국어 문장에서는 내용상 거의 필요가 없는 듯한 대명사 '이, 그' 등의 대명사를 흔히 사용한다. 예) 오늘은 이 三月 三日이라 韶光이 明媚ᄒ 고 景物이 暄姸ᄒ야 덥도 아니ᄒ고 츠도 아니ᄒ니 졍히 이 됴한 時節 이라<伍倫1 : 2a>[29]
>
> ㅁ. 문맥 관계를 분명히 표시하여 주는 '뼈(곰)', '시러(곰), ᄒ여(곰)' 등의 부사를 많이 사용한다.[30]
>
> ㅂ. 직역본에는 다양한 조사나 어미가 사용되지 않고, 매우 한정된 조사 나 어미가 사용된다.

---

29) 단순히 국어의 문장을 보면 대명사의 남용으로 이해하기가 쉽지만 한문 원문 "今日是三 月三日…正是好時節也"를 대조하여 보면 소위 대명사 '이'는 한문의 어사 '是'를 번역한 결과임을 알 수 있다.

30) 이는 안병희(1973)에서 언급된 전이어와 같은 내용이다. 특히 여기에서 '뼈'를 부사로 간주하였는데 이는 또 홍윤표(1994)의 관점과 달라진 것이다.

ㅅ. 연결어미로 연결된 문장의 하나하나에 문법적인 요소를 나타내는 모
든 형태소들이 배열된다.

ㅇ. 경어법의 사용이 매우 제한적으로 사용된다.

ㅈ. 1음절 한자에 'ㅎ다'를 붙여 동사로 사용하는 경우가 빈번하다.

ㅊ. 부사어는 고유어보다 1음절 한자에 부사형 접미사를 붙인 부사어를
주로 사용한다.

ㅋ. 협주 형식의 주석문이 많다.

③ 윤용선(2003)

ㄱ. 직역문헌은 구결문의 표현을 그대로 이용한, 한문으로서의 속성을 간
직한 한자표기가 상대적으로 우세하게 나타난다. (p.224)

ㄴ. 직역문헌에서는 동명사 표현이 많이 사용된다. 이는 구결문의 어사를
빠짐없이 언해하고 어순을 유지하려는 축자역의 태도로 인해 나타나
는 것이므로 직역문헌의 특징으로 볼 수 있다. (p.224)

ㄷ. 직역문헌에 중첩 표현31)이 우세하게 나타난다. 이는 한문의 특정 어
사와 특정 구결이 호응하는 현상과 구결문의 어사를 빠짐없이 언해
하려는 태도에서 기인한 현상이다. 직역문헌에 전이어가 많이 나타
나는 현상도 같은 맥락으로 이해할 수 있다. (p.224)

ㄹ. 직역문헌에서는 보문을 지배하는 상위동사가 있는 문장을 명사구로
표현하는 경향이 있고 상위문 중심으로 구문을 파악하는 경향이 있
다.32) 이는 한문에서의 품사적 기능을 중시하고 한문의 구조를 지키
려는 태도에서 기인한 것이다.

---

31) 윤용선(2003)에서는 중첩 표현의 사용이 전이어의 사용과 유사한 성격의 것이라 보고
있는데 양자가 완전히 같은 개념이 아닌 점에 유의할 필요가 있다. 중첩 표현은 어휘형
태와 문법형태를 모두 포함한 개념인 데 비해 전이어는 어휘형태만 가리킨 개념이다.

32) 이 점은 『번역소학』과 『소학언해』를 비교한 이현희(1988 : 35-6)에서도 지적되고 있다.
관련 예문을 제시하면 아래와 같다.

ㄱ. 일즉 사룸의게 擧薦홈을 간구티 아니ᄒ더니(未嘗干人擧薦ᄒ더니)<소학6 : 49b>

ㄱ'. 사룸ᄃ려 거천ᄒ고라 구ᄒ디 아니터니(未嘗干人擧薦ᄒ더니)<번소9 : 54a>

ㄴ. 未曾有롤 讚嘆ᄒ야(嘆未曾有ᄒ야)<法華3 : 176a>

ㄴ'. 네 업던 이리로다 讚嘆ᄒ야<月釋14 : 77>

(ㄱ)에서는 '人擧薦'을 동사 '干'이 지배하는 명사구(=목적어)로, (ㄴ)에서는 '未曾有'를
'讚嘆'이 지배하는 명사구(=목적어)로 이해하여 언해한 것이다.

홍윤표(1997)에서 제시한 기준은 다른 논의보다 많이 제시되었으나 그 중에 일음절 한자에 관한 (ㅈ), (ㅊ)은 실은 한자어의 사용에 넣을 수 있다. 그리고 (ㅁ) 항목의 부사 '뼈(곰), 시러(곰), 호여(곰)' 등은 안병희(1973)의 전이어와 실은 같은 내용인 것이다. 윤용선(2003)에서 언급한 중첩 표현은 전이어와 같은 개념이 아니지만 "한문의 어사가 한국어의 문법형태와 호응관계를 지님으로써 나타난 현상"으로 보면 전이어와 같은 맥락에서 이해할 수 있는 개념이라 할 수 있다. 이상의 논의를 다시 정리하면 직역과 의역을 판정하는 기준을 아래의 표로 정리할 수 있을 것이다.

〈표-2〉 지역과 의역을 판정하는 기준

적용 기준	안병희 (1973)	홍윤표 (1997)	윤용선 (2003)
한자어의 사용	○	○	○
전이어	○	○	○
품사적 성격	○	×	×
경어법	○	○	×
구결문의 영향	△	○	△
대명사의 사용	×	○	×
동명사 표현	×	×	○
상위문 중심	×	×	○

(○은 각 논의에서 명시적으로 제시한 적용 기준, △은 명시적으로 제시하지 않았지만 간접적으로 언급한 바가 있는 기준, ×은 각 논의에서 명시적으로 제시하거나 언급하지 않은 기준)

<표-2>에서 보는 바와 같이 직역 문헌의 특성을 판단하는 기준에는 학자에 따라 크고 작은 차이가 나타난다. 예를 들어 경어법의 경우, 『번역소학』은 전이어의 사용에 의하면 『소학언해』에 비해 의역 성격이 분명하지만 두 문헌에서 다 같이 '호라체'를 쓰고 있다는 것을 감안하면 『번역소학』도 직역이라 할 수 있다(안병희 1973 : 83). 또 경어법에 의하면 『내훈』도

의역 문헌이라고 할 수 있으나 전이어가 사용된 점으로 보면『내훈』은 전형적인 직역 문헌으로 다룰 수 있을 것이다.『내훈』에는 의역 문헌에 나타나지 않은 '뻐'[以], '다못'[與], '히여곰'[使] 등 표현이 나타났기 때문이다.33) 결국 의역과 직역의 차이는 상대적이므로 양자를 구별할 때 한 가지의 기준만을 적용해서는 안 된다고 할 수 있다. 그럼에도 불구하고 모든 논의에서 '전이어'를 중요한 기준으로 들고 있는 것은 주목할 만하다.34)

　　그러나 직역과 전이어의 상관성을 인정하더라도 모든 직역 문헌에서 전이어의 출현 양상이 유사하게 나타나는 것은 아니다. 특히 중세 언해 문헌의 경우 불경 언해 문헌과 경서 언해 문헌에 나타나는 전이어의 출현 양상이 뚜렷한 차이를 보여 주목된다.35) 이 책에서 대상으로 하고 있는 전이어만 하더라도 아래 표에서 보듯이 불경 언해와 경서 언해 사이에 전이어의 종류나 빈도에 있어서 단순히 우연으로 돌릴 수 없는 차이를 확인할 수 있다.36)

---

33) 『내훈』이 의역인 점은 司馬溫公의 동작 표현에 나타나는 존경법 접미사 '-시-'의 연결로 확인된다. 이 점에서는『번역소학』과 같고,『소학언해』와는 다르다.
　　ㄱ. 司馬溫公이 니르샤디<內訓1 : 60b; 飜小10 : 31b>
　　ㄴ. 溫公이 니르샤디<內訓3 : 59b; 飜小10 : 34a>
　　ㄷ. 溫公이 글오디<小學6 : 129b; 132b> 그러나 '뻐, 다못, 히여곰' 등 전이어의 사용으로 보면『내훈』을 직역 문헌이었을 가능성은 배제될 수 없다.
　　ㄹ. 告호디 直과 信과로 뻐 ᄒᆞᄂᆞ니(告之以直信ᄒᆞᄂᆞ니)<內訓1 : 69b>
　　ㅁ. 날로 行홀 바와 다못 믈잇 닐온 바(日之所行과 與凡所言ᄒᆞ니)<內訓1 : 15a>
　　ㅂ. 夫人이 寬으로 히여곰 怒호물 試驗코져 ᄒᆞ야(夫人이 欲試寬令恚ᄒᆞ야)<內訓1 : 16a>
34) 물론 전이어에 기준하여 직역 문헌 여부를 판단하는 것은 아니다. 어떤 문헌이 직역 문헌인지 의역 문헌인지를 여러 가지 기준을 종합하여야만 판단이 가능할 것이다. 그럼에도 불구하고 전이어가 직역 또는 축자역한 결과임은 부정하기 어려운 사실이라 하겠다.
35) 선행 연구에서 언급된 직역 문헌의 특성에 따르면 15세기의『楞嚴經諺解』,『法華經諺解』 등을 비롯한 간경도감에서 간행한 불경 언해 문헌은 직역의 특성을 가진다고 한다. 안병희(1973)에서 '한자어의 사용', '품사적인 차이', '전이어의 사용'(젼ᄎᆞ, 그럴ᄊᆡ) 등에 의하여『법화경언해』의 직역 성격을 밝힌 바 있다. 간경도감에서 간행한 다른 문헌, 또 15세기 말기에 나온 불경 언해를 포함하여 이들 문헌은 앞의 기준에 의하면 직역의 성격을 확인할 수 있다.
36) <표-3>에서 15세기의 불경 언해 문헌『楞嚴經諺解』(1462)를 선정하여 살펴본 것은 이

〈표-3〉 직역된 언해서의 전이어 출현 양상

			以	與		使	及	
			뻐	다뭇	더브러	히여곰	坐	밋
직역	불경	楞嚴 (1462)	×	×	2	×	1	×
	경서	小學 (1587)	234	14	42	42	×	29

(×는 나타나지 않음. 숫자는 출현의 횟수)

위의 <표-3>에서 보는 바와 같이 불경 언해 문헌인 『능엄경언해』에는 이 책에서 다루는 전이어는 거의 나타나지 않았다. '뻐'[以]의 경우, 다른 불경 언해 문헌에 'ᄒ다가 諸菩薩이 變化力으로 **뻐** 佛事롤 짓고'(若諸菩薩이 <u>以</u>變化力으로 而作佛事ᄒ고)<圓覺下2-2 : 26a>와 같은 용례가 확인될 수 있으나 원문에 나타나는 '以'의 출현 빈도에 비하면 극히 드물게 나타난 셈이라 하겠다.[37] '다뭇', '히여곰', '밋' 등의 용례는 전혀 발견되지 않았다. 물론 15세기의 전체 불경 언해 문헌을 세세히 살펴보면 관련 용례를 발견할 가능성을 배제할 수 없다. '더브러'의 용례가 있기는 있지만 극히 드물게 나타난다. 반대로 불경 언해에는 '及'에 대응되는 '坐'가 나타나지만 경서 언해에는 '坐'의 용례가 확인되지 못하였다. 다음 불경 언해에 나타난 '더브러'[與]와 '坐'[及]의 용례들이다.

(38) ㄱ. 大覺이 쟝ᄎ <u>더브러</u> 알에 호려 ᄒ샤 (大覺이 將<u>與</u>覺之ᄒ샤)<楞嚴 2 : 123a>

책이 刊經都監에서 가장 먼저 간행된 불경 언해로서 그 다음에 잇달아 나온 여러 불경 언해 문헌에 대하여 책의 형태 및 번역 양식, 그리고 구결에 이르기까지 모든 면에서 규범이 되었기 때문이다(안병희 1979 : 116-7, 김문웅 1986 : 9). 『소학언해』는 권5~권6을 대상으로 하여 전이어의 출현 빈도를 조사하였다.

37) 불경 언해 문헌에 '뻐'의 용례가 많이 출현되었으나 그것이 대응하는 한자가 '以'가 아닌 '用'으로 된 것이 보통이다. 이 문제에 대해서는 3.1.에서 구체적으로 논의할 것이다.

ㄴ. 몬져 <u>더브러</u> 惑울 굴히시니라(先<u>與</u>辯惑也호시니라)<楞嚴4 : 103b>

ㄷ. <u>더브러</u> 讀誦호야(<u>與</u>共誦讀호야)<法華7 : 168b>

(39) ㄱ. 信과 住와 行과 向과 <u>또</u> 四加行애 드러(入信住行向과 <u>及</u>四加行호야)<楞嚴7 : 68a>

ㄴ. 田宅과 <u>또</u> 죵돌홀 해 뒷더니(=多有田宅과 <u>及</u>諸僮僕호더니)<法華 2 : 54a>

<표-3>에서 차이가 드러난 것은 일견 문헌의 간행 시기의 차이로 간주할 수 있을 듯하다. 왜냐하면 불경 언해 문헌은 대부분 15세기, 경서 언해는 주로 16세기 이후에 간행되었던 것이기 때문이다(이현희 1996 : 213-5). 그러나 15세기의 경서 언해 『내훈』은 『楞嚴經諺解』와 10여 년 차에 불과한데도 전이어의 출현 양상이 『楞嚴經諺解』와 많은 차이가 나지만 오히려 16세기의 경서 언해 『소학언해』와 유사한 점을 보여 주목된다. 16세기 의역인 경서 언해 『번역소학』도 포함하여 그 문헌들에 전이어의 출현 양상을 다시 아래의 <표-4>로 정리할 수 있다.

〈표-4〉 직역 언해서와 의역 언해서의 전이어 출현 양상 비교

			以	與		使	及	
			뻐	다뭇	더브러	히여곰	또	밋
직역	불경	楞嚴 (1462)	×	×	2	×	1	×
	경서	內訓 (1475)	60	5	2	9	×	×
		小學 (1587)	234	14	42	42	×	29
의역	경서	飜小 (1518)	16	4	5	4	×	×

×는 나타나지 않음. 숫자는 출현의 횟수[38]

---

38) 표에서 단순히 전이어가 출현된 횟수만 제시하였는데 실은 횟수보다는 대응되는 한자에 비하는 빈도수가 출현의 양상을 더 합리적으로 반영할 수 있을 것이다. 한자의 횟수를

<표-4>에서 보는 것처럼 『내훈』과 『소학언해』에서 전이어의 출현 양상이 비슷한 양상을 보이고 있다. 이 점을 감안하면 전이어의 출현 양상, 다시 말하면 전이어 분포의 편재성은 단순히 간행 시기와 관련되는 것이 아니라 언해 문헌의 성격과 언해자의 태도 등 문제와 깊은 관련이 있을 것이라 할 수 있다.39)

2.5. 소결

본 장에서는 연구 대상으로 삼은 전이어와 관련하여 전이어의 개념과 유형을 비롯, 전이어와 선행 조사의 관계, 전이어와 직역 문헌의 관계 등을 두루 논의하였다. 논의된 내용을 간략히 정리하면 아래와 같다.

① 이 책에서 대상으로 삼은 전이어는 "한문 어사의 번역차용을 통해 직역 문헌에 특징적으로 등장하는 단어"이다. 이러한 전이어는 의역 문헌과 비교할 때 한문 어사에 대응되는 고유한 문법 형태가 있음에도 불구하고 별도로 첨가된 어휘 형태의 성격을 갖는다.

② 전이어는 직역 문헌과 의역 문헌을 대비함으로써 어렵지 않게 판별, 추출될 수 있다. 그러나 전이어에 해당하더라도 경우에 따라서는 전이어의 첨가적 성격을 확인할 수 없는 경우가 있다. 이러한 경우는 한문 원문에서 숙어화된 2음절 어사를 축자역할 때 자주 관찰되는데 이때의 전이어는 한문 원문의 한자를 고정적인(=기계적인) 대응 형식으로 치환한 듯한

통계하는 것은 한문의 파일이 없는 까닭으로 인해 어려운 점이 많기 때문에 앞으로 미루기로 하겠다.

39) 전이어 분포의 편재성은 불경 문헌과 경서 문헌을 언해하는 목적과 일정한 관련이 있을 것이다. 불경 문헌을 언해하는 목적은 불경의 教義만 宣揚하는 데 있는 데 비해 경서를 언해하는 목적은 경서의 내용을 이해시킬 뿐만 아니라 암송하게 하는 데 있기 때문이다. 이 문제에 대해서는 추후로 깊은 검토를 하겠다.

양상을 보여 준다. 이 책에서는 첨가성이 확인되는 경우를 '첨가형' 전이어, 치환성이 확인되는 경우를 '치환형' 전이어로 구분하고, 3장 이하의 논의에서 출현 양상을 기술할 때 전이어의 유형을 고려하여 기술하는 방식을 취할 것이다.

③ 전이어는 '첨가적' 성격을 갖는 어휘 형태이기 때문에, '첨가성'에 입각하면 전이어와 선행 명사구 사이의 관계를 '논항'이나 '격지배' 관계로 규정하기는 어렵다. 전이어가 직역 문헌의 특징적 요소에 해당하고 또 직역 문헌에서 구결문이 갖는 중요성을 감안한다면 전이어에 선행하는 조사는 구결문의 조사가 투영된 존재일 가능성을 배제할 수 없다. 특히 이 책의 전이어 모두에서 공통적으로 나타나는 'NP로 # 전이어'의 구성은 구결문과 직역 언해문이 일률적으로 평행한 양상을 보이므로 전이어에 선행하는 조사 '로'는 무엇보다 구결문의 영향일 가능성이 높다고 할 수 있다. 3장 이하의 논의에서는 이러한 가능성을 감안하여 전이어의 출현 양상을 정리할 때 언해문은 물론 대응되는 구결문의 조사 출현 양상에도 특히 유의해 가며 기술할 것이다.

④ 직역과 전이어의 상관성을 인정하더라도 모든 직역 문헌에서 전이어의 출현 양상이 유사하게 나타나는 것은 아니다. 특히 중세 언해 문헌의 경우 불경 언해 문헌과 경서 언해 문헌에 나타나는 전이어의 양상이 뚜렷한 차이를 보여 주목된다. 이러한 차이는 단순한 차이가 아니라 직역의 성격과 관련될 가능성이 높은데 3장 이하의 논의에서는 불경 언해와 경서 언해가 보이는 차이에도 유의하여 기술할 것이다.

3. 전이어 '뻐'의 출현 양상과 기능

3.1. 전이어 '뻐'의 확인

한문에서 '以'는 다양한 용법을 가지고 있다. 何樂士(1985 : 691-4)에서는 '以'를 介詞와 접속사, 대명사, 동사, 명사 등의 용법이 있다고 하면서 그 중에 介詞로서의 '以'는 ㉠대상, ㉡수단, ㉢원인, ㉣시간 등 의미를 나타내고, 接續詞의 '以'는 ㉠목적, ㉡원인, ㉢방식, ㉣병렬 등 의미를 나타낸다고 하였다. 대명사의 '以'는 "어디, 무엇"을 나타내고 명사의 '以'는 "원인, 까닭"을 나타내며, 동사 '以'는 동사 '用'과 같은 것으로 쓰인다고 한다.[40] 이 가운데 주로 개사와 접속사의 용법이 전이어와 관계된다. 한문의 介詞는 주로 체언과 체언 해당어에 선행하여 介賓構造를 형성하며 문장의 서술어를 수식하는 기능을 한다. 개사 뒤의 성분은 주로 서술어가 나타내는 행동의 대상, 수단, 원인, 도구, 목적, 조건, 시간 등을 나타낸다 (何樂士 1985 : 7). 接續詞는 주로 어절, 문장을 접속시켜 계기, 대립, 병렬, 양보, 인과, 선택 등 의미를 나타낸다(何樂士1985 : 10).

개사와 접속사의 번역으로 직역 문헌에 등장하는 '뻐'가 바로 이 책의 관심 대상이 된다. 다음 예문을 살펴보도록 한다.

(1) ㄱ. 公이 보야호로 효도로 <u>뻐</u> 天下룰 다스료더(公이 方<u>以</u>孝로 治天

---

40) '以'의 용법을 예시로 제시하면 다음과 같다.
   ㄱ. <u>以</u>身教者從, <u>以</u>言教者訟<後漢書・第五倫傳>(개사)
   ㄴ. 明法<u>以</u>繩天下<鹽鐵論・輕重>(접속사)
   ㄴ'. 于<u>以</u>采蘩?于澗之中; 于<u>以</u>用之? 公侯之宮<詩・召南・采蘩>(대명사)
   ㄷ. 宋人執而問其<u>以</u><列子・周穆王>(명사)
   ㄹ. 今民求官爵, 皆不<u>以</u>農戰, 而<u>以</u>巧言虛道, 此謂勞民<商君書・農戰>(동사)

下)<小學5 : 46a>

ㄱ'. 공이 보야호로 효도로 텬하롤 다스료디(公이 方以孝로 治天下)
　　<飜小7 : 13b>

ㄴ. 甚혼 이는 初喪애 풍뉴ᄒᆞ야 以 주검을 깃끼고(甚者는 初喪애 作
　　樂以娛尸ᄒᆞ고)<小學5 : 50a>

ㄴ'. 심ᄒᆞ니는 초상애 풍류ᄒᆞ야 주거믈 즐기게 ᄒᆞ고(甚者는 初喪애
　　作樂以娛尸ᄒᆞ고)<飜小7 : 17a>

ㄷ. 스스로 以 나히 졈고 ᄌᆞ식이 업스니 집이 반ᄃᆞ시 저를 남진 얼
　　릴가 저허 머리털을 버혀 밍셰ᄒᆞ엿더니(自以年少無子ᄒᆞ니 恐家
　　ㅣ 必嫁己ᄒᆞ야 乃斷發爲信이러니)<小學6 : 55b>

ㄷ'. 제 나히 졈고 ᄌᆞ식이 업스니 제 집의셔 저를 남진 얼일가 저허
　　머리터리를 버혀 밍셔롤 삼더니(自以年少無子로 恐家ㅣ 必嫁己
　　ᄒᆞ야 乃斷發爲信ᄒᆞ더니)<飜小9 : 60b>

　　예문 (1ㄱ)의 '以'는 전형적인 개사, (1ㄴ)은 전형적인 접속사에 해당하
는 경우이다. (1ㄷ)은 '以'를 구결문에서는 개사로 파악하였지만 언해문에
서는 접속사로 파악한 경우이다.41) 예문 (1ㄱ)~(1ㄷ)은 중세 시기의 직역
문헌에서 쉽게 발견될 수 있는 것들이다. '以'가 나타나지 않은 (1ㄱ')~(1
ㄷ')의 경우에 비추어 보면 예문 (1ㄱ)~(1ㄷ) 중의 '以'는 일종의 剩餘的

---

41) 이는 한문 원문의 '以'에 대한 인식 차이가 원인일 수 있다. 何樂士(1985)에서는 "원인"
　　을 나타내는 '以'를 개사로 다루기도 하고 접속사로 다루기도 하였다. 한문 원문의 '以'
　　에 대한 인식의 차이는 단순히 한문의 문제만이 아니고 구결문이나 언해문에도 반영된
　　다. 다음의 예문은 바로 '以'에 대한 인식의 차이로 '以'가 쓰인 구문에 현토된 구결이나
　　언해문이 달리 나타난 것이다.
　　ㄱ. 殿下ㅣ 以臣을 侍講日久ㅣ라 哀臣ᄒᆞ야 欲丐其生耳언뎡(殿下ㅣ 以 臣이 뫼ᄋᆞ와 글 엳
　　　　ᄌᆞ오미 날이 오란디라 臣을 에엿비 너기샤 그 사름을 비옵고 져흐실 ᄲᅮ니언뎡)<小學
　　　　6 : 42b>
　　ㄴ. 殿下ㅣ 以臣이 侍講日久로 哀臣ᄒᆞ야 欲丐其生耳언뎡(太子ㅣ 내 뫼소아 글 엳ᄌᆞ오미
　　　　오라모로 나롤 에엿비 너기샤 내 사로믈 비옵고져 ᄒᆞ실ᄲᅮ니언뎡)<飜小9 : 45ab>
　　한문 원문이 같더라도 구결문에서는 (ㄱ)의 '以~' 구조 뒤에 어미 '-ㅣ라'를
　　붙이고 (ㄴ)의 경우 조사 '로'를 붙였다. 이는 (ㄱ)의 '以'를 접속사로, (ㄴ)의
　　'以'를 개사로 파악하여 현결한 결과라 할 것이다.

요소처럼 보이기도 한다. 남풍현(1972 : 9)에서는 (1ㄱ)의 '뻐'에 대해 "'뻐' 는 그에 선행하는 '로'와 중복된다"고 주장한 바 있고, 안병희(1973 : 80)에 서는 예문 (1)과 같은 '뻐'를 번역차용의 轉移語로 일종의 "類語反復"이라 고 지적한 바가 있다. 다시 말하면 예문 (1ㄱ)~(1ㄷ) 중의 '뻐'를 빼도 자 연스러운 문장이 된다는 것이다. '뻐'의 '첨가성'이 객관적으로 확인되므 로 (1ㄱ)~(1ㄷ)에 등장하는 '뻐'를 앞서 2장에서 정의한 전이어로 파악하 는 데는 어려움이 없다. 그러나 '뻐'의 첨가성 여부를 쉽게 판단하기 어려 운 경우도 존재한다. 아래 예문 (2), (3)을 보기로 하자.

(2) ㄱ. 敢히 업스신 父母의 기티신 몸을 뻐 위퇴혼 더 둔니디 아니ᄒ며
　　(不敢以先父母之遺體로 行殆ᄒ며)<小學4 : 19a>

　ㄴ. 그 ᄠᅳ디 이롤 뻬시니라(其意以此ㅣ니라)<金三1 : 5b>

　ㄷ. 大롤 브터 小롤 업시우시며 圓을 뻐 偏을 업시우디 마라실씨라(不 依大ᄒ야 輕小ᄒ시며 不以圓ᄒ야 慢偏也ㅣ라)<法華5 : 34a>

(3) ㄱ. ᄀᆞᄅ쵸더 人倫을 뻐 ᄒ게 ᄒ시니(敎以人倫ᄒ시니)<內訓1 : 19a>

　ㄱ'. ᄀᆞᄅ츄더 人倫으로 뻐 ᄒ시니(敎以人倫ᄒ시니)<小學1 : 9a>

　ㄴ. 일 婚姻ᄒ며 져머셔 媒聘호ᄆᆞᆫ 사ᄅᆞ믈 ᄀᆞᄅ쵸더 輕薄ᄒᆞᆫ 이롤 뻐 ᄒ 논디오 고마롤 數업시 호ᄆᆞᆫ 사ᄅᆞ믈 ᄀᆞᄅ쵸더 어즈러오믈 뻐 ᄒ논 디니(早婚少聘은 敎人以偸ㅣ오 妾媵無數ᄂᆞᆫ 敎人以亂이니)<內訓1 : 79b>

　ㄴ'. 일 혼인ᄒ며 졈어셔 빙례홈은 사ᄅᆞᆷ을 투박홈오로 뻐 ᄀᆞᄅ침이오 妾과 滕이 數ㅣ 업슴은 사ᄅᆞᆷ을 음란홈으로 뻐 ᄀᆞᄅ침이니(早婚少 聘은 敎人以偸ㅣ오 妾媵無數ᄂᆞᆫ 敎人以亂이니)<小學5 : 64a>

　ㄴ". 일 져머셔 혼인호ᄆᆞᆫ 사ᄅᆞ믈 경박히 사오납게 ᄀᆞᄅ츄미오 쳡을 수 업시 호ᄆᆞᆫ 사ᄅᆞ믈 어즈러우믈 ᄀᆞᄅ츄미니(早婚少聘은 敎人以偸ㅣ 오 妾媵無數ᄂᆞᆫ 敎人以亂이니)<飜小7 : 31b>

　ㄷ. 公侯의 夫人이 굉과 연을 뻐 더ᄒ고 …列士의 안해 朝服을 뻐 더 ᄒ고(公侯之夫人이 加以紘綖ᄒ고 … 列士之妻ㅣ 加之以朝服ᄒ고)
　　<小學4 : 45b-46a>

예문 (2), (3ㄱ)~(3ㄷ)은 '뻐' 앞에 '로' 대신 목적격 조사가 온 경우이
다. 예문 (1ㄱ)~(1ㄷ)의 경우에 비해 예문 (2)의 경우는 '뻐'를 빼면 문장
이 비문이 되거나 문장에 변화를 초래할 수 있다. 예컨대 (2ㄱ)에서 '뻐'를
빼면 목적격을 지배하는 동사가 사라져 문장이 완전히 비문이 된다. (2ㄴ)
에서는 '뻐'를 빼면 목적격 조사 '롤'에 계사 '이-'가 후행하게 된다. 그러
나 중세국어에서 "계사 '(-)이-' 앞에 오는 명사구에는 조사가 통합된 예
가 하나도 없다"(이현희 1994 : 81)는 사실을 기억할 필요가 있다. 예문 (2
ㄷ)의 한문 원문에 의하면 '以'는 앞에 나타난 동사 '依'와 비슷한 의미를
가진 동사로 이해될 수 있다. 언해문에서도 '뻐'는 '大롤 브터'의 '브터'와
비슷한 동사로 파악될 수 있는 것이다.

예문 (1), (2)의 '뻐'는 모두 직역 문헌에 나타난 현상이지만 예문 (1
ㄱ)~(1ㄷ)의 '뻐'와 예문 (2)의 '뻐'는 성격이 다른 것으로 보인다. 예문 (2)
의 '뻐'는 목적격 조사를 지배할 수 있는 동사이기 때문에 본 연구에서 말
하는 전이어와 다른 성격을 가지고 있다. 이는 한문의 '以'를 타동사로 파
악하여 번역한 결과로 해석할 수밖에 없다.[42] 다만 예문 (2ㄱ)의 경우 구
결문에서는 '以'를 개사로 파악하였지만 언해문에서는 목적격 조사를 지
배하는 동사로 파악한 점이 특이하다.[43] 따라서 한문의 '以'를 동사로 파

---

42) '以'를 타동사로 파악하는 용례는 석독구결 자료에서도 많이 발견된다.
  ㄱ. 自在力乙 以 3 佛道 成ㅅ入乙 示ㅣㅅㅿ(자재력을 뻐 불도가 이루어지는 것을 보이
    되)<화엄31 11 : 17-18>
  ㄴ. 無著無縛解脫心乙 以 3 普賢ラ 行乙 修 3 ホ(無著無縛解脫心을 뻐 普賢의 行을 닦아
    서)<화엄31 11 : 20-21> 그러나 중세국어의 구결문에서는 '以NP롤'의 구조
    가 극히 드물게 나타난다.
  ㄷ. 我以佛法으로 囑累於汝ᄒ며 及諸菩薩大弟子와 幷阿耨多羅 三藐 三菩提法과
    亦以三千大千 七寶 世界와 諸寶樹寶臺와 及給侍ᄒᄂ 諸天을 悉付於汝ᄒ며(내
    佛法으로 네게 囑累ᄒ며 또 諸菩薩 大弟子와 阿耨多羅 三藐 三菩提法과 또
    三千大千 七寶 世界와 諸寶樹寶臺와 給侍ᄒᄂ 諸天을 다 네게 付囑ᄒ며)<法
    華6 : 151a>
43) 이는 언해자와 현결자가 한문의 '以'에 대한 인식이 달라서 이루어진 현상이었을 것이
  다. 한문의 '以'는 동사에서 문법화되어 온 것으로서 동사의 성격도 있고 개사의 성격도

악하여 번역한 동사 '뼈'는 여기서 전이어로 간주하지 않기로 한다. 'NP 를 뼈 VP'와 'NP로 뼈 VP'는 결과적으로 의미상으로는 언뜻 유사해 보이지만 전자는 복문 구조로, 후자는 단문 구조로 언해한 결과에 해당한다고 보아야 할 것이다.

그러나 목적격에 후행하는 '뼈'라 하더라도 예문 (2)와 (3)은 또 다른 차이점을 드러낸다. (3ㄱ)의 경우 'ᄀᆞᄅᆞ쵸ᄃᆡ 人倫을 뼈 ᄒᆞ-'에서 'ᄒᆞ-'가 'ᄀᆞ ᄅᆞ치다'의 대동사로 볼 수 있다면 직접 목적격을 지배하게 될 것이다.[44] 그렇다면 '뼈'를 빼도 문장이 비문이 되지 않는다. (3ㄴ)은 (3ㄱ)과 같은 맥락에서 이해될 수 있다. 특히 (3ㄴ")에서 보는 것처럼 'ᄀᆞᄅᆞ치-'가 직접 '어즈러움'을 지배하는 것은 'ᄒᆞ-'가 대동사임을 뒷받침해 주는 것이다. 마찬가지로 (3ㄷ)의 '뼈'를 빼도 자연스러운 문장이 될 수 있다. 왜냐하면 '더ᄒᆞ다'는 '朝服'을 직접 지배할 수 있기 때문이다(朝服을 加ᄒᆞ시고(加朝服)<論語2 : 60a>).

이렇게 볼 때 예문 (3ㄱ)~(3ㄷ)의 '뼈'는 역시 한문의 '以'를 지나치게 의식하여 번역한 결과이므로 전이어로 파악될 수 있을 듯하다. 그렇다고 하여 '뼈'가 동사의 활용형이었을 가능성을 완전히 배제할 수 없다. 한용운(2001 : 63)에서는 조사화한 동사 활용형이 '을' 뒤에 분포하게 되면 그 문장은 중의적인 문장이 되기도 한다고 밝힌 바 있다. 목적격 조사 '을'이 바로 뒤에 분포한 동사 활용형의 목적어 표지로 해석될 수도 있고 맨 뒤에 분포한 동사의 목적어 표지로 해석될 수도 있기 때문이다.[45] 그러므로

있기 때문이다. 또는 언해자가 번역할 때 석독구결의 영향을 많이 받았기에 'NP룰 뼈'로 번역하였을 가능성도 있다.

44) 이현희(1994 : 84)에서는 "'ᄒᆞ-'는 어떤 의미에서는 '-오ᄃᆡ'에 통합되어 있는 동사의 대동사라고 할 수 있다"라고 지적한 바 있다.

　ㄱ. 三業을 니ᄉᆞᄃᆡ 大悲로 ᄒᆞ샤ᄆᆞᆫ(繼三業以大悲)<法華5 : 5b>

　예문 (ㄱ)의 'ᄒᆞ-'는 '닛-'의 대동사라고 할 수 있다는 것이다.

45) 예를 들어 '朝服을 뼈 더ᄒᆞ-'는 다음 두 가지의 구조로 분석될 수 있다.

　ㄱ. [[[朝服을] 뼈] 더ᄒᆞ-]

여기의 '뻐'를 동사의 활용형으로 다룰 가능성도 있는 것이다. 목적격 뒤에 붙은 '뻐'라 하더라도 전이어의 성격을 일부 지녔을 가능성을 배제할 수 없으므로 이 경우의 '뻐'는 중간적 성격을 지닌 것이 아닌가 한다. 같은 한문 원문인데 (3ㄱ)~(3ㄴ)에 비해 (3ㄱ')~(3ㄴ')은 '뻐'에 '로'가 선행하는 점이 주목된다. 이 경우의 '뻐'는 'NP롤'을 지배하는 동사의 활용형이라고 말하기가 어렵기 때문이다. 특히 다음 예문 (4)에서 보는 바와 같이 '뻐'가 의역에서 노출되지 않고 직역에서 노출된 점을 감안할 때 '로'에 후행하는 경우의 '뻐'도 첨가된 전이어로 간주해도 무방할 것이다.

> (4) ㄱ. 님금이 신하 브리기를 禮로 뻐 ᄒᆞ며 신해 님금 셤곰을 튱셩으로
>   뻐 홀디니라(君使臣以禮ᄒᆞ며 臣事君以忠이니라)<小學2 : 42b>
>   ㄱ'. 님금이 臣下롤 브리샤ᄃᆡ 禮로 ᄒᆞ며 臣下ㅣ 님금을 셤교ᄃᆡ 忠셩으
>   로 홀 디니라(君使臣以禮ᄒᆞ며 臣事君以忠이니라)<飜小3 : 8b>
> (5) ㄱ. 쏘 가죠ᄃᆡ 定으로 ᄒᆞ야(又持之以定ᄒᆞ야)<楞嚴8 : 21a>
>   ㄴ. 行올 일우ᄃᆡ 願으로 ᄒᆞ야(濟行以願ᄒᆞ야)<楞嚴8 : 22a>
>   ㄷ. 智롤 도오ᄃᆡ 悲로 ᄒᆞ며(而助之以悲ᄒᆞ며)<法華1 : 43b>
>   ㄹ. 믈읫 내게 오ᄃᆡ 信으로 ᄒᆞ면 내 接待호ᄃᆡ 誠으로 ᄒᆞ야(凡歸我以信
>   ᄒᆞ면 則我ㅣ 待之以誠ᄒᆞ야)<法華1 : 206b>

예문 (4)는 동일한 한문 원문을 언해한 것인데 직역에서는 'NP로 뻐 ᄒᆞ-'로 되어 있는 데 반해 의역에서는 'NP로 ᄒᆞ-'로 되어 있다. (4ㄱ)을 (4ㄱ')과 비교할 때 '뻐'는 첨가된 요소임을 알 수 있다. 특히 예문 (5)에서 보는 것처럼 'VP # 以 # NP'의 동일한 한문 구조를 언해하면서 모두 '뻐'가 노출되지 않았다. 따라서 '로'에 후행하는 '뻐'에 전이어의 성격을

ㄴ. [[朝服을] [[뻐] [더ᄒᆞ-]]]
(ㄱ)의 경우 '뻐'가 '朝服'을 지배하는 동사 활용형으로서 '쓰-어'로 분석할 수 있는 것인 데 반해 (ㄴ)의 경우 '朝服'을 지배하는 성분이 '더ᄒᆞ-'이며 '뻐'는 '쓰-어'로 분석될 수 없는 성분이 되었다.

부여하는 것이 큰 문제가 없는 것으로 보인다.

15세기의 불경 언해에는 한문의 '用'에 대응되는 '뻐'의 용례도 많이 출현하였다. 한문의 '用'은 '以'와 비슷한 점이 있지만 중세 시기의 문헌에서 여전히 동사로서 쓰이는 것이 보통이다. 그러므로 '用'에 대응되는 '뻐'는 동사의 활용형으로 파악하여야 마땅하다. '用'에 대응되는 '뻐'의 용례를 제시하면 아래와 같다.

(6) ㄱ. 우리도 받ᄌᆞ바 **뻐** 敎化ᄅᆞᆯ 여루리라 ᄒᆞ고(我等亦應承<u>用</u>開化)<月釋 25：3a>

ㄴ. 엇뎨 **뻐** ᄆᆞᅀᆞ매 너기료(何<u>用</u>擬心이리오)<楞嚴2：84a>

ㄷ. 엇뎨 옷 바ᄇᆞᆯ **뻐** 날로 이에 니를어뇨 커늘(何<u>用</u>衣食ᄒᆞ야 使我至此ㅣ어뇨 커늘)<法華2：240a>

ㄹ. 이러틋 ᄒᆞᆫ 일로 **뻐** 恒沙劫을 供養ᄒᆞᅀᆞ와도(如斯等事로 以<u>用</u>供養於恒沙劫ᄒᆞᅀᆞ와도)<法華2：257a>

ㄹ'. ᄒᆞ다가 사ᄅᆞ미 三千大千世界예 七寶ᄅᆞᆯ ᄀᆞᄃᆞ기 ᄒᆞ야 **뻐** 布施ᄒᆞ면(若人이 滿三千大千世界七寶ᄒᆞ야 以<u>用</u>布施ᄒᆞ면)<金剛45a>

ㄹ". ᄒᆞ다가 사ᄅᆞ미 純히 七寶로 三千 大千 世界예 사하 지ᅀᅥ와 **뻐** 布施ᄒᆞ야도(假使有人이 純以七寶로 積滿三千大千世界ᄒᆞ야 以<u>用</u>布施ᄒᆞ야도)<圓覺하3-2：81b>

ㅁ. 智慧 이시면 信ᄒᆞᅀᆞ오려니와 智慧 업스면 疑心ᄒᆞ야 큰 利ᄅᆞᆯ 기리 일흐릴씨 **뻐** 漸漸 引導ᄒᆞ샤 힘믈 조ᄎᆞ샤 爲ᄒᆞ야 니ᄅᆞ샤 正見을 得게 ᄒᆞ시니(盖有智則信ᄒᆞᅀᆞ오려니와 無智則疑ᄒᆞ야 而永失大利ᄒᆞ릴 씨 故로 <u>用</u>以漸導之ᄒᆞ샤 而隨力爲說ᄒᆞ샤 令得正見케 ᄒᆞ시니)<法華 3：33b>

ㅂ. 智慧工匠ᄋᆞᆯ **뻐** 人我山ᄋᆞᆯ 파 허러(<u>用</u>智慧工匠ᄒᆞ야 鑿破人我山ᄒᆞ야)<金剛序8a>

ㅅ. 識이 다ᄋᆞ면 六門이 소마ᄒᆞᆫ 젼ᄎᆞ로 여러 根을 서르 <u>쓰리니</u> (識盡ᄒᆞ면 則銷磨六門故로 諸根을 <u>互用</u>ᄒᆞ리니)<楞嚴10：73a>

ㅇ. 精金을 일워 ᄠᅳ들 조차 **뻐** 艱難ᄒᆞᆫ 受苦 여희요ᄆᆞᆯ 得ᄒᆞᄂᆞ니(遂成精金ᄒᆞ야 隨意<u>使用</u>ᄒᆞ야 得免貧苦ᄒᆞᄂᆞ니)<金剛序8a>

예문 (6ㄱ), (6ㄴ)은 일견 '以'에 대응되는 '뻐'와 같은 것으로 보인다. 그러나 다른 '用'에 대응하는 '뻐'의 용법을 감안하면 '以'에 대응되는 것과 전혀 다름을 알 수 있다. 예문 (6ㄷ)의 '何用'은 '何以'와 일견 비슷한 용법을 가진 것으로 보이지만 여기의 '用'은 타동사로 언해되었는데 '以'를 타동사로 언해된 경우가 거의 나타나지 않았다. 특히 (6ㄹ)과 (6ㅁ)에서 '以'와 '用'이 함께 나타난 것은 양자가 같은 것이 아님을 말해 준다. '以'는 접속사로 쓰인 것이며 '用'은 동사로 쓰인 것이다. '用'에 대응하는 '쓰-'는 목적격을 지배할 수 있고(예문 6ㅂ), 또 다른 활용형이 있을 수 있다(예문 6ㅅ). 예문 (6ㅇ)의 '뻐'는 한문의 동사 '使用'을 번역한 결과이므로 허사의 '以'를 번역한 전이표현의 '뻐'와는 완전히 다르다. 실은 예문 (6ㄴ)의 '何用擬心'은 '[何用][擬心]'의 구조가 아니고 '[何[用擬心]]'의 구조로 이해되어야 마땅할 듯하다. "어찌 의심을 쓰랴"의 뜻인데 '用擬心'을 두 개의 동사(구)로 파악하여 '뻐 무슴매 너기-'로 언해되었을 뿐, 뒤의 문헌에 나타난 '엇뎨 뻐'[何以]와 다른 것으로 이해된다. '用擬心'은 다시고쳐 쓰기의 방법에 의하면 '무슴매 너기옴을 쓰-'로 언해될 수 있고 '뻐 무슴매 너기-'로 언해될 수 있다.

이상의 논의를 통해서 불경 언해에 나타나는 '用'에 대응되는 '뻐'의 동사 성격을 확인해 보았다. 따라서 이 경우의 '뻐'는 본 연구에서 전이표현의 범위에서 논외할 것이다.

아래는 전이어 '뻐'가 등장하는 구문을 중심으로 '뻐'의 출현 양상을 정리한다. 단 형태상 '뻐'가 '뻐곰'으로46) 나타나는 경우를 포함하여 앞서 2

---

46) '뻐곰' : '쓰-+-어+곰'. 여기의 '-곰'은 부사 밑에 붙어 다시 부사로 전성하는 접미사 이다. 이 '-곰'은 모음 아래서의 'ㄱ>ㅇ' 현상이 없다. 이에 비해 명사에 붙는 "-씩"의 뜻인 '곰'은 모음이나 /ㄹ/ 밑에서 'ㄱ>ㅇ' 현상이 있어 양자가 서로 구별된다. 아래의 (ㄱ), (ㄴ)은 부사에 붙는 접미사 '-곰'의 용례이고 (ㄷ), (ㄹ)은 명사에 붙는 '곰'의 용례 들이다.
　ㄱ. 뻐곰 : 엇뎨 뻐곰 싀어미 싀아비롤 拜謁호리오<杜詩8 : 67b>
　ㄴ. 이리곰 : 이리곰 火災호몰 여듧 번 호면<月釋1 : 49b>

장에서 분류한 대로 먼저 '첨가형'으로 쓰인 '뻐'의 출현 양상을 정리하고
첨가성을 쉽게 확인하기 어려운 '치환형'의 경우를 나중에 제시할 것이다.

3.2. 전이어 '뻐'의 출현 양상

3.2.1. 첨가형 '뻐'의 출현 양상

① 'NP로 뻐' 유형

현대국어와 마찬가지로 중세국어에는 '뻐'가 '로'와 통합되는 명사구
(NP로) 뒤에 오는 구성이 많은 비중을 차지하고 있다. 이러한 구성을 편의
상 'NP로 뻐' 유형으로 분류한다.47) 다음 예문을 살펴보도록 한다.

(7) ㄱ. 公이 보야호로 효도로 뻐 天下를 다〈료더(公이 方以孝로 治天
下)<小學5 : 46a>

ㄱ'. 공이 보야호로 효도로 텬하를 다〈료더(公이 方以孝로 治天下)<飜
小7 : 12a>

ㄴ. 이믜 能히 禮로 뻐 스스로 쳐신티 몯ᄒ고 쏘 能히 禮로 뻐 사룸을
디졉디 몯ᄒ다 ᄒ니라(旣不能以禮自處ᄒ고 又不能以禮處人이라 ᄒ
니라)<小學5 : 47a>

ㄴ'. ᄒ마 례도로 모ᄆᆯ 가지디 몯ᄒ고 쏘 례도로 사ᄅᆞᄆᆯ 디졉디 몯ᄒ
ᄂᆞᆺ다 ᄒ니라(湛이 起曰旣不能以禮로 自處ᄒ고 又不能以禮로 處人
이라 ᄒ니라)<飜小7 : 14a>

ㄷ. 훗디예 므서스로 뻐 子孫을 기티리오(後世예 何以遺子孫乎오)<小

ㄷ. 낟곰 : 銀돈 ᄒ 낟곰 받ᄌᆞᄫᆞ니라<月釋1 : 9a>
ㄹ. 가지옴 : 두 가지옴 가진 葡萄ㅣ 나니<月釋1 : 43b>
47) 현대국어에서는 '로써'는 한 덩어리로 사용되고 있는 데 반해 중세국어에서는 '로'와
'뻐'는 아직 한 덩어리로 굳어지지 않은 상태에 있는 것이다. 따라서 본 연구는 'NP로'
와 '뻐'를 띄어쓰기로 표기하겠다.

學6 : 85a>

ㄷ'. 주근 후에 <u>므스거스로</u> 주손을 주리오(後世예 <u>何以</u>遺子孫乎오)<飜
小9 : 91b>

ㄹ. 늘근 사롬이 즉제 開暇호 시절로 <u>뻐</u> 廣을 위호야 이 계교를 닐은
대(老人이 卽<u>以</u>開暇時로 爲廣言此計호대)<小學6 : 82a>

ㄹ'. 그 늘근 사롬이 한가호 <u>저긔</u> 廣드려 이 계교롤 니론대(老人이 卽
<u>以</u>開暇時로 爲廣言此計호대)<飜小9 : 88b>

ㅁ. 병이 될가 저픈 이는 可히 고기즙과 믿 포육과 젓과 或 고기 젹옴
애로 <u>뻐</u> 그 滋味를 도올 뿐이언뎡(恐成疾者는 可<u>以</u>肉汁及脯醢或肉
少許로 助其滋味언뎡) <小學5 : 51b>

ㅁ'. 병이 도읠가 십브거든 고깃즙과 보육과 젓과 혹 고기롤 젹기 <u>뻐</u>
마술 도올만 호고(恐成疾者는 可<u>以</u>肉汁及脯醢와 或肉少許로 助其滋
味언뎡)<飜小7 : 18b>

ㅂ. 즐겨 잔 먹움<u>기로</u> <u>뻐</u> 노폰 허울을 삼고 일 브즈러니 <u>홈으로</u> <u>뻐</u> 용
쇽혼 뉴를 삼ᄂ니(<u>以</u>啣杯로 爲高致호고 <u>以</u>勤事로 爲俗流호ᄂ니)
<小學5 : 18a>

ㅂ'. 잔 머<u>구모로</u> 노폰 이롤 삼고 일 브즈러니 <u>호모로</u> 용쇽혼 무리라
호면(<u>以</u>啣杯로 爲高致호고 <u>以</u>勤事로 爲俗流호ᄂ니)<飜小6 : 19b>

　　예문 (7ㄱ)~(7ㅂ)은 『소학언해』에서 나타나는 용례들인데 의역 문헌인
『번역소학』과 대비하면 '뻐'의 전이어 성격을 쉽게 확인할 수 있다. (7
ㄱ)~(7ㄷ)은 'NP로 뻐'의 전형적인 경우에 해당한다. 다만 (7ㄷ)에서 한문
의 '何以'는 '엇뎨 뻐', '엇디 뻐'로 번역되는 경우가 일반적인데 여기서는
명사구 '以何'와 같이 파악하여 '므서스로 뻐'로 번역된 점이 눈에 띈다.
(7ㄹ)은 (7ㄹ')에 비추어 보면 '*저긔[적+의] 뻐'로 실현될 수 있을 듯한데
'시절로 뻐'로 번역되어 있다. 직역일수록 '로 뻐'의 통합이 더 굳어지기
때문인 것으로 해석될 수 있지 않을까 한다.

　　예문 (7ㅁ)은 격조사 '애'와 '로 뻐'가 통합된 예로 보이지만 '젹옴애'의
연철 표기인 '져고매'는 중세국어에서 부사로 쓰일 수도 있고 명사로 쓰

일 수도 있었다는 점을 감안해야 할 것이다.[48] (7ㅁ')의 '뻐'는 명사구 'NP
롤'을 지배하는 동시에 그 앞에 부사어 '격기'가 선행하기 때문에 이 경우
의 '뻐'가 전이어가 아니고 동사의 활용형으로 다루어야 마땅한 것이다.

예문 (7ㅂ)은 '로 뻐'가 '-음' 명사형 및 '-기' 명사형 어미와 결합되는
용례이다. 이는 명사형 '-음'과 '-기'가 의미 분화 전에 서로 경쟁하는 단
계에 있었던 데서 비롯된 현상이라 하겠다.[49] 현대국어에서는 '-음' 명사
형과 결합한 '-음으로써'만 가능하고 '-기' 명사형과 결합한 '-기로써'는
자연스럽게 받아들여지지 않는다.

아래 예문 (8)은 'NP로 뻐'가 계사와 함께 쓰여 이른바 분열문(cleft
sentence)에 나타나는 용례들이다.

> (8) ㄱ. 盧氏 줄오디 사롬이 뻐 즘승의게 다룬 바는 그 仁과 義 이시모로
> 뻬니(盧氏曰人所以異於禽獸者는 以其有人義也ㅣ니)<小學6 : 59b>
> ㄱ'. 盧氏 닐오디 사롬이 즘승에 달온 주른 仁과 義와 이실식니(盧氏曰
> 人所以異於禽獸者는 以其有人義也ㅣ니)<飜小9 : 64b-65a>

---

48) 중세 문헌에서는 '격옴애'의 연철 표기 '겨고매'는 부사로 쓰이는 용례와 명사로 쓰이는
용례가 많이 나타난다.
ㄱ. 댓진을 <u>겨고매</u> 머거도 됴ᄒ리라(飲竹瀝댓진 <u>少許</u>亦差)<救簡2 : 58a>
ㄴ. <u>겨고매</u> ᄆ룬닐 입시우레 ᄇ ᄅ면 즉재 됴ᄒ리라(用<u>少許</u>乾粘脣上立效)<救簡3 : 5b>
ㄷ. 두 돈곰 오좀 <u>겨고매</u>와 됴흔 초 <u>겨고매</u>와애 ᄆ라 글힌 므레 둠가(二錢童子小便숀아
희 오좀 好醋 됴흔 초 <u>各一茶脚許</u> 調勻更以沸湯浸)<救簡7 : 37a>
ㄷ'. <u>죠고맷</u> 널문이 그라(<u>小板門兒便是</u>)<飜老 下1b>
(ㄱ)은 부사로 쓰이는 용례이고 (ㄴ)은 명사로 쓰이는 용례이다. (ㄷ)은 명사 뒤에 쓰이
고 있지만 "수량"을 나타내는 어휘가 명사 뒤에 올 수 있다는 점을 감안하면 명사로 다
루는 데 아무 문제가 없다. '겨고매 NP'와 'NP 겨고매'로 보면 현대국어 수량사의 용법
과 같다 할 수 있다. 물론 이 두 가지의 구조는 한문의 '少許NP'나 'NP少許'의 구조에
따라 번역하였을 가능성도 배제할 수 없다. 이렇게 보면 '격옴애로 뻐'의 '애로'는 복합
조사로 볼 수 없고, 역시 'NP로'의 명사구로 보아야 된다. [[[고기] [격옴애]]+로].
49) 남성우(1997)에서 『飜譯小學』(권6)과 『小學諺解』(권5)의 비교를 통해서 『飜譯小學』에서
弱勢이던 명사형 어미 '-기'가 『小學諺解』에서는 강세를 보여준다고 지적한 일이 있다.
이숭녕(1973 : 90)에서는 명사형 어미 '-음'이 약 70년의 세월이 흐르는 동안 동요를 보
이기 시작한 것으로 해석되고 있다.

ㄴ. 훈 음식을 어드면 반드시 몬져 뻐 어버이롤 머기느니 엇딘 연고오 어버의 입이 내 입에셔 重홈으로 뻬오 훈 오술 어드면 반드시 몬져 뻐 어버이롤 닙퓌느니 엇딘 연고오 어버의 몸이 내 몸애셔 重홈으로 뻬라(得一食ᄒ면 必先以食父母ᄒᄂ니 夫何故오 以父母之口ㅣ 重於己之口也)오 得一衣ᄒ면 必先以衣父母ᄒᄂ니 夫何故오 以父母之體ㅣ 重於己之體也 ㅣ라)<小學5 : 74b>

ㄴ'. 훈 바볼 어드면 반드시 몬져 어버싀롤 머기느니 엇뎨오 어버싀 이비 내 입두곤 듕홀싀니라 훈 오술 어드면 반드시 몬져 어버싀롤 니퓌느니 엇뎨오 어버싀 모미 내 몸두곤 듕홀싀니라(得一食ᄒ면 必先以食父母ᄒᄂ니 夫何故오 以父母之口ㅣ 重於己之口也ㅣ라 得一衣ᄒ면 必先以衣父母ᄒᄂ니 夫何故오 以父母之體ㅣ 重於己之體也 ㅣ라)<飜小7 : 43b>

이 구문 유형은 주로 '以'가 "원인"을 나타내는 경우에 한하여 나타난다. 의역에서는 "원인"을 나타내는 연결형 '-을싀'가 사용되어 대조적이다. 한문의 '以'는 "원인"을 나타낼 경우에 그 뒤에 명사구도 올 수 있고 문장도 올 수 있다. 명사구를 동반할 경우 그 위치는 항상 동사 앞에 오게 된다. 문장이 따르고 있을 때는 主句文의 앞에 올 수도 있고 뒤에 올 수도 있는데 主句文 뒤에 오는 경우에 문장이 거의 모두가 '也'자로 종결된다는 특징이 있다(홍인표 1976 : 221).[50]

예문 (8)에서 한문 원문의 '以' 구절은 '以'가 바로 主句文 뒤에 온 경우라 할 수 있는데 (8ㄱ)에서 보는 것처럼 '以'에 대응되는 '뻐'가 명사형 어미 '-옴'과 조격 조사 '로'가 통합된 구조 뒤에 왔을 뿐 이 경우도 'NP로 뻐' 유형에 귀속시킬 수 있는 것이다(앞서 (7ㅁ)~(7ㅂ)의 예 참조).[51]

---

50) 다음 예문은 "원인"을 나타내는 '以'의 용법이다.
  ㄱ. 以母故로 通判河中府ᄒ야 迎其同母弟妹以歸러니<小學6 : 32b>
  ㄴ. 以學業未成으로 不聽食肉ᄒ더시니<小學6 : 96a>
  ㄷ. 盧氏曰人所以異於禽獸는 以其有人義也ㅣ니<小學6 : 59b>
51) '로 뻐 # 이-'는 'NP로 뻐' 유형에 귀속시킬 수 있을 듯하지만 그 중의 '뻐'가 생략될

그러나 예문 (8)과 한문 구문이 같은데도 불구하고 『금강경삼가해』에서는 '뻐'가 목적격 조사를 지배하는 용례가 발견되기도 한다.

(9) ㄱ. 善現이 奇特혼 아촌 그 聲敎를 기드리디 아니ᄒᆞ야 신ᄒᆞ야 의심 아니호몰 뻬오(善現之所以奇哉者ᄂᆞᆫ 以其不待聲敎ᄒᆞ야 而信無疑也이오)<金三2 : 8b>

　　ㄴ. 엇뎨 일후믈 第一希有ㅣ라 ᄒᆞ뇨 四相올 여희여 超然히 ᄒᆞ오ᅀᅡ 걷ᄂᆞᆫ 전ᄎᆞ롤 뻬니라(何名第一希有오 以離四相ᄒᆞ야 超然獨步故也ㅣ라)<金三3 : 22b>

(9)와 (8)은 한문 구문이 같은데 (8)은 '로 뻐 # 이-'로, (9)는 '롤 뻐 # 이-'로 나타났다. '뻐'에 선행하는 명사구가 목적격 조사를 취한 점으로 보면 (9)는 한문 원문의 '以'를 동사로 파악하여 번역한 결과로 해석될 수 있을 듯하다. 이는 중세국어에서 'VP-어 # 이-'의 분열문과 대조해 보면 확인될 수 있다.

(10) ㄱ. 閣애셔 듀믄 劉歆올 爲ᄒᆞ얘니라(杜閣爲劉歆)<杜詩3 : 15a>

　　ㄴ. 서르 아로믄 아힛 적 브테니라(相識自兒童)<杜詩24 : 58a>

예문 (10ㄱ)은 '爲ᄒᆞ-+야 # 이-'로, (10ㄴ)은 '븥-+어 # 이-'로 분석될 수 있는데 그 중의 '爲ᄒᆞ-', '븥-'은 모두 동사임은 틀림없다. 마찬가지로 (9)의 '뻐'는 '롤'을 지배하고 있으므로 동사의 활용형으로 다루는 것이 문제가 없다. 이렇게 볼 때 (8)의 '뻐'는 '롤'을 지배하는 것이 아니면서도 'VP-어 # 이-'와 같은 양상으로 가지고 있으므로 동사의 활용형과 전이어의 중간 상태에 처하는 존재가 아닌가 싶다.

한편 아래 예문 (11)에서 보는 것처럼 'NP로 뻐' 유형은 『소학언해』에

수 없는 점이 또 'NP로 뻐' 유형과 일정한 차이가 난다.

만 출현하는 것이 아니고 다른 중세 문헌에서도 흔히 발견된다.

(11) ㄱ. ᄒᆞ다가 諸菩薩이 變化力으로 뻐 佛事룔 짓고(若諸菩薩이 以變化
力으로 而作佛事ᄒᆞ고)<圓覺 하2-2 : 26a>

ㄱ'. 곧 佛覺ᄋᆞ로 뻐 내 ᄆᆞᅀᆞᆷ 사마(卽以佛覺ᄋᆞ로 用爲己心ᄒᆞ야)<楞嚴
8 : 41a>

ㄱ". 이러틋 ᄒᆞᆫ 일로 뻐 恒沙劫을 供養ᄒᆞᅀᆞ와도(如斯等事로 以用供養
於恒沙劫ᄒᆞᅀᆞ와도)<法華2 : 257a>

ㄴ. 實로 뻐 보건댄 理ㅣ 本來 말ᄉᆞᆷ 업슨디라(以實而觀컨대 理本亡言
이라)<金三3 : 9b>

ㄴ'. 實올 뻐 니ᄅᆞ건댄 곧 釋迦ᄂᆞᆫ 本來 이 天上天下애 ᄒᆞ오ᅀᅡ 尊ᄒᆞ며
ᄒᆞ오ᅀᅡ 貴ᄒᆞ신 사ᄅᆞ미샤(以實言之컨댄 則 釋迦ᄂᆞᆫ 本是天上天下애
獨尊獨貴底人이샤)<金三2 : 59a>

ㄷ. 告호ᄃᆡ 直과 信과로 뻐 ᄒᆞᄂᆞ니(告之以直信ᄒᆞᄂᆞ니)<內訓1 : 77a>

ㄹ. 글 비호모로 뻐 유익호믈 구ᄒᆞ다가(以學求益이로디)<飜小8 : 30a>

ㅁ. 君子ㅣ 學ᄒᆞ야 뻐 聚ᄒᆞ고 問ᄒᆞ야 뻐 辨ᄒᆞ며 寬ᄋᆞ로 뻐 居ᄒᆞ고 仁
ᄋᆞ로 뻐 行ᄒᆞᄂᆞ니(君子ㅣ 學以聚之ᄒᆞ고 問以辨之ᄒᆞ며 寬以居之ᄒᆞ
고 仁以行之ᄒᆞᄂᆞ니)<周易1 : 16a>

ㅂ. 사라실 쩨 셤김을 禮로 뻐 ᄒᆞ며 죽음애 葬홈을 禮로 뻐 ᄒᆞ며(生事
之以禮ᄒᆞ며 死葬之以禮ᄒᆞ며)<論語1 : 11b>

ㅅ. 堯와 舜이 天下 帥ᄒᆞ심을 仁ᄋᆞ로 뻐 ᄒᆞ신대(堯舜이 帥天下以仁ᄒᆞ
신대)<大學17b>

ㅇ. 五十步로 뻐 百步를 笑ᄒᆞᆫ 則 엇더ᄒᆞ니잇고(以五十步로 笑百步則何
如ᄒᆞ니잇고)<孟子1 : 7b>

ㅈ. 王季로 뻐 父 사ᄆᆞ시고 武王ᄋᆞ로 뻐 子 사ᄆᆞ시니(以王季爲父ᄒᆞ시
고 以武王爲子ᄒᆞ시니)<中庸18b>

앞서 2장에서 언급하였듯이 '以'에 대응하는 '뻐'는 15세기 불경 언해
에는 많이 나타나지 않았다. 『圓覺經諺解』(1465)에는 예문 (11ㄱ)과 같은
용례가 몇 개 나타났는데 다른 불경 언해에 비하면 상대적으로 많이 출현

한 셈이다.52) (11ㄱ'), (11ㄱ")은 일견 'NP로 뼈' 유형처럼 보이지만 『楞嚴經諺解』와 『法華經諺解』에서 다른 곳에 나타난 '以'를 '뼈'로 대응시킨 일이 없음을 감안할 때 여기서의 '뼈'는 한문 원문의 '用'에 대응하는 것으로 전이어가 아닌 것으로 판단된다.

(11ㄴ), (11ㄴ')은 『금강경삼가해』(1482)에서 나타나는 용례들이다. 한문원문은 같더라도 (11ㄴ)은 '實로 뼈', (11ㄴ')은 '實을 뼈'로 언해된 것은 '以'에 대한 인식이 동요되는 단계 또는 과도적 단계에 있기 때문으로 해석된다. '以'를 동사의 성격이 강한 것으로 인식할 경우는 '뼈' 앞에 목적격 조사 '룰'이 사용되고, 동사의 성격이 약한 개사로 인식할 경우는 '뼈' 앞에 '로'가 나타나는 것이었다. (11ㄹ)은 『번역소학』에서 나타나는 용례인데, 전형적인 의역 문헌에도 '뼈'가 나타난 것은 '로 뼈'의 용법이 보편화된 경향을 보인 것과 관련되었을 것이다.53) (11ㅁ)처럼 『주역언해』(1588)에는 '로 뼈'의 용례가 훨씬 많이 나타났다. (11ㅁ)은 한문 구문의 구조가 비슷하지만 'VP-어 뼈 VP'(學ᄒᆞ야 뼈 聚ᄒᆞ-)와 'NP로 뼈 VP'(寬으로 뼈 居ᄒᆞ고) 두 가지 유형으로 언해한 점이 다소 특이하다.54)

---

52) 안병희(1979 : 121)에서는 『圓覺經諺解』의 판식과 번역 양식 등이 목판본 『楞嚴經諺解』에 준한다고 한다. 그런데 '以'의 번역에 있어서는 약간 차이가 있는 것으로 보인다. 『楞嚴經諺解』에서 '以'에 대응하는 '뼈'가 하나도 출현하지 않는 데 반해 『圓覺經諺解』에서는 몇 용례가 발견된다.

53) 남풍현(1972 : 16)에서 '로뼈'의 起源은 15세기보다 훨씬 以前으로 遡及되고 15세기에 이미 대중화되었다고 밝혀졌다. 한용운(2001 : 62)에서도 "'뼈'는 '로'와 더불어 15세기에 이미 조사화한 것"이라고 지적한 바 있다. 그러나 15세기의 불경 언해에서는 '로 뼈'의 용법이 거의 나타나지 않고 16세기의 문헌인 『번역소학』에도 몇 예밖에 없는 점을 고려하면 '대중화'나 '조사화'에 대해서 단정할 수 있는지에 대해서는 좀더 검토될 필요가 있다고 생각된다.

54) 한문의 'A以B' 구조에서 'A'는 동사 성격이 강한 경우 'Aᄒᆞ야 뼈 Bᄒᆞ-'로, 'A'는 동사 성격이 약하거나 A가 체언인 경우는 'A로 (뼈) Bᄒᆞ-'로 언해한 경향이 있는 듯 보인다. 다음 예문은 그러한 것들이다.

　ㄱ. 君子의 힝실은 <u>안정홈으로</u> 뼈 몸을 닷고 <u>검박홈으로</u> 뼈 德을 칠디니(君子之行은 <u>靜以修身</u>이오 <u>儉以養德</u>이니)<小學5 : 15a>

　ㄴ. 夫婦ㅣ 義로 和親ᄒᆞ고 恩으로 和合ᄒᆞᄂᆞᆫ 거시어늘(夫爲夫婦者ㅣ <u>義以和親</u>이오 <u>恩以好</u>

(11ㅂ)~(11ㅈ)은 『논어언해』, 『대학언해』, 『중용언해』, 『맹자언해』(1590)
에 나타나는 용례들이다. (11ㅂ)~(11ㅈ)은 분열문의 경우지만 "원인"을
나타내는 경우와 통사 구성이 다른 양상으로 드러난다. "원인"을 나타낼
경우, 'NP로 뻐 # 이-'의 구성을 취하나 "수단, 도구"를 나타낼 경우 'NP
로 뻐 # ᄒᆞ-'의 구성을 취한 것을 볼 수 있다.55)

'NP로 뻐'의 유형은 중세 언해 문헌 중 특히 16세기 이후의 직역 문헌
에 집중적으로 나타났다. 한 가지 특기할 점은 'NP로 뻐'의 경우 '*NP
뻐'와 같이 조사 '로'가 노출되지 않거나 '*NP로 뻐곰'과 같이 '곰'이 결
합된 용례는 보이지 않는다는 사실이다. 이 점은 '與'에 대응하는 '더브러,
드려', '使'에 대응하는 'ᄒᆞ여(곰)'의 출현 양상과 뚜렷한 차이점을 이루는
부분이다. '곰'이 '뻐' 뒤에 후행하는 용례는 『두시언해』(1481)에서 집중적
으로 등장하지만 아래 예문에서 보듯이 'NP로'와 통합되는 용례는 하나
도 발견되지 않는다.56)

(12) ㄱ. 盟誓호ᄃᆡ 玄冥ㅅ 北녀글 혜텨 가져 **뻐곰** 우리 님금ᄭᅴ 받ᄌᆞ오려
　　　 ᄒᆞᄂᆞ다 (誓開玄冥北 持以奉吾君)<杜詩5：31b-32a>
　　 ㄴ. 뷘 뫼해 幽獨히 이쇼믈 **뻐곰** 慰勞홀 주리 업도다(空山無以慰幽
　　　 獨)<杜詩5：35b>
　　 ㄷ. 엇뎨 **뻐곰** 싀어미 싀아비를 拜謁ᄒᆞ리오(何以拜姑嫜)<杜詩8：67b>
　　 ㄹ. **뻐곰** 네 奉使ᄒᆞ야 가ᄂᆞ니라(所以子奉使)<杜詩22：35b>

習이어눌)<內訓2上：10a>
예문 (ㄱ)중의 '靜'과 '儉'은 동사 성격이 약한 형용사이므로 언해할 때 명사형 어미 '-
ㅁ'을 취한 것이다. 예문 (ㄴ)의 '義'와 '悶'은 명사의 성격을 지닌 것이므로 언해할 때
그대로 명사를 취한 것이다.
55) "원인, 이유"는 [정태성], "수단, 도구"는 [동태성]을 나타내는 것과 관련되는 듯하다. 이
　는 구결문의 현결 방식과 관련되는 것으로 이해될 수도 있다. 구결문에서는 "원인"인
　경우 '이-'는 현결되는 데 반해 "수단, 도구"인 경우 'ᄒᆞ-'는 현결되어 있다.
56) 근대 시기에는 'NP로 뻐곰'의 용례가 나타나기는 하는데 극히 드물다. SynKDP 프로그
　램(깜짝새)로 검색을 한 결과 아래와 같은 용례 하나가 검색되었다.
　ㄱ. 황데 ᄇᆞ야흐로 텬디 싱믈로 **뻐곰** ᄆᆞ음을 삼으니<산성71>

위 예문 (12)는 '뼈' 뒤에 '곰'이 후행하는 용례들이다. 한문 '以'의 구문 유형으로 보면 (12ㄱ)은 동사구를 접속시키는 경우이고 (12ㄴ)~(12ㄹ)은 모두 '以'가 숙어(예를 들어 '無以', '何以', '所以' 등)에 쓰이는 경우인 점이 특징적이다.[57] (12ㄴ)은 '뼈곰'이 '幽獨히 이쇼믈'을 지배하는 것이 아님을 유의할 필요가 있다. 한문 원문 '慰幽獨'을 보면 '幽獨히 이쇼믈'을 지배하는 성분이 뒤에 나타난 '慰勞ㅎ-'이기 때문이다. 유창돈(1975 : 420)에서는 '곰'을 부사에 접미되는 접미사로 다루고 고영근(1997 : 110)에서는 "용언의 활용형과 부사에 붙는 보조사", "말에 여운을 주는 보조사"로 파악하고 있다. 하귀녀(2005 : 231), 박용찬(2008 : 218)에서는 『두시언해』에 나타나는 '시러곰', '뼈곰', '히여곰' 등을 "15세기 중세국어 공시적으로 완전히 어휘화한 부사"로 파악하고 있다.[58]

'NP로 뼈'의 유형에 해당하지는 않지만 일부 경우에 '뼈'가 NP 앞으로 전치된 용례, 다시 말해서 '以NP'의 원문 어순을 그대로 반영한 듯한 용례도 드물기는 하지만 언해 문헌에 발견된다.

> (13) ㄱ. 안해 골오디 아비 **뼈** 先生이 德을 닷가 검약을 딕킈연는 <u>연고로</u>
>   賤훈 妾으로 히여곰 뫼으와셔 슈건과 비슬잡게 ㅎ시니(妻ㅣ 日
>   大人이 <u>以</u>先生이 修德守約故<u>로</u> 使賤妾으로 侍執巾櫛ㅎ시니)<小學
>   6 : 54b>

---

57) 이와 비슷한 용례는 근대 시기, 특히 17세기의 문헌에 대량으로 출현되었다.
  ㄱ. 쫑의 둘며 쓰믈 맏보아 뼈곰 길흉을 시험ㅎ더라(嘗糞恬苦以驗吉凶)<東新孝4 : 62b>
  ㄴ. 다 可히 뼈곰 一졀히 쓰리텨 ㅂ렴즉ㅎ도다<家禮1 : 43b>
  ㄷ. 뎌븐 기술 반드시 밧그로 向호믄 뼈곰 그 吉服을 분別훈 배니라<家禮6 : 14b>
58) 본 연구는 '곰'의 성격을 천착하기보다는 '곰'이 전이어와의 통합 양상을 더 중요시한다. '곰'이 보조사라 하든 접미사라 하든 '히여'와 통합된 용례가 많이 나타나지만 '더브러, 드려' 등에 후행하는 용례가 하나도 발견되지 않는다. '뼈' 뒤에 '곰'이 붙은 경우도 있으나, '히여'의 경우와 다른 양상을 보인다. 즉 '*NP로 뼈곰'의 용례가 없는데 반해 'NP로 히여곰'의 용례가 상당히 많이 나타난다. '뼈'와 '곰'의 통합이 왜 단독으로 쓰인 경우에만 나타났느냐는 문제에 대해 더 깊이 검토할 필요가 있다.

ㄱ'. 겨집이 닐오디 우리 아비 先生이 덕을 닷고 검약을 가졋다 ᄒᆞ야
날로 ᄒᆞ여곰 뫼소와셔 슈건이며 빗슬 맛다시라 ᄒᆞ시니(妻 ㅣ 日
大人이 <u>以</u>先生이 修德守約故로 使賤妾으로 侍執巾櫛ᄒᆞ시니)<飜小
9 : 59a>

ㄴ. <u>뻐</u> 히의 됴홈과 <u>뻐</u> 돌의 됴흔 제 네 服을 다 쓰이노니(<u>以歲之正과</u>
<u>以月之令에</u> 咸加爾服ᄒᆞ노니)<小學3 : 20b>

ㄴ'. 히의 됴흔 저기며 ᄃᆞ러 됴흔 저고로(적+으로) 네 거긔 슬 거슬
다 스이노니(<u>以歲之正과</u> <u>以月之令에</u> 咸加爾服ᄒᆞ노니)<飜小4 :
23a>

예문 (13)은 '뻐'가 'NP(로)' 앞에 나타난 용례들인데 이는 한문의 통사
구조에 따라 번역한 결과로 보인다. (13ㄱ)의 경우는 '엄의 연고로 뻐'(以母
故로)<小學6 : 32b>의 용례와 대비해 보면 여기서의 '뻐'는 'NP로' 앞으
로 전치된 듯이 보인다. 예문 (13ㄴ)은 '뻐'가 명사구 앞에 왔을 뿐더러 명
사구 뒤에 '로'가 아닌 '에'가 결합된 것을 볼 수 있다. 한문의 '以'는 "時
日"을 나타내는 어휘 앞에 붙어 마치 '於'와 같이 쓰이기도 한다. (13ㄴ)의
구결문에는 '以…에'로 나타났는데 이는 '以'를 '로'로 파악하지 않고 '於'
의 기능과 대등한 것으로 파악한 결과일 것이다.59)

'뻐'가 'NP' 앞에 전치된 듯한 용례는 '뻐'가 문법화한 후치사라는 견
해와 상충한 부분이 있다. 이 문제는 단순히 한문의 어순에 따른 결과로
만 볼 수도 있으나 'ᄃᆞ려, 더브러'가 'NP' 앞에 전치된 용례가 없다는 점
을 감안하면 이 문제가 '뻐' 자체의 성격과 관련될 수도 있다. 특히 아래
의 예문에서 보는 것처럼 '뻐'가 직접 동사 앞에 쓰인 것은 '뻐'가 한문의

---

59) 한문의 '以'와 '於'는 모두 "時日"을 나타내는 어휘 앞에 붙어 "시간"을 나타낼 수 있지
만 '以'는 동사의 앞에만 한정되고 '於'처럼 동사의 뒤에는 거의 사용되지 않는다(홍인
표 1976 : 223).
ㄱ. 余以八月十九日返, 而君以中秋後一日行, 終不得一唔.
ㄴ. 孟嘗君以五月五日生.
ㄹ. 君生於一九四五年, 長余三歲.

'以'를 번역차용한 결과이지만 언해문에서는 부사적 성격을 띠는 것이 아닌가 한다.

> (14) ㄱ. 文章을 호더… 반듯이 **뼈** 理勝케 ᄒ며(爲文章호더 …必<u>以理勝</u>ᄒ
> 며)<小學6 : 9a>
> ㄱ'. 문장 호더 …理 이긔에 ᄒ며(爲文章호더 …必<u>以理勝</u>ᄒ며)<飜小
> 9 : 10a>
> ㄴ. 비록 스스로온 더나 반듯이 **뼈** 네모 ᄒ시며(雖褻이나 必<u>以貌</u>ᄒ시
> 며)<小學3 : 15b>
> ㄷ. 나히 ᄌ람이 **뼈** 倍 ᄒ거든 아비로 셤기고 열히로 **뼈** ᄌ라거든 兄
> 으로 셤기고 다ᄉ 히로 **뼈** ᄌ라거든 엇게로 조ᄎ을디니라(年長<u>以倍</u>
> 則父事之ᄒ고 <u>十年以長</u>則兄事之ᄒ고 <u>五年以長</u>則肩隨之니라)<小
> 學2 : 57b>

예문 (14ㄱ)~(14ㄷ)은 일견 '뼈'가 'NP' 앞에 전치된 용례로 볼 수 있다. 한문의 구문 유형을 감안할 때 '理로 **뼈** 勝케 ᄒ-', '네모로 **뼈** ᄒ-', '倍로 **뼈** ᄒ-'로 언해해도 무방한 경우에 해당한다. 그러나 '뼈'가 NP 앞에 선행하는 경우 NP 뒤에 '로'나 '에' 등 조사가 있는 데 반해 (14)의 'NP' 앞에 아무 조사가 없는 데에 유의할 필요가 있다. 'NP'가 뒤의 'ᄒ-'와 통합되어 복합동사 '네모ᄒ-', '倍ᄒ-'의 용례로 볼 수 있는 가능성이 있기 때문이다.

② 'VP-어 뼈 VP' 유형

앞에서 언급되었듯이 接續詞의 '以'는 "목적", "원인", "방식" 등 여러 가지 의미를 나타낸다. '以'의 이러한 접속 기능은 한국어에서는 연결 어미 '-어/아/야'가 담당한다. 그러나 직역 문헌에서는 축자역한 결과로서 연결 어미에 '뼈'를 첨가하게 된다. 선행절 뒤에 연결 어미 '-어/아/여'(이

하 '-어'를 대표 형태로 삼아 '-어'만 제시함)가 아닌 다른 어미가 오는 경우가 있지만 연결 어미 '-어'가 붙어 있는 경우가 가장 빈번하기 때문에 이 책에서는 편의상 이 유형을 'VP-어 뻐 VP' 유형이라 부르기로 한다. 먼저 '뻐' 앞의 어미가 '-어'로 나타난 경우를 살펴보기로 하자.

> (15) ㄱ. 몸을 正케 ᄒᆞ야 뻐 物을 정케 홀디니라(正己以格物이니라)<小學 5：59a>
>
> ㄱ'. 내 모믈 정케 ᄒᆞ야 사ᄅᆞ믈 정케 홀디니라(正己以格物이니라)<飜 小7：26b>
>
> ㄴ. ᄉᆞ랑홈애 일편되며 셰간의 ᄉᆞᄉᆞ로이 ᄒᆞ야 뻐 어긔며 거슯즘을 닐 위여 (偏愛私藏ᄒᆞ야 以致背戾ᄒᆞ야)<小學5：73a-b>
>
> ㄴ'. 제 ᄉᆞ랑ᄒᆞᄂᆞ니ᄅᆞᆯ 일편도이 ᄒᆞ며 각각 제 ᄃᆞᆺ는 거슬 아롬도이 ᄒᆞ 야 거슯저(偏愛私藏ᄒᆞ야 以致背戾ᄒᆞ야)<飜小7：41a>
>
> ㄷ. 두 프른 옷 닙은 이 거러 뻐 좃더라(二靑衣ㅣ 步屧以隨ᄒᆞ더라) <小學6：99a>
>
> ㄷ'. 프른 옷 니븐 죵 둘히 거러 미조차 가더라(二靑衣步屧以隨ᄒᆞ더 라)<飜小9：106b>

예문 (15)는 'VP-어 뻐 VP' 유형인데 중세 언해 문헌에서 흔히 발견될 수 있는 것이다. (15ㄱ)은 "목적", (15ㄴ)은 "원인", (15ㄷ)은 "방식"의 의미를 나타내는 데 쓰였다. 특히 (15ㄱ')~(15ㄷ')과 대비할 때 이 경우의 '뻐'는 첨가된 것임을 쉽게 확인할 수 있다. 이 유형은 중세시기의 불경 언해 문헌에 많이 나타나지 않았지만 근대시기에 들어서면서부터 심지어 20세기에 이르기까지 훨씬 많은 문헌에서 쉽게 용례를 확인할 수 있다.[60]

---

60) 그러나 이 유형은 『금강경삼가해』에만 몇 개 용례가 산발적으로 출현할 뿐, 다른 15세 기의 불경 언해에는 거의 나타나지 않는다.

> ㄱ. 이ᄂᆞᆫ 塵界로 가줄뵤몰 드르샤 뻐 닐온 바 업소믈 볼기시니라(此ᄂᆞᆫ 擧塵界之喩ᄒᆞ샤 以明無所說也ᄒᆞ시니라)<金三3：9a>
>
> ㄴ. 이제 師ㅣ 바ᄅᆞ 塵界ᄅᆞᆯ 取ᄒᆞ야 뻐 平常不動을 볼기니(今師ㅣ 直取塵界ᄒᆞ야 以明平常

아래 예문 (16)~(18)은 앞서 (15)와 달리 '뼈' 앞의 어미가 '-어' 이외의
형태로 나타난 경우들이다.

(16) ㄱ. 故룰 溫ᄒ고 新을 知ᄒ며 厚룰 敦ᄒ고 뼈 禮룰 崇ᄒᄂ니라(溫故而
知新ᄒ며 敦厚以崇禮니라)<中庸47a>

ㄴ. 解ᄂ 險ᄒ고 뼈 動홈이니 動ᄒ야 險에 免ᄒ욤이 解라(解ᄂ 險以動
이니 動而免乎險이 解라)<周易3 : 39b>

ㄷ. 人이 己룰 潔히 ᄒ고 뼈 進커든(人이 潔己以進이어든)<論栗2 :
25b>

ㄷ'. 사ᄅᆷ이 己를 潔ᄒ야 뼈 進ᄒ거든(人이 潔己以進이어든)<論語2 :
26a>

(17) ㄱ. 가져다가 뼈 佳士ᄋᆡ게 가줄비노니(持以比佳士)<杜詩19 : 34a>

ㄴ. 돋틱 고기룰 사다가 뼈 먹이니라(乃買猪肉ᄒ야 以食之ᄒ니라)<小
學4 : 5a>

ㄴ'. 도틱 고기룰 사아 뼈 머기시니(乃買猪肉ᄒ야 以食之ᄒ시니)<內訓
3 : 14b>

(18) ㄱ. 사오나온 거시 젹다 ᄒ야 뼈 ᄒ디 말며 어딘 거시 젹다 ᄒ야 뼈
ᄒ디 아니티 말라(勿以惡小而爲之ᄒ며 勿以善小而不爲ᄒ라)<小學
5 : 14b>

ㄴ. 사오나온 이리어든 젹다 ᄒ고 ᄒ디 말며 어딘 이리어든 젹다 ᄒ
고 아니ᄒ디 말라(勿以惡小而爲之ᄒ며 勿以善小而不爲ᄒ라)<飜小
6 : 15b>

예문 (16)은 'VP-고 뼈'의 용례인데 중세 시기에 『주역언해』에서 집중
적으로 나타나는 것이 특징이다. (16ㄱ)의 '敦厚以崇禮'는 "敦厚함으로써
崇禮한다" 정도의 의미를 나타내는 것이므로 중세 시기 당시의 언어를 감
안하면 'ᄒ야 뼈'의 표현이 나타나야 되는 것으로 예상된다. (16ㄴ)은 "險
하기 때문에 動한다" 정도로 해석할 수 있다. 역시 그 자리에 'ᄒ여 뼈'가

不動也ᄒ니)<金三3 : 10a>

나타났어야 되는 것이다. (16ㄷ)의 경우, (16ㄷ´)과 대비해 보면 'VP-고 뼈 VP'는 'VP-어 뼈 VP'의 '-어'가 '-고'로 교체되어 형성된 것임을 알 수 있다.61) 예문 (17)은 연결 어미 '-아다가'와 통합된 용례들인데 중세 언해 문헌에서 이 두 개밖에 발견되지 않았다.62) 예문 (18)은 일견 'VP-어 뼈' 유형에 속할 것으로 보인다. 그러나 그 중의 '以'는 "원인"을 나타내는 개사이므로 앞의 예문 중의 '以'의 용법과 다른 것으로 보아야 한다. "원인"

---

61) 이러한 용례는 근대국어에서 확인되었는데 몇 개 들면 다음과 같다.
　　ㄱ. 事를 古를 師티 아니ᄒᆞ고 뼈 능히 世를 永ᄒᆞ리ᄂᆞᆫ 說의 聞혼배 아니로소이다(事不師古
　　　ᄒᆞ고 以克永世ᄂᆞᆫ 匪說의 攸聞이로소이다)<서전2 : 64b>
　　ㄴ. 天이 키 雷電ᄒᆞ고 뼈 風ᄒᆞ니 禾ㅣ 다 偃ᄒᆞ며 大木이 이예 拔ᄒᆞ거늘(天이 大雷電以風ᄒᆞ
　　　니 禾盡偃ᄒᆞ며 大木이 斯拔이어늘)<서전3 : 52a>
　　ㄷ. 신쥬를 안고 뼈 ᄃᆞᆫ니며(抱神主以行)<東新烈2 : 10b>
　　ㄹ. ᄉᆞ당을 셰고 뼈 묘셕의 졔ᄒᆞ며(爲立祠室以祭)<東國孝4 : 10b>
　　예문 (ㄱ)은 '事를 古를 師하지 않으므로써 능히 世를 永할 수 있다' 정도의 의미를 나타
　　내는데 중세 시기에 'ᄒᆞ야 뼈'로 나타나는 것이 보통이다. (ㄴ)의 경우 한문의 '以'는 대
　　등적 접속을 나타내는 것이므로 '-고 뼈'로 언해한 것으로 이해된다.
　　아래의 예문도 일견 'VP-고 뼈 VP'의 유형처럼 보이는데 'VP-어 뼈 VP'와 직접 관련되
　　는 것이 아님에 유의할 필요가 있다.
　　ㅁ. 뼈 言ᄒᆞᄂᆞᆫ 者ᄂᆞᆫ 그 辭를 尙ᄒᆞ고 뼈 動ᄒᆞᄂᆞᆫ 者ᄂᆞᆫ 그 變을 尙ᄒᆞ고(以言者ᄂᆞᆫ 尙其辭ᄒᆞ고
　　　以動者ᄂᆞᆫ 尙其變ᄒᆞ고)<周易5 : 24b>
　　ㅂ. 人이 그 濯濯홈을 보고 뼈 일쪽 材 잇디 아니타 ᄒᆞᄂᆞ니(人이 見其濯濯也ᄒᆞ고 以爲未
　　　嘗有材焉이라 ᄒᆞᄂᆞ니)<孟子11 : 19a>
　　ㅅ. 人에 求ᄒᆞᄂᆞᆫ 밧 者ㅣ 重ᄒᆞ고 뼈 스스로 任ᄒᆞᄂᆞᆫ 밧 者ㅣ 輕홈이니라(所求於
　　　人者ㅣ 重이오 而所以自任者ㅣ 輕이니라)<孟子14 : 22b>
　　예문 (ㅁ)은 '뼈~ᄒᆞ고 뼈~ᄒᆞ-'의 구조로서 '-고'는 대등적 연결어미이다.
　　(ㅂ)은 '-고'는 "계기"의 연결어미이며 '뼈'는 뒤의 '以爲'를 축자역한 결과로
　　서 '-고'와 직접 관련된 것이 아니다. 예문 (ㅅ)의 '뼈'는 '所以'의 '以'를 축자
　　역한 결과이므로 접속사의 '以'에 대응되는 '뼈'와 다른 것이다.
62) 근대국어 시기의 문헌에는 이 유형의 예문이 많이 등장하는데 몇 개를 제시하면 아래와
　　같다.
　　ㄱ. 청컨대 거두어 가져다가 뼈 조초리라 ᄒᆞ고(請收拾以從)<東新烈5 : 79b>
　　ㄴ. 아비 업고 어미를 치더 ᄂᆞᆷᄋᆡ 일 ᄒᆞ고 비러다가 뼈 머기더니(少孤養母傭作行乞以飼
　　　之)<東新孝1 : 4b>
　　ㄷ. 고기 이셔 뛰여 나거늘 가져다가 뼈 드리오니 어믜 병이 됴ᄒᆞ니라(有魚躍出 持以獻母
　　　病愈)<東新孝3 : 6b>
　　ㄹ. 긔이ᄒᆞᆫ 마술 어드면 믄득 푸머다가 뼈 드리더니(得異味輒懷以獻)<東新孝4 : 22b>
　　ㅁ. 親戚이며 隣里들히 糜粥을 쑤어다가 뼈 머기며<家禮5 : 5b>

을 나타낼 경우 '以'에 대응하는 '뻐'는 'NP로'와 통합하거나 또는 "원인"
구절에 선행하는 것이 보통이기 때문이다.[63]

③ 기타 유형

앞서 말하는 'NP로 뻐' 유형, 'VP-어 뻐 VP' 유형 외에 중세 시기의 언
해 문헌에서는 드물기는 하지만 아래와 같은 용례도 발견된다.

(19) ㄱ. 스스로 **뻐** 나히 졈고 즈식이 업스니 집이 반드시 저를 남진 얼릴
　　　 가 저허 머리털을 버혀 밍세ᄒ엿더니(自以年少無子ᄒ니 恐家ㅣ
　　　 必嫁己ᄒ야 乃斷發爲信이러니)<小學6 : 55b>
　　 ㄱ'. 제 나히 졈고 즈식이 업스니 제 집의셔 저를 남진 얼일가 저허
　　　 머리터리를 버혀 밍셔롤 삼더니(自以年少無子로 恐家ㅣ 必嫁己ᄒ
　　　 야 乃斷發爲信ᄒ더니)<飜小9 : 60b>
　　 ㄴ. **뻐** 빅셩의 우히 이시니 可히 **뻐** 션죵티 몯ᄒ리이다(民所不則이오
　　　 以在民上ᄒ니 不可以終이니이다)<小學4 : 52b>
(20) ㄱ. 殿下ㅣ **뻐** 臣이 뫼ᄋ와 글 엳ᄌ옴이 날이 오란디라 臣을 에엿비
　　　 너기샤 그 사름을 비웁고 져ᄒ실 ᄯ룬이언뎡…(殿下ㅣ 以臣이 侍講
　　　 日久ㅣ라 哀臣ᄒ야 欲丐其生耳언뎡)<小學6 : 42b>
　　 ㄱ'. 太子ㅣ 내 뫼소아 글 엳ᄌ오미 오라모로 나롤 에엿비 너기샤 내
　　　 사로믈 비숩고져 ᄒ실ᄯ룬이언뎡(殿下ㅣ 以臣이 侍講日久로 哀臣ᄒ
　　　 야 欲丐其生耳언뎡)<飜小9 : 45ab>

예문 (19)의 '뻐'는 'S-으니'의 원인 구절 앞에 쓰인 것이고 (20)은 'S-

---

63) "원인"을 나타내는 '以'는 그 뒤에 명사구도 올 수 있고 문장도 올 수 있다. 그 뒤에 문
　장이 오는 '以'를 접속사로 파악하는 견해도 있다. 于富章(1987)를 참조. 그러나 접속사
　로 치더라도 이 경우의 '以' 구문은 다른 경우의 접속사 '以' 구문과 많이 다르다. 곧
　"원인"의 '以'는 선행절의 첫머리에 쓰이고 있는데 다른 경우의 '以'구문은 항상 후행
　절의 첫머리에 쓰이고 있는 것이다. 분열문일 경우 후행절에 쓰일 수 있는데 문말에
　'也'가 아울러 쓰이는 제한이 수반된다. 요컨대 "원인"의 '以'는 보통 문장의 첫머리
　(또는 선행절의 첫머리)에 쓰이고 "접속"의 '以'는 보통 문장 후행절의 첫머리에 쓰인
　다는 것이다.

ㄴ디라'의 원인 구절 앞에 쓰이는 것이다.64) (19ㄱ)은 (19ㄱ')의 구결문 '以~로'에 비추어 볼 때 '나히 졈고 즈식이 업스모로 뻐'로 언해해도 괜찮을 것이다. (20ㄱ)은 (20ㄱ')에 비추어 볼 때 '내 뫼소아 글 엳즈오미 오라모로 뻐'로 언해될 수도 있다. (19)와 같은 구문을 'NP로 뻐'로 언해하는 것은 그때 당시에도 흔히 볼 수 있는 일반적 현상이었다.

예문 (19)~(20)의 현상은 당연히 한문의 어순에 따라 번역한 결과로 해석될 수 있을 것이다. 그러나 이는 한문의 '以'에 대한 인식 차이와 관련될 문제일 가능성도 배제할 수 없다. (19ㄱ')은 '以'를 개사로 파악하여 번역한 결과인데 구결문에서 '로'를 사용한 것도 이 점을 뒷받침할 수 있다. 반대로 (19ㄱ)은 '以'를 마치 접속사처럼 파악하여 번역한 결과인 듯하다. 이는 '若…-으면', '雖…-라도/-으나' 등의 호응관계를 상기하게 한다. '若'이 "가정"을 나타내므로 구결문에서 '-면'으로 현토하고, '雖'는 "양보, 대립"을 나타내므로 구결문에서 '-라도, -으나'로 현토한다. 마찬가지로 '以'가 "원인"을 나타내므로 그 뒤에 "원인"을 나타내는 연결어미 '-으니', '-ㄴ디라' 등이 붙어 '以…-으니', '以…-(은디)라'(예를 들어 19ㄱ, 19ㄴ, 20ㄱ)의 호응관계가 이루어지는 것이다. 이것이 의역 문헌에서는 그대로 '~-으니', '~-은디라' 등 어미에 의해 문법적 관계를 나타내는 데 반해 직역 문헌에서는 '뻐 ~-으니', '뻐 ~-은디라' 등으로 나타나게 된다.

3.2.2. 치환형 전이어 '뻐'의 출현 양상

한문의 '以'는 다른 단음절 형태와 함께 숙어를 형성하는 경우가 빈번

---

64) '-ㄴ디라'는 기원적으로 '-ㄴ # 두+이+라'의 구조였던 것이지만 "이유"를 표시하는 하나의 어미로 재구조화된 것이다.

하다. 예를 들어 '所以, 以爲, 以上, 是以' 등이 그러하다.[65)]

한문에서 형성된 숙어는 국어에서 그에 대응하는 고유 어휘나 고유 표현이 상당 부분 마련되어 있다. 그럼에도 불구하고 축자역의 방법으로 인해 직역 문헌의 언해문에서는 다시 숙어로 형성된 각 형태를 분리해서 번역하게 된다. 이렇게 분리해서 번역한 각 형태는 앞의 경우와 달리 문장 내에서 어떠한 '첨가성'을 객관적으로 확인하기가 어렵다. 숙어를 구성하는 각 글자에 고정된 번역을 대응시켜 놓았기 때문에 단순히 '치환성'만을 확인할 수 있는 경우가 대부분이다. 치환형에서 결과적으로 직역과 의역의 차이가 첨가형보다 더 크게 나타날 수 있다. 여기서는 '以'에 의해 형성된 숙어 '所以', '以爲', '以上', '是以' 등을 대상으로 하여 치환형 전이어로서 '뻐'의 출현 양상을 정리해 보이기로 한다.

   ① '所以'와 '뻐 ~-(은) 바'
   ② '以爲'와 '뻐 (…) ᄒ-'
   ③ '以上'과 '뻐 우ᄒ' 유형
   ④ '是以'와 '일로 뻐'

① '所以'와 '뻐 ~(-은) 바'

한문의 '所以'는 그것이 이끄는 절을 명사화하는 기능을 행하기도 하고 인과관계를 나타내는 접속사의 역할을 행하기도 한다. 명사화 기능을 하는 경우에 (보통 문두에 위치하지 못하고) 문장 안에 위치하고 그 뒤에 '者'

---

65) 국어대사전(증보판)(이희승 편)의 해석을 보면 숙어는 1) 두 가지 이상의 단어가 합하여 하나의 뜻을 나타내어 마치 하나의 단어처럼 쓰이는 말(복합어, 합성어), 2) 특유한 뜻을 나타내는 성구, 관용구, 익은 말로 설명하고 있다(이희승 1994 : 2194). 본 연구에서는 전자의 의미로 사용한다. 숙어는 형태상 결합이 긴밀하여 떨어질 수 없는 고정성의 특징을 지니고 있다. 의미상 숙어는 결합된 단어와 달리 제삼의 의미를 나타내는 경우가 많다. 그러나 제삼의 의미로 해석된다고 해서 결합된 단어와 전혀 관련이 없는 것은 아니고 어느 정도 유연성을 가지고 있다.

를 붙여 '所以~者'의 구조가 형성되고 또 그 앞에 '之'가 붙어 '之所以~'
의 구조, 또는 '之所以~者'의 구조도 형성된다(王力 2004 : 461-465). 심지어
그 자체가 "도구, 수단, 방법, 원인" 등을 나타내는 명사가 되어 문장에서
해당 의미를 나타내기도 한다.66) '所以'가 이와 같은 의미를 나타내는 것
은 한문의 '以'가 "도구, 수단, 방법, 원인"의 의미를 나타낼 수 있었기 때
문이다. '所'는 관계 대명사로서 그 뒤에 있는 동사구나 절을 명사적 성분
으로 변화시키는 기능을 행할 뿐이다.

접속사로서의 '所以'는 보통 문두에 위치하고 특히 문장의 주어가 그
뒤에 오는 경우에 접속사로서의 기능이 더 분명하게 드러난다. 그러나 접
속사로서의 '所以'는 명사화 기능의 '所以'에서 변한 것이기 때문에67) 양
자가 통사 구조상 구분되지 못하는 점이 있다. 중세 언해 문헌에서는 명
사화 기능과 접속사로 분명하게 파악하여 번역한 경우도 있고 구분이 되
지 않고 번역한 경우도 있다. 먼저 예문 (21)~(22)를 보기로 하자.

    (21) ㄱ. 이 衆生이론 고디라(此ㅣ 所以爲衆生也ㅣ라)<楞嚴4 : 87a>

       ㄴ. 吏는 다스리는 거시오 民은 브리는 거시오(吏는 所以治오 民은
          所以役이오)<法華2 : 196b>

       ㄷ. 空가 有아 내 그 아출 아디 몯ᄒ리로다(空耶아 有耶아 吾ㅣ 未知
          其所以로다)<金三序4b>

---

66) 다음 예문은 '所以'를 "원인", "이유"를 나타내는 용례들이다.
   ㄱ. 不解其所以ᄒ야(그런 아출[앛+올] 아디 몯ᄒ야)<金三5 : 38a>
   ㄴ. 此顯經勝之所以ᄒ시니(이엔 經의 勝혼 아출[앛+올] 나토시니)<金三3 : 2a>
67) 王力(1980 : 465)에 의하면 한문의 '所以'는 接續代字(이끄는 절을 명사화하는 요소)로부
터 점차 인과관계를 나타내는 접속사로 발전하였다. 그 발전 과정에서 두 가지의 통사
적 변화가 수반되어 있는데 하나는 '所以'가 문장의 첫머리에 나타나게 되고 하나는 이
끄는 문장의 끝에 '也'가 소거되었다는 것이다. 당대(唐代)에 이르러 '所以' 뒤에 주어가
올 수 있게 되어 '所以'는 완전히 접속사로 변해 버렸다. 물론 원래의 접속대자의 용법
도 역시 보유하고 있다.
   ㄱ. 坐看淸流沙, 所以子奉使.<杜甫詩>
   '所以'는 주어인 '子' 앞에 쓰이어 접속부사의 기능을 하고 있다.

　　ㄹ. 이 **뻐** 일후믈 어두디 經이라 혼 **배라**(此ㅣ <u>所以</u>得名爲經也ㅣ라)
　　　<金三1 : 5a>

　　ㅁ. **끄롬**과 주머니는 氣分 가도미라(括袋는 <u>所以</u>收氣也ㅣ라)<楞嚴8 :
　　　107b>

　　　　　　　　　　　　　　[※ 이상 예문은 박진호(2008)에서 재인용]

(22) ㄱ. 믈읫 사ᄅᆞ미 사ᄅᆞᆷ 드외옛는 **아춘** 禮와 義 이실ᄉᆡ니(凡人之<u>所以</u>爲
　　　人者는 禮義也ㅣ니)<飜小4 : 9b>

　　ㄴ. 몬져 모로매 **뻐**곰 비호는 **거시** 므슷 이린고 ᄒᆞ여 궁구ᄒᆞ여 아라
　　　(先須理會<u>所以</u>爲學者ㅣ 何事오 ᄒᆞ야)<飜小8 : 33b>

　　ㄷ. 이 세 이를 알면 내 몸 가지**기**를 알리라(知此三者則知<u>所以</u>持身矣
　　　리라)<飜小7 : 27a>

　　ㄹ. 밧긔 이를 졔단ᄒᆞ야 올케 호믄 안 ᄆᆞᅀᆞᆷ올 길워 됴케 **호미**니(制乎
　　　外는 <u>所以</u>養其中<u>也</u>ㅣ니)<飜小8 : 8a>

　　예문 (21), (22)는 '所以'가 명사화 기능으로 쓰인 용례들이다. (21
ㄱ)~(21ㅁ)은 불경 언해 문헌의 용례들인데 '所'는 보통 의존명사 '곧, 것,
앛, 바' 등이나 명사형 어미 '-옴/움'으로 번역된다. 그 중에 '바'로 번역
될 때에는 '뻐'가 수반되는 점이 특이한데, 이 같은 양상은 15세기 『금강
경삼가해』 정도에서만 예외적으로 볼 수 있었으나 16세기 들어 직역 문
헌에서 일반화되었다. 그러나 예문 (21)에서 '앛'의 경우를 제외하면 다른
경우 모두 '以'를 번역에 제대로 반영하지 않았다고 할 수 있다(박진호
2008 : 401). 엄밀히 말하면 이 경우의 '所以'가 나타내는 "수단, 방법, 원
인" 등 의미는 '앛'의 경우를 제외하고 언해문에서 반영되지 않고 있는
것이다. 예문 (22)는 의역을 위주로 한 경서 언해 문헌에서 나타나는 용례
들인데 마찬가지로 의존명사 '앛, 것'과 명사형 어미 '-옴/움', '-기'로 번
역된 것을 볼 수 있다.
　　아래 예문 (23)은 '所以'를 접속사로 파악하여 번역한 용례들이다.

(23) ㄱ. 本來ㅅ 根源을 제 迷惑홀씨 아디 몯호물 처엄 니른시고(初言本元
을 自迷홀시 所以不知ᄒ시고)<楞嚴3∶82a>

ㄴ. 眞實로 能히 普賢行올 닷ᄀ리니 正憶念力이 實로 妙行 眞要ㅣ돌
반ᄃ기 알리로다 그런ᄃ로 普賢이 다시곰 니른시며 석존이 ᄯ
도아 펴시니(眞能修普賢行ᄒ리니 當知正憶念力이 實妙行 眞要ㅣ
로다 所以 普賢이 再三言之ᄒᄋ시며 釋尊이 又復助揚ᄒ시니)<法華
7∶182a-b>

ㄷ. 미티 올면 道ㅣ 오ᄂ니 그럴씨 至極훈 사르믄 샹녜 物을 ᄇ리고
道롤 아나 모물 올와 生올 치거눌(全則道全ᄒᄂ니 所以至人은 常
遺物抱道ᄒᆞ야 以全身養生ᄒ거눌)<法華2∶79a>

위에서 특히 (23ㄴ), (23ㄷ)의 경우 '所以'는 그 뒤에 문장의 주어 '普賢',
'至人'이 오기 때문에 접속사의 성격이 더 뚜렷하게 드러난다. (23ㄱ)은 언
해문에서 한국어의 연결어미('-ㄹ씨')로 번역한 것이고 (23ㄴ)은 접속부사
('그런ᄃ로')의 형태로, (23ㄷ)은 '연결어미 # 접속부사'('-니 # 그럴씨')
의 형태로 번역한 것이다.

아래 예문 (24)는 한문의 '所以'를 접속사와 명사화 기능을 잘 구분하지
못하고 번역한 것으로 보여지는 예이다.

(24) ㄱ. 열구리 正코 굳디 아니호미 보 물러 기우룸 곧ᄒ니 無明으로 터
흘 사ᄆ니 이 堂올 일운 고디오(質非具固ㅣ 類梁棟之傾斜ᄒ니 無
明으로 爲基ᄒ니 所以成是堂也ㅣ오)<法華2∶105a>

ㄴ. 법이 ᄒᄋᄉᆞ 니디 몯ᄒᄂ니 그럴시 일훔 지ᄒ니라 닐오미 맛당커
늘(應云法不孤起니 所以安名이어늘)<金三1∶10a>

ㄷ. 세 果ㅣᄉᆞ 그츨씨 阿難이 아디 몯훈 고디라(三果ㅣᄉᆞ 乃斷홀시 所
以 阿難이 未知也ㅣ라)<楞嚴4∶103b>

ㄹ. 몬져 값 가죠ᄆᆞ 小룰 즐겨 果 ᄃᆞ순 後에ᄉᆞ 因 닷고물 가줄비니
그럴씨 四諦法 中에 果롤 몬져 코 因을 後에 호미라(先取其價ᄂᆞᆫ
譬樂小ᄒᆞ야 慕果然後에ᄉᆞ 修因ᄒ니 所以四諦法中에 先果後因也

ㅣ라)<法華2 : 210a>

위에서 (24ㄱ), (24ㄴ)의 경우 구결문 또는 한문 원문에서 '所以'는 접속
사의 기능을 행하고 있는데 (24ㄱ)의 언해문에서는 명사화 기능으로 파악
하여 '곧'으로 번역하였다. 한편 (24ㄴ)은 접속사로 파악하여 '그럴씨'로
번역한 것이다. (24ㄷ), (24ㄹ)의 경우, 구결문 또는 한문 원문에서 '所以'
를 접속사로 파악하였음에도 불구하고 언해문에서는 접속사와 명사화 기
능을 이중적으로 반영하여 번역하였다. (24ㄷ)은 '-을씨 ~ 곧', (24ㄹ)은
'-을씨 ~ -옴/움'으로 되어 있다. 15세기 불경 언해에서 '所以'를 이렇게
이중적으로 번역한 것은 매우 특이한 현상이라고 할 수 있다.

15세기의 불경 언해 문헌과 달리 경서 언해 문헌, 특히 16세기 이후의
문헌에서는 '所以'를 '뻐 ~-은/을 바'로 번역한 것이 일반화되었다. 번역
과정에서 '以'를 반영하는 동시에 '所'가 의존명사 '바'로 굳어지는 경향
을 보여주기도 한다. 다시 말하면 15세기에 나타나는 '곧, 것, 앛' 등은 16
세기의 직역 문헌에 거의 보이지 않고 대부분 '바'로 변하게 되었다. 이러
한 현상은 15세기의『금강경삼가해』에서 일부나마 볼 수 있었던 것이다
(앞의 예문 (20ㄹ) 참조). 의역 문헌인『번역소학』에는 '뻐'와 의존명사
'것'이 공기한 용례가 발견되지만 직역 문헌인『소학언해』에서는 일률적
으로 '바'와만 공기하게 된다. '所以' 중의 '以'를 반영하는 단계에서는
'所'의 훈도 '바'로 굳어지는 경향을 보여 주는 것이다. 아래 예문 (25),
(26)을 보기로 하자.

(25) ㄱ. 이 세 가지를 알면 뻐 몸 가질 바를 알리라(知此三者則知所以持
　　　　身矣리라)<小學5 : 59b>
　　ㄱ'. 이 세 이를 알면 내 몸 가지기를 알리라(知此三者則知所以持身矣
　　　　리라)<飜小7 : 27a>
　　ㄴ. 몬져 모롬이 뻐 學을 ᄒᆞᆫ 배 므스 일인고 ᄒᆞ여(先須理會所以爲學

者ㅣ 何事오 ᄒᆞ야)<小學5 : 112a>

ㄴ'. 몬져 모로매 **뻐**곰 비호는 거시 므스 이린고 ᄒᆞ여 궁구ᄒᆞ여이라
(先須理會所以爲學者ㅣ 何事오 ᄒᆞ야)<飜小8 : 33b>

(26) ㄱ. 분로ᄒᆞ며 원망홈이 수이 나 ᄇᆞ롬의 믈셜이 즉시예 니러나ᄂᆞ디라
뻐 君子의 ᄆᆞ옴이 汪汪ᄒᆞ야 맑옴이 믈 ᄀᆞ톤 배니라(忿怨이 容易
生ᄒᆞ야 風波ㅣ 當時起라 所以君子心이 汪汪淡如水ㅣ니라)<小學
5 : 23a>

ㄱ'. 분로ᄒᆞ며 원망호미 수이 나 ᄇᆞ롬앳 믓겨리 ᄀᆞᄐᆞ야 즉시예 니러
나ᄂᆞ니 이런ᄃᆞ로 어딘 사ᄅᆞ믜 ᄆᆞᅀᆞᄆᆞᆫ 깁고 너버 몰ᄀᆞᆫ 믈 ᄀᆞᄐᆞ니
라<飜小6 : 25a>

ㄴ. **뻐** 馬援의 글월이 殷勤히 모든 ᄌᆞ뎨를 경계혼 배니라(所以馬援書
ㅣ 慇懃戒諸子ㅣ니라)<小學5 : 24a>

ㄴ'. 이런ᄃᆞ로 마원이 그리 브즈러니 모든 ᄌᆞ뎨를 경계ᄒᆞ니라(所以馬
援書ㅣ 慇懃戒諸子ᄒᆞ니라)<飜小6 : 25b>

ㄷ. 위완는 이 닐로 **뻐** 완롱ᄒᆞ야 희이침 삼는 주를 아디 몯ᄒᆞᄂᆞ니라
뻐 녯사ᄅᆞᆷ의 믜여ᄒᆞᄂᆞᆫ 배 蘧篨와 다ᄆᆞᆺ 戚施니라(不知承奉者ㅣ 以
爾爲玩戲니라 所以古人疾이 蘧篨與戚施니라)<小學5 : 23b>

ㄷ'. 위와둘 사ᄅᆞ미 너를 희롱ᄒᆞ는 줄 아디 몯ᄒᆞ놋다 이런ᄃᆞ로 녯 사
ᄅᆞ미 굽디 몯ᄒᆞᄂᆞᆫ 병과 울어디 몯ᄒᆞᄂᆞᆫ 병을 믜여ᄒᆞᄂᆞ니라(不知承
奉者ㅣ 以爾爲玩戲니라 所以古人疾이 蘧篨與戚施ᄒᆞᄂᆞ니라)<飜小
6 : 24b>

예문 (25ㄱ')은 '所以'를 명사화 기능으로 파악하고 단순히 명사형 어미
'-기'로 번역한 용례인데 (25ㄱ)에서는 '所以'의 '以'를 반영한 '뻐 ~(-을)
바'로 번역하고 있다. (25ㄴ)은 '所以'의 '以'를 번역에 반영하고 있지만
'所'에 대응하는 의존명사가 '것'으로 나타나는 데 비해 (25ㄴ)에서는 '바'
로 나타났다.68) 예문 (25ㄱ)의 '所以'는 "수단, 방법"을 나타내고 (25ㄴ)의
'所以'는 "이유, 원인"을 나타내는 것이다.

---

68) 예문 25ㄴ')에서 '以'에 대응하는 '뻐' 뒤에 또 '곰'을 붙이는 것도 특이하다.

15세기 불경 언해 문헌에서 '앛'을 제외하면 다른 의존명사인 '곧, 것', 그리고 명사형 어미의 '-움/옴' 등은 명사화라는 통사적 기능만 행할 뿐, "수단, 방법, 이유, 원인" 등 의미를 나타낸다고 볼 수는 없을 듯하다. 왜 냐하면 한문 '所以'의 이와 같은 의미는 근본적으로는 '以'에서 비롯된 것이기 때문이다.[69] 이 점을 감안하면 언해문에서 '뼈'가 개재된 경우는 '뼈'가 개재되지 않은, 곧 단순히 의존명사만 쓰인 경우보다 한문 원문의 의미를 더 충실히 반영하고 있는 것이 아닌가 한다. 다시 말하면 이 경우의 '뼈'는 잉여적인 요소 또는 중복적인 요소가 아니고 한문 원문의 의미를 더 정확하게 이해하기 위한 보조적 수단일 가능성이 있는 것이다.

예문 (26)의 '所以'는 『번역소학』에서 접속부사 '이런드로'로 번역한 점으로 보면 틀림없이 접속사로 쓰인 용례들이다. 그럼에도 불구하고 직역 문헌인 『소학언해』에서는 '뼈 ~(-은) 바'로 번역하고 있다. 이 경우의 '뼈 ~(-은) 바'는 아무리 분석하더라도 접속사 '이런드로'의 의미와 기능에 비해 상당한 거리가 있는 것이다. 이는 한문의 '所以'를 축자역하여 초래한 결과라 하겠는데, (26ㄷ)의 '所以'는 분명히 접속사임에도 불구하고 언해문에서는 마치 명사화 기능으로 파악하여 번역하였다.[70]

② '以爲'와 '뼈 (…) ㅎ-'

한문의 '以'와 '爲'는 '以 X 爲 Y'로 분리하여 사용될 수도 있고 '以爲'

---

69) '所 +VP' 구조에서 '所'를 의존명사 '곧, 것, 바, 디' 등과 명사형 어미 '-옴/움'으로 번역하는 용례는 15세기의 언해 문헌에서 쉽게 발견될 수 있다. 이 경우의 의존명사나 명사형 어미는 단순한 명사화 기능을 할 뿐, "수단, 방법, 이유, 원인" 등을 나타내지 못한다.

70) 이는 한문 문장의 구조를 달리 분석한 데서 비롯된 결과라 하겠다.
예문 (26ㄷ)은 한문의 '所以'를 선행절을 명사화하는 요소로 파악하여 번역한 것인 데 반해 (26ㄷ)은 '所以'를 인과 관계를 나타내는 접속사로 파악하여 번역한 결과이다. (26 ㄷ)은 다음 (ㄱ)의 구조로 분석되고 (26ㄷ)은 다음 (ㄴ)의 구조로 분석된다.
　ㄱ. [[[所以][古人疾]]이 [蘧蒢與戚施니라]]
　ㄴ. [[所以][[古人疾]이 [蘧蒢與戚施니라]]]

로 합쳐서 사용[合用]할 수도 있다. '以 X 爲 Y'는 두 가지 뜻을 나타내는데 하나는 "어떤 것을 어떤 것으로 만든다(삼는다)"의 뜻이고 하나는 "어떤 것을 어떤 것으로 여기다(생각하다)"의 뜻이다. 합용된 '以爲'는 후자의 의미만으로 사용된다.71)

(27) ㄱ. 내 常해 <u>뻐</u> 확실혼 의론이라 ᄒ노라(吾ㅣ 常<u>以爲</u>確論이라 ᄒ노라)<小學6 : 46b>

　　 ㄱ'. 내 그 마를 ᄀᆞ장 구든 의론이라 ᄒ노라(吾常<u>以爲</u>確論이라 ᄒ노라)<飜小9 : 51a>

(28) ㄱ. ᄆᆞ올히 <u>뻐</u> 외다 의론홈을 <u>삼</u>으니(鄕黨이 <u>以爲</u>貶議ᄒ니)<小學5 : 53b>

　　 ㄱ'. ᄆᆞ술히 외다 ᄒ야(鄕黨이 <u>以爲</u>貶議ᄒ야)<飜小7 : 20b>

(29) ㄱ. 大槪는 <u>뻐</u> 호ᄃᆡ 學校는 禮義로 서르 몬져 홀 ᄯᅡ히어늘 둘마다 ᄒ여곰 ᄃᆞ토게 홈이 ᄌᆞᆷ ᄀᆞᄅᆞ쳐 치는 도리 아니니(伊川先生이 看詳學制ᄒ시니 大槪는 <u>以爲</u>學校는 禮義相先之地어늘 而月使之爭이 殊非敎養之道ㅣ니)<小學6 : 14b>

　　 ㄱ'. 대개는 學校ㅣ란 거슨 禮義로 서르 몬져 홀 ᄯᅡ히어늘 둘마다 글지어 ᄃᆞ토게 호미 ᄌᆞᆷ ᄀᆞᄅᆞ쳐 내는 길히 아니니(大槪는 <u>以爲</u>學校는 禮義相先之地어늘 而月使之爭이 殊非敎養之道ㅣ니)<飜小9 : 16a-b>

　合用된 '以爲'를 의역 문헌에서는 보통 "생각하다, 여기다"를 나타내는 '너기다'나 대동사 'ᄒ다'로 번역하지만 예문 (27ㄱ)에서 보는 것처럼 직역 문헌에서는 '以'와 '爲'를 각각 '뻐', 'ᄒ-'로 번역함으로써 '뻐 {S} ᄒ-'의

---

71) 다음 예문 중의 '以爲'는 접속사 '以'와 동사 '爲'가 결합된 용례일 뿐이지, "여기다, 생각하다"의 의미로 쓰이는 '以爲'와는 아무 관련이 없다. 다시 말해서 'VP어 뻐' 유형에 해당하는 것이다.
　ㄱ. 샹녜 키며 <u>주어</u> <u>뻐</u> 치기를 ᄒ더니 (常採拾<u>以爲</u>養ᄒ더니)<小學6 : 18a>
　ㄴ. 질삼ᄒ며 뵈 <u>ᄧᅡ</u> <u>뻐</u> 집 살올 일 ᄒ고(紡績織紝ᄒ야 <u>以爲</u>家業ᄒ고)<小學6 : 51a>
　ㄷ. 이제 ᄌᆞᆷ 어더 모도<u>와</u> <u>뻐</u> 이 글을 ᄆᆡᇰᄀᆞ라(今頗蒐輯ᄒ야 <u>以爲</u>此書ᄒ야)<小學序2b>

구성이 형성된다. 이 유형은 직역 문헌에서 '以爲'의 번역으로 가장 빈번
히 출현하는 유형에 해당한다.

예문 (28ㄱ)은 '뻐 {S}-옴올 삼-'로 번역되어 있는데 용례가 그리 많지
않다. 한문의 '以 X 爲 Y'를 대부분 'NP로 뻐 NP(롤) 삼-'으로 번역한 것
을 감안할 때 예문 (28ㄱ)은 'X'가 생략된 것으로 파악하여 번역하였을 것
이다. 예문 (29)는 일견 '以爲'를 '뻐ㅎ-'라는 복합 동사를 이용하여 번역
한 것으로 보이지만 예문 (27ㄱ)의 '뻐 {S} ㅎ-'를 감안하면 '뻐 ㅎ-'가
한 단어가 아님을 알 수 있다. 출현이 빈번한 '뻐 {S} ㅎ-'의 구성에 짝하
여 '*{S} 뻐 ㅎ-'의 용례가 전혀 나타나지 않는 점도 방증이 될 것이다.[72]

③ '以上'과 '뻐 우ㅎ' 유형

한문의 '以'는 方位詞(보통 일음절 단어 '上, 下, 前, 後, 來, 往' 등) 앞에 붙
어 새로운 複合方位詞가 형성되어 "시간, 공간, 방향, 수량의 한계[73]"(성광
수 1990 : 333)를 나타낸다. 이러한 복합 방위사는 직역할 때 구성 요소인
'以'를 살리기 위해 특수한 표현이 형성된다.

(30) ㄱ. 君子ㅣ 그 아둘이 나히 열다숫스로 <u>뻐 우ㅎ</u> 能히 孝經과 論語롤
通ㅎ야…(君子ㅣ 俟其子年十五<u>以上</u>이 能通孝經論語ㅎ야…)<小學
5 : 43b>

ㄱ'. 어딘 사ᄅᆞ미 그 아ᄃᆞ리 나히 열다숫 나마 능히 효경과 논어롤 ᄉ
뭇 아라<飜小7 : 10a>

---

72) '以爲'에 대응하는 '뻐 ~ㅎ-', '所以'에 대응하는 '뻐 ~(-은) 바' 등은 마치 불연속 구성
처럼 보이기도 한다. 이는 '所謂'를 번역한 '닐온 바'와 대조적이라 할 수 있다. '닐온
바'는 항상 한 덩어리처럼 나타나는 데 비해 '뻐'와 'ㅎ-', '뻐'와 '바' 사이에 다른 성분
이 끼어들 수 있어 차이가 난다.
73) 여기의 '한계'보다는 '범위'의 용어가 좀 더 적합하지 않을까 한다. 何樂士(1985 : 693),
王海棻(1996 : 415) 등에서는 '以來', '以往' 등은 "시간"을 나타내고 '以上', '以下' 등은
"범위"를 나타낸다고 한다. '以來', '以往', 그리고 '以前', '以後' 등은 실은 "시간의 범
위"를 나타내는 것이므로 '한계'보다 '범위'의 용어가 좀 더 적합하다고 본다.

ㄴ. 오직 쉰으로 <u>뻐 우희</u> 血氣 이믜 衰ᄒᆞ야 반ᄃᆞ시 술고기롤 ᄌᆞ뢰ᄒᆞ
야 부디 ᄒᆞ야 칠이는 반ᄃᆞ시 그리 아니홀디니라(唯五十<u>以上</u>애 血
氣旣衰ᄒᆞ야 必資酒肉扶養者 則不必然耳니라)<小學5:51b>

ㄴ'. 오직 쉰 <u>後에</u> 긔우니 사오나와 모로매 술 고기롤 머게ᅀᅡ 살리는
구틔여 그리 마라도 ᄒᆞ리라(唯五十<u>以上</u>애 血氣旣衰ᄒᆞ야 必資酒肉
扶養者 則不必然耳니라)<飜小7:18b>

ㄷ. 史記는 每日에 모롬이 ᄒᆞᆫ 권이어나 或 반 권<u>으로 뻐 우흘</u> 닑에ᅀᅡ
비로소 공효를 볼 거시니(史書는 每日에 須讀取一卷或半卷以上이
라ᅀᅡ 始見功이니) <小學5:113b>

ㄷ'. 史記는 미실에 ᄒᆞᆫ 권이며 반권 <u>이샹</u>을 닐거ᅀᅡ 비로소 공효를 볼
거시니(史書는 每日에 須讀取一卷ᄒᆞ며 或半卷<u>以上</u>ᄒᆞ야ᅀᅡ 始見功
이니)<飜小8:35a>

한문의 '以上'은 예문 (30ㄱ')에서 고유어 '나마'로, (30ㄴ')에서 '후에'로,
(30ㄷ')은 한자어 '이샹'으로 번역되어 있지만 직역된 경우 모두 '(로) 뻐
우ᄒᆞ'으로 번역되어 있다. 특히 '뻐' 앞에 '로'가 선행하는 것이 주목할 만
하다. 여기서의 '로'는 '以~로'의 호응관계에서 비롯된 것이었을 가능성
이 높다.74)

'以上' 외에 '以下, 以往, 以來' 등 관련 용례도 발견된다.

---

74) 그러나 아래의 예문에서 보는 것처럼 '로'와 '뻐' 사이에 또 '브터'가 삽입된 용례가 발
견된다. 특히 아래의 용례에서 모두 '自'가 개재되어 있으므로 언해문의 '로'는 '以'와
관련된 것이 아니고 '自'와 관련될 가능성이 더 높은 것으로 보인다.

ㄱ. 내 벼슬 딕킈욤<u>으로 브터 뻐</u> 옴으로 샹녜 네 ᄌᆞ롤 자받노니(某ㅣ 自守官以來로 常持
四字ᄒᆞ노니)<小學6:48b>

ㄱ'. 내 벼슬ᄒᆞ욤 <u>브터</u> 오모로 미양 네 ᄌᆞ롤 가져 잇노니(某ㅣ 自守官以來로 常持四字ᄒᆞ노
니)<飜小9:52a>

ㄴ. 일로 <u>븓터 뻐</u> 가모로(自玆以往오로) <小學5:70a>

ㄴ'. 일로 <u>브터</u>(自玆以往오로)<飜小7:38a>

이상의 용례는 모두 "시간"을 나타낸 것은 "범위"를 나타낸 예문 (29)의 경우와 다르다.
"범위"일 경우에 '로'는 '以'와 관련되는 가능성이 크고 "시간"일 경우에 '自'와 개재되
는 경우가 대부분인데 '로'는 '以'와 관련될 가능성이 적은 것으로 추측된다.

(31) ㄱ. 일로 조차 **뻐 아래** 다 이 굳톤디라(順是<u>以下</u>ㅣ 皆如是라)<小學
　　　4:53b>

　　ㄴ. 庶士로 븓터 **뻐 아래** 다 그 남진을 닙피느니(自庶士以下ㅣ 皆衣其
　　　夫ᄒᆞ느니)<小學4:46a>

　　ㄴ'. 져믄 사롬으로 아래는 그 집의 도라가몰 기들워 쪼 그 집의 가
　　　보라(少者以下 俟其旣歸 又至其家省之)<여씨화산26a>

　　ㄷ. 일로 디나 **뻐 감오로** 온갓 힝실이 다 그러ᄒᆞ니(歷玆<u>以往</u>오로 百
　　　行이 皆然ᄒᆞ니)<小學5:108a>

　　ㄷ'. 일로 디나 가모로 일빅 가짓 힝뎍이 다 그러ᄒᆞ니(歷玆<u>以往</u>으로
　　　百行이 皆然ᄒᆞ니)<飜小8:29b>

　　ㄹ. 隋와 唐<u>으로</u> **뻐** 옴애(隋唐<u>以來</u>예)<小學6:8b>

　　ㄹ'. 수나라 당나라<u>브터</u> 오모로(隋唐<u>以來</u>로)<飜小9:9a>

　　ㄹ". 우리 녜로 오매 眞實ㅅ 佛子ㅣ로디(我等이 <u>昔來</u>예 眞是佛子ㅣ로
　　　디)<法華2:231b>

(32) ㄱ. 苦樂을 둘히 업게 호믄 四禪**오롯 아래** 닛논 業 업수믈 兼ᄒᆞ야 ᄀᆞ
　　　ᄅ치시니(苦樂올　雙亡온　兼指四禪<u>已下</u>애　無續業也ㅣ시니)<楞嚴
　　　9:19a>

　　ㄴ. 行**오롯 아래** 다 滅티 아니ᄒᆞ리 업스리니(則自行<u>已下</u>ㅣ 莫不皆滅
　　　ᄒᆞ리니)<法華3:139a>

　　ㄷ. 이 衆生둘히 世世로 오매 샹녜 내 化롤 受ᄒᆞ며(是諸衆生이 世世<u>已</u>
　　　<u>來</u>예 常受我化ᄒᆞ며)<法華5:93a>

　　ㄹ. 오란 劫**으로 오매**(曠劫已來)<永嘉上50a>

　　ㅁ. 일로 <u>브터</u> 오매 幽冥이 믄득 ᄀᆞ리니(<u>自爾已來</u>예 幽冥이 遼隔ᄒᆞ
　　　니)<永嘉序13b>

예문 (31ㄱ), (31ㄴ)은 '以下'의 용례인데 (31ㄴ')의 용례에 비추어 보면
'뻐'는 '以下'의 '以'를 번역한 것으로 이해될 수 있다. (31ㄱ), (31ㄴ)에서
'NP' 뒤에 '로'가 붙은 것은 '조차'[順], '븓터'[自] 등이 있기 때문인 것으
로 해석될 수 있는 데 반해 (31ㄴ')의 경우는 'NP로'가 '以'와 관련되었는
지 단언하기 어렵다.

(31ㄷ), (31ㄷ')은 '以往'에 관한 용례인데 (31ㄷ')에서는 '以'에 대응되는 요소가 나타나지 않지만 (31ㄷ)에서는 '뻐'로 나타났다. (31ㄹ)은 '以來'의 용례인데 '以'와 '來'의 의미를 나타내지 않는 경우도 있으나[75] 직역일 경우 '來'만을 '오-'로 언해되거나 '以'도 함께 '뻐 오+-ㅁ+애'로 언해된 것이 보통이다. (31ㄹ)은 '뻐'의 선행 체언이 '로'를 취하고 있지만 (31ㄹ')에서는 '로'가 아니고 '브터'가 오는 것이 특이하다. (31ㄹ")에서는 '以'가 개재되지 않더라도 'NP' 뒤에 '로'가 붙어 쓰인 것은 '로'가 '以'와 관련된 것은 아님을 시사해 준다.

예문 (32)는 '以'에 관한 용례들이 아니나 한문에서 '已'는 '以'와 통용되는 글자인 점으로 보면 양자가 일정한 관련이 있는 것으로 나타난다. (32ㄱ), (32ㄴ)은 '已下'의 용례들인데 역시 '已'를 무시하여 번역한 것이다. 'NP'에 후행하는 조사가 '로'가 아닌 '롯'이 된 점이 특이하다.[76] (32ㄷ)~(32ㄹ)은 '已來'의 용례들인데 그 양상은 '以來'와 비슷하다.

④ '是以'와 '일로 뻐'

'是以'는 한문의 대명사 '是'와 개사 '以'가 결합되어 형성된 것이다. '是'와 '以'는 자주 결합되어 쓰이기 때문에 한 단어의 성격을 가지게 된다. 이 단어가 한문에서 접속사의 기능을 하듯이 언해문에서도 이에 대응하는 표현이 접속사로서 기능을 한다. 이 경우의 '是以'는 '개사+대명사'의 '以是'와 의역 문헌의 언해문에서 대응하는 표현이 다르다. '是以'는 보통 접속부사 '이런드로'로 번역되지만 '以是'는 '일로'의 명사구로 번역된다. 그러나 직역 문헌에서는 구성 요소인 '以'를 살리기 위해 '일로 뻐'의

---

75) 다음 예문에서 보는 것처럼 한문의 '以來'는 '-ㄴ 디'로 번역되었다.
ㄱ. 阿彌陀佛이 成佛ㅎ거신 디 이제 열 劫이시니라(阿彌陀佛이 成佛<u>以來</u> 於今十劫이시니라)<阿彌13b>
76) '롯'에 대해서는 안병희(1967 : 185)에서는 '으로부터'의 의미를 나타내는 것이고, 이숭녕(1961 : 198)에서는 '에셔'와 같아서 비교격의 기능을 한다고 지적한 바 있다.

표현이 사용된다. 다음 예문을 살펴보도록 하자.

(33) ㄱ. <u>이럴시</u> 小學烈女女教明鑑이 至極 절당호며 쏘 明白호디(<u>是以로</u>
　　　 小學烈女女教明鑑이 至切且明호디)<內訓序 8a>

　　ㄴ. <u>이럴시</u> 賢女ㅣ 입 삼가오면 붓그러움과 할아몰 브릃가 저호미니
　　　 (<u>是以</u>로 賢女ㅣ 謹口는 恐招恥謗이니)<內訓1 : 2a>

　　ㄷ. 이제 어마넚 히미 能히 알프게 몯ㅎ실시 <u>이런두로</u> 우노이다(今에
　　　 母之力이 不能使痛일씨 <u>是以로</u> 泣ㅎ노이다)<內訓1 : 54a>

　　ㄷ'. 이제 엄의 힘이 能히 ㅎ여곰 알프게 몯ㅎ시는디라 <u>일로 뻐</u> 우농
　　　 이다<小學4 : 19b>

　　ㄹ. <u>이런도로</u> ᄀᆞᄅ쳐 어딜에 두외는 풍쇽이 밝디 몯ㅎ고 사ᄅᆞ미 즐어
　　　 주그리 만ㅎ니라(<u>是以로</u> 教化ㅣ 不明而民多夭ㅎ느니라)<飜小7 :
　　　 30b>

　　ㄹ'. <u>일로 뻐</u> ᄀᆞᄅ쳐 化ㅎ게 ㅎ는 일이 붉디 몯ㅎ고 빅셩이 단명ㅎ리
　　　 ㅎ느니라<小學5 : 63a>

(34) ㄱ. 이런두로 <u>일로</u> 稱讚ㅎᄉ오니라(故로 <u>以是로</u> 稱讚也ㅎᄉ오니라)
　　　 <楞嚴3 : 111b>

　　ㄴ. 十方諸佛이 <u>일로</u> 道롤 일우시며 <u>일로</u> 衆生올 利케 ㅎ시ᄂᆞ니라(十
　　　 方諸佛이 <u>以是成道</u>ㅎ시며 <u>以是利生</u>ㅎ시ᄂᆞ니라)<楞嚴8 : 32b>

　　ㄷ. <u>일로</u> 億萬 한 부텨를 시러 맛나ᄉ오디(<u>以是로</u> 得植億萬多佛ㅎᄉ
　　　 오디)<法華3 : 153a>

예문 (33)은 '是以'를 접속사로 파악하여 번역한 용례들이다. 같은 한문
원문인데 예문 (33ㄷ'), (33ㄹ')에서 보는 바와 같이 『소학언해』에서는 '일
로 뻐'로 나타나 (33ㄷ), (33ㄹ)의 '이런두로', '이런도로'와 대조적인 번역
을 보여 준다. 16세기의 직역 문헌에서는 '是以'의 번역이 '일로 뻐'로 일
반화되었다. 이는 '是以'가 한 단어로 굳어졌음에도 불구하고 축자역의 원
칙에 따라 다시 '是以'를 '개사 # 명사'의 구조로 파악하여 '일로 뻐'로
번역한 결과라 할 수 있을 것이다. 이것은 '以' 뒤에 다른 명사가 붙어 형

성된 '以NP'의 번역과 같은 방식이기 때문이다. 이 점을 감안하면 여기서
의 '뻐'도 첨가형 중 'NP로 뻐' 유형과 같은 유형으로 취급할 수 있을 것
이다.

그러나 의역 문헌에서 '뻐'가 없는 '일로' 대신 '이럴시, 이런드로'와 같
은 접속사에 의해 한결같이 번역된 것은 단순히 '일로 뻐'를 'NP로 뻐'
유형으로 귀속시킬 수 없게 한다. 이는 '是以'가 하나의 단어로 굳어졌다
는 사실을 시사해 준다. 만약 '是以'가 하나의 단어가 아니고 '是 # 以',
또는 '以 # 是'의 介賓構造로 파악된다면 의역 문헌에서는 '이럴시(씨), 이
런드로'가 아닌 '일로'로 나타났을 것이었다. 물론 의역 문헌에서 '일로'
의 용례가 많이 나타나기는 하지만 그것은 어디까지나 예문 (34)에서 보
듯이 '以是'(혹은 '以此')에 대응하는 경우가 대부분이기 때문이다.77) 특히
예문 (34)의 '以是'는 의미상으로도 '是以'와 달리 "원인"을 나타내지 않고
"수단, 방법"의 의미를 나타낸다.

3.3. 전이어 '뻐'의 기능

전이어 '뻐'의 기능에 대해서는 안병희(1973)에서 일찍 "전후의 문맥을
분명히 하여 주"는 기능으로 언급된 바 있다. 그러나 안병희(1973)에서는
'VP-어 뻐 VP'의 경우만 언급하였는데 앞서 살펴본 '뻐'의 출현 양상을
통해서 이러한 문맥 관계를 명시하는 기능은 다른 경우에도 나타난다. 한
문의 '以' 뒤에 대명사 '之'가 오거나 NP가 노출되지 않을 때 단독으로 출

---

77) 직역 문헌의 '以是'도 '일로 뻐'로 번역된 경우를 볼 수 있는데 물론 이 경우는 'NP로
뻐'의 유형에 귀속시켜야 할 것이다.

ㄱ. 일로 뻐 님금 벼슬을 받ᄌ오면(以是로 承君之官이면)<小學4 : 46b>

ㄴ. 일로 뻐 重훈 죄를 닙으니(以此被重譴ᄒ니)<小學5 : 61a>

현된 '뼈'는 어느 정도 생략된 NP를 같이 나타내는 것이다. 남풍현(1972 : 16)에서 지적하였듯이 이것은 결과적으로 '뼈'에 지시적 기능까지 부여한 셈이다. 그리고 한문의 숙어를 기계적으로 축자역한 치환형의 '뼈'는 대부분 잉여적 요소로 파악될 수 있으나 어떤 경우에 적극적인 기능을 수행한 경우도 있다. 지시적 기능을 포함해서 '뼈'의 이러한 기능을 문맥 의미의 보완 기능이라 부르기로 한다. 아래에서 두 가지의 측면에서 전이어 '뼈' 의 기능을 살펴볼 것이다.

① 문맥 관계의 명시 기능

3.2.1.에서 보는 바와 같이 한문의 '以'가 나타내는 문법적 의미는 한국어에서 조사 '로'와 연결어미 '-어'나 '-ㄴ디라' 등에 의해 담당된다. 직역 문헌에서는 한문의 '以'를 자립 형태로 파악하여 원래의 문법 형태에 또 '뼈'를 첨가함으로써 중복적 표현이 된다. 이 경우의 '뼈'가 문장 의미의 변별에 직접적인 작용을 하지 못하는 것은 더 말할 나위가 없는 것이지만 "感動的 意味를 表現하여 文脈을 強調할 수 있"(남풍현1971ㄴ : 58)는 기능을 한다. 이 문맥을 강조하는 기능은 안병희(1973)에서 언급된 "전후 문맥을 분명히 하여 주"는 기능과 일맥상통한 것으로 이해된다. 본 연구에서는 이 기능을 문맥 관계의 명시 기능으로 부르고자 한다.

② 문맥 의미의 보완 기능

한문에서 '以'와 관련된 대상이 앞에 한번 출현될 때 '以' 뒤에서 생략될 수도 있다. 대명사 '之'가 나타나는 경우도 있기는 있지만 용례가 드물다고 한다(李佐豊 2004 : 204). '以' 뒤의 대상이 생략되면 언해할 때 생략된 대상을 살려서 '일로 (뼈)' 정도로 언해하거나 '以'를 전혀 무시한 번역이 자연스럽다. 다음 예문을 살펴보도록 하자.

(35) ㄱ. 能히 世間 智慧 辯聰ᄋ로 議論ᄒ야 <u>일로</u> 終日 ᄒ며(而能世智辯聰
　　ᄋ로 談論ᄒ야 <u>以之</u>終日ᄒ며)<永嘉下73a>

ㄴ. <u>일로</u> 뻐 모매 가지고 미러뻐 ᄂ미게 미츠면 그 福과 德괘 實로
　　量호미 어려우리니(<u>以之</u>處己ᄒ고 推以及人ᄒ면 其爲福德이 實爲
　　難量이리니)<金三2 : 20a>

ㄷ. 말ᄊ미 순ᄒ 후에ᅀ 禮례와 義의왜 ᄀᄌ리라 <u>일로</u> 뻐 님금과 臣
　　신下하롤 졍케 ᄒ며 아비와 아ᄃ롤 친케 ᄒ며 얼운과 아히롤 화
　　케 호미며(辭令順而後에ᅀ 禮義備ᄒᄂ니 <u>以</u>正君臣ᄒ며 親父子ᄒ
　　며 和長幼ㅣ니)<飜小4 : 9b>

ㄷ'. 말ᄉᆷ이 順ᄒ 후에 禮와 義ㅣ ᄀᄂ니 뻐 님금과 신하롤 正케 ᄒ며
　　아비와 아ᄃᆯ을 親케 ᄒ며 얼운과 아히롤 和케 ᄒᄂ니(辭令順而後에
　　禮義備ᄒᄂ니 <u>以</u>正君臣ᄒ며 親父子ᄒ며 和長幼ㅣ니)<小學3 : 9a>

예문 (35ㄱ)은 한문의 '以' 뒤에 '之'가 오는 용례인데 언해문에서 '之'
를 살려서 '일로'로 언해되었다. 예문 (35ㄴ)은 '之'를 살려 '일로'로 언해
되었을 뿐 아니라 '以'에 대응되는 '뻐'도 언해되었다. 예문 (35ㄷ)은 한문
문맥을 보면 '以' 뒤에 '禮義'가 생략되었는데 언해문에서 이것을 살려
'일로'로 번역되었다. 이에 비해 (35ㄷ')에서는 '뻐'만으로 언해되고 한문
원문에서 생략된 '禮義'의 의미는 겉으로는 드러나지 않는다. 이런 경우
'뻐'는 '일로 뻐'의 의미를 나타내는 셈인데 그 결과 일정한 지시적 기능
을 가진 것으로 보인다.

'뻐'의 문맥 의미의 보완 기능은 다음의 경우에서도 확인될 수 있다.

(36) ㄱ. 분로ᄒ며 원망홈이 수이 나 ᄇᄅᆷ의 믈껼이 즉시예 니러나ᄂ디라
　　뻐 君子의 ᄆᆞᆷ이 汪汪ᄒ야 맑음이 믈 ᄀᆮᄐ 배니라(忿怨이 容易
　　生ᄒ야 風波ㅣ 當時起라 <u>所以</u>君子心이 汪汪淡如水ㅣ니라)<小學
　　5 : 23a>

ㄱ'. 분로ᄒ며 원망호미 수이 나 ᄇᄅᆷ앳 믓겨리 ᄀᆮᄐ야 즉시예 니러
　　나ᄂ니 이런ᄃ로 어딘 사ᄅᄆᆡ ᄆᆞᅀᆞᆷ 깁고 너버 몰ᄀᆫ 믈 ᄀᆮᄐ니

라<飜小6 : 25a>

ㄴ. 뻐 馬援의 글월이 殷勤히 모든 즈데롤 경계혼 배니라(所以馬援書
ㅣ 慇懃戒諸子ㅣ니라)<小學5 : 24a>

ㄴ'. 이런드로 마원이 그리 브즈러니 모든 즈데롤 경계ᄒ니라(所以馬
援書ㅣ 慇懃戒諸子ᄒ니라)<飜小6 : 25b>

ㄷ. 위완는 이 널로 뻐 완롱ᄒ야 희이침 삼는 주를 아디 몯ᄒ느니라
뻐 녯사롬의 믜여ᄒ는 배 蘧篨와 다믓 戚施니라(不知承奉者ㅣ 以
爾爲玩戲니라 所以古人疾이 蘧篨與戚施니라)<小學5 : 23b>

ㄷ'. 위와돌 사른미 너롤 희롱ᄒ는 줄 아디 몯ᄒ놋다 이런드로 녯 사
른미 굽디 몯ᄒ는 병과 울어디 몯ᄒ는 병을 믜여ᄒ느니라(不知承
奉者ㅣ 以爾爲玩戲니라 所以古人疾이 蘧篨與戚施ᄒ느니라)<飜小
6 : 24b>

예문 (36)은 한문의 문맥을 보면 '所以'가 접속사로 쓰이는 용례들인데
의역인 『번역소학』의 언해문에서 접속부사 '이런드로'로 언해된 것을 통
해서도 이 점을 알 수 있다. 그러나 직역일 경우 '所以'를 '뻐~(-은) 바'로
언해하고 있는데 '뻐'가 없이 '바'만에 의하면 접속부사 '이런드로'의 의
미를 나타내기에 부족할 듯하다. '뻐 ~(-은) 바'도 '이런드로'의 의미와
일정한 거리가 있는 것은 물론이지만 '뻐'의 개재가 '이런드로'의 의미를
나타내는 데 보조적 역할을 한다 할 수 있다.

3.4. 소결

본 장에서 전이어 '뻐'를 대상으로 그 출현 양상과 기능을 살펴보았다.
논의된 내용을 간략히 요약하면 아래와 같다.

① 전이어로서의 '뻐'는 의역과 직역의 대비를 통해서 쉽게 추출될 수
있다. 같은 '뻐'인데 한문의 '以'를 동사로 파악하여 번역한 '뻐'와 한문의

'用'에 대응되는 '뻐'는 동사의 활용형으로 판단하여 전이어의 범위에서 제외하였다.

　② 전이어 '뻐'의 출현 양상은 크게 첨가형과 치환형 두 가지 유형으로 나누어 살펴보았다. 첨가형의 경우는 'NP로 뻐', 'VP-어 뻐 VP'의 유형이 가장 빈번하게 출현하였다. 그 외에 연결 어미 '-니', '-ㄴ디라'가 개재된 "원인" 구절에 쓰이는 기타 유형도 관찰되었다.

　③ 치환형의 경우는 한문의 숙어 '所以', '以爲', '以上', '是以' 등을 예로 살펴보았다. '所以'는 불경 언해와 의역인 경서 언해에서는 보통 명사 화소와 접속부사 '이런두로'로 언해되었지만 직역 경서 문헌에서는 '뻐~-(은) 바'의 형식으로 통일되었다. '以爲'는 보통 '{S}-다 ᄒ-'의 인용구문을 이용하여 "생각하다"의 의미를 나타내는데 직역일 경우 '뻐 ~ 삼-', '뻐 {S}-다 ᄒ-' 등으로 언해되었다. '以上'은 '뻐 우ᄒ'으로, '是以'는 '일로 뻐'로 축자적으로 언해되었다.

　④ 전이어 '뻐'는 문맥 관계를 명시하는 기능을 하기도 하고 문맥 의미를 보완하는 기능을 하기도 한다. 첨가형의 '뻐'는 문장에 나타나는 문법 형태와 중복되어 전후 문맥의 관계를 더 분명히 밝혀 준다. '以' 뒤에 대상이 생략될 경우 언해된 '뻐'는 어느 정도 대상을 지시함으로써 문맥 의미를 보완하는 기능을 한다. 그리고 접속사 '所以'에 대응되는 '뻐 ~(-은) 바'에서 의존 명사 '바'만으로 '이런두로'의 의미를 나타내기에 부족하므로 '뻐'가 적극적으로 의미 보완의 기능을 하는 것으로 이해된다.

4. 전이어 '다뭇/더브러/드려'[與]의 출현 양상과 기능

4.1. 전이어 '다뭇/더브러/드려'의 확인

한문의 '與'는 동사와 개사, 접속사 등 여러 가지의 용법으로 쓰인다. 동사로 쓰일 경우 "주다, 참여하다" 등의 뜻을 나타내는데[78] 이는 전이어와 직접적인 관계가 없으므로 제외하고 여기서는 개사와 접속사로 사용되는 '與'만 검토의 대상으로 삼는다. 접속사로서의 '與'의 기능은 한국어에서 접속 조사 '와/과'가 담당한다. 개사인 '與'는 여러 가지 의미를 나타내는데 그 중에 "동반(同伴)", "교호(交互)", "비교(比較)" 등 의미는 한국어에서 공동격 조사 '와/과'가 담당한다. 그러나 직역 문헌에서는 '와/과' 외에 전이어가 첨가되거나 다른 조사와 함께 전이어가 쓰인 표현으로 나타나기도 한다. 이는 직역과 의역을 대조해 보면 쉽게 알 수 있다.

    (1) ㄱ. 날마다 行ᄒᆞᄂᆞᆫ 바와 다뭇 믈읫 니ᄅᆞᄂᆞᆫ 바(日之所行과 與凡所言)
          <小學6 : 123b>

      ㄱ'. 날마다 ᄒᆞᄂᆞᆫ 일와 믈읫 니ᄅᆞᄂᆞᆫ 말와를(日之所行과 與凡所言)<飜小
        10 : 25b>

      ㄴ. 冕ᄒᆞ니와 다뭇 눈 머니를 보시고 비록 스스로온 ᄯᅢ나 반ᄃᆞ시 ᄡᅥ
        네모ᄒᆞ시며(見冕者와 與瞽者ᄒᆞ시고 雖褻이나 必以貌ᄒᆞ시며)<小學
        3 : 15b>

---

78) 다음 '與'는 동사 '주다', '참여하다'로 쓰이는 용례들이다.
    ㄱ. 주디 아니커든 가죠물 닐오디 盜ㅣ니(不與커든 而取룰 日盜ㅣ오)<楞嚴4 : 30b>
    ㄴ. 네 사ᄅᆞ미 나룰 千里馬 주리 잇거눌(昔애 人이 有與吾千里馬者ㅣ어늘)<小學6 :
    101b>
    ㄷ. 엇뎨 이에 參預ᄒᆞ시리오(何以與此ᄒᆞ시리오)<法華6 : 149b>

ㄴ'. 벼슬 노폰 관더ᄒ니와 눈 머니롤 보시고 비록 아롬도이 겨신 짜
　　히라도 례도ᄒ시며(見冕者와 與瞽者ᄒ시고 雖褻이나 必以貌ᄒ시
　　며)<飜小4 : 17b>

(1ㄱ')과 (1ㄴ')과 같이 의역에서 접속의 관계를 나타나는 데 한국어의
'와'만으로도 충분한 것으로 보이는데, (1ㄱ)과 (1ㄴ)과 같은 직역에서는
'와' 뒤에 '다못'을 첨가하고 있다. 이 경우의 '다못'은 의역에 나타나지
않고 직역에 주로 나타난 점을 감안하면 전이어의 성격을 갖는 것임을 쉽
게 판단할 수 있다. 그러나 다음 (2), (3)의 '다못'은 (1)과 같은 형태이기는
하나, (1)의 경우처럼 쉽게 판단하기 어렵다.[79]

(2) ㄱ. ᄀ마니 그듸와 다못 ᄒ야 ᄒ더 노로라(潛與子同遊)<杜詩22 : 36b>
　　ㄱ'. 됴히 그려기와 다못 ᄒ ᄢᅴ 오리로다(好與鴈同來)<杜詩8 : 40a>
　　ㄴ. 눌와 다못 ᄒ야 녯 이룰 議論ᄒ리오(共誰論昔事)<杜詩20 : 8a>
　　ㄴ'. ᄀ룺 ᄀᆞᆯ 나못 소개 눌와 다못 오려뇨(江頭樹里共誰來)<杜詩23 :
　　　　26a>
(3) ㄱ. 술 醉ᄒ야 ᄌᆞ올 저긔 ᄀᆞ술히 ᄒ 니브를 다못 ᄒ고(醉眠秋共被)<杜
　　　詩9 : 11a>
　　ㄴ. 어느 숤잔올 다못 홀 고돌 알리오(何知共酒盃)<杜詩15 : 47b>
　　ㄷ. 사ᅌ래 ᄒ번 돗글 다못 ᄒ라 (三日一共筵)<杜詩22 : 53b>
　　ㄹ. 瀟洒히 便安히 坐禪호몰 다못 ᄒ리오(瀟灑共安禪)<杜詩9 : 34a>

(2), (3)은 『두시언해』에만 나타난 용례들인데 '다못' 뒤에 또 'ᄒ야'나
'ᄒ-'의 다른 활용 형태가 후행하는 점이 용례 (1)과 차이가 난다. (2ㄱ, 2
ㄴ)의 '다못'은 '와'에 후행하고 있는데 그 뒤에 또 'ᄒ야'가 후행하고 있
다. 한문 원문이 같은 '與NP同VP'의 문장 구조임에도 불구하고 예문 (2

---

79) 다음 예문에서 '다못'과 'ᄒ야'를 띄어쓰기하는 것은 둘이 하나의 단위로 다루어야 되는지
　별개의 단위로 다루어야 되는지 분명하지 않으므로 부득이 취한 방법에 지나지 않는다.

ㄱ)은 '다못' 뒤에 'ᄒ야'가 있고 (2ㄱ')은 'ᄒ야'가 나타나지 않았다. 또 예
문 (2ㄴ)과 (2ㄴ')은 역시 한문 원문의 문장 구조가 비슷한데도('共NP #
VP'의 구조) 불구하고 (2ㄴ)에서는 'ᄒ야'가 나타났는데 (2ㄴ')에는 'ᄒ야'가
나타나지 않았다. 이렇게 볼 때 '다못' 뒤의 'ᄒ야'는 수의적으로 나타난
것으로 볼 수 있다. (3)은 한문의 '與'에 관련된 것이 아니지만 '다못'에 후
행하는 'ᄒ-'가 다양한 활용형을 취하고 있으며 '다못'에 선행하는 명사
구는 목적격을 취하는 점이 주목된다. (3)의 '다못'은 한문에서 '共'이 나
타내는 기능으로 보면 모두 "함께(하다)"라는 의미를 분명히 가지고 있으
므로 전이어라고 말하기가 어렵다.[80] 한문에서 '共' 뒤에 명사구만 올 때
'共'은 일정한 동사적 성격을 띠기 때문이다. 따라서 (3)의 '共'에 대응되
는 '다못'과 'ᄒ-'를 한 동사로 파악하여도 무방할 것이다.[81]

    (2)의 '다못 ᄒ야'에 대해서는 남풍현(1972 : 17)에서 동사 '다못 ᄒ다'의

---

80) 이 경우는 '다못'과 'ᄒ-'를 한 단어로 다룰 수도 있고 '부사#동사'로 분석할 수도 있다.
    현대국어의 '함께하다'와 비슷한 양상을 보인다.
81) 한문에는 '與NP共X'의 구성이 있는 데 반해 '共NP與X'의 구성이 존재하지 않는다. '與
    NP共X'의 구성에서는 '共'은 동사로서 "공유하다, 공동으로 가지다"나 "함께 하다"의
    의미를 나타낼 수 있다. 그리고 다음 예문에서 보는 것처럼 '共' 뒤에 'ᄒ며, ᄒ면'의 구
    결을 달아 놓은 것도 '共'이 동사적 성격을 띠고 있음을 말해 준다.
    ㄱ. 思與同志와 共코져 ᄒ야(ᄠᆮ 굳트니와 어우러 코져 ᄉ랑ᄒ야<楞嚴1 : 3b>
    ㄴ. 身肉骨血을 與衆生과 共ᄒ며(몸과 고기와 ᄲᅧ와 피와ᄅᆞᆯ 衆生과 어우러 ᄒ며)<楞嚴6 :
       107a>
    ㄷ. 身肉骨血을 與衆生과로 共ᄒ면(몸과 고기와 ᄲᅧ와 피와ᄅᆞᆯ 衆生과 어우러 ᄒ면)<楞嚴
       6 : 107b>
    예문 (ㄱ)은 문맥상 "함께 하다"를 나타내는 것이고 예문 (ㄴ), (ㄷ)은 "공유하다"를 뜻하
    는 경우이다. 실은 예문 (3)의 '共'도 문맥상 "공유하다", "함께 하다"를 나타낸다. '어우
    러 ᄒ다'가 아닌 '다못 ᄒ다'가 나타난 것은 '與'와 '共'이 비슷한 용법과 의미를 나타내
    는 것에서 비롯된 것이 아닌가 한다. 다음 예문의 '共'은 '與'와 같은 용법과 의미를 나
    타내는 용례라 할 수 있다.
    ㄹ. 我等二人도 亦共汝作호리라 ᄒ라(우리 두 사ᄅᆞᆷ도 ᄯᅩ 너와 ᄒᆞᆫ더 지ᅀᅩ리라 ᄒ라)<法華
       2 : 205b>
    ㅁ. 釋迦牟尼佛이 共多寶如來와 在寶塔中ᄒ샤(석가모니불이 다보여래와 보탑중에 겨샤)
       <法華6 : 103b>

활용형으로 파악하고 있으며 '與'에 대응하는 한, '다믓ᄒ야'가 주가 되고
다른 활용형은 발견되지 않는다고 언급하고 있다. '다믓ᄒ야'를 동사의 활
용형으로 본다면 '다믓ᄒ다'가 동사임을 전제로 하여야 성립된다. (3)을
감안하면 '다믓ᄒ다'를 하나의 (타)동사로 다루는 것이 아무런 문제가 없
어 보인다. 그러나 '與'에 대응될 경우 '다믓ᄒ야'만 나타날 수 있다 하더
라도 '다믓ᄒ야'가 동사의 활용형으로서 취하는 논항으로 왜 'NP롤'이 실
현되지 않고 항상 'NP와', 또 'NP로'가 실현되는지도 설명하기 어려운 문
제이다.

(2)는 '다믓'만 있는 경우에 비추어 볼 때 '다믓ᄒ야'를 한 덩어리로 파
악하되 전체를 전이어로 삼을 수 있을 듯하다. 이렇게 하면 전이어의 항
목 중에 '다믓ᄒ야'를 추가해야 될 것이다. 그러나 이렇게 볼 때 '다믓'과
'다믓ᄒ야'가 어떠한 관계가 있는지, 양자가 어떠한 차이가 있는지, 같은
문헌에서 양자를 교체적으로 사용하는 이유가 무엇인지 등 문제를 설명
할 부담이 생기게 될 것이다. (2)에서 보는 바와 같이 한문 원문의 구문이
유사한데도 불구하고 '다믓'과 '다믓ᄒ야'가 수의적으로 교체되는 것은 더
그렇다. 특히 『두시언해』에는 단 한 번밖에 나타나지 않지만 '오ᄂ 희옌
내 킈와 ᄒ야 다믓 길리로다(明年共我長)<杜詩8 : 50a>'의 용례에서 보는 것
처럼 'ᄒ야'가 '다믓'에 선행하고 있어 '다믓'과 'ᄒ야'가 한 덩어리가 아
님을 시사해 준다.

만약 '다믓'과 'ᄒ야'를 별개의 형태로 파악한다면 이 경우의 'ᄒ야'가
무엇인지가 문제가 된다. 이 문제는 우리로 하여금 중세 시기의 '와 ᄒ야'
구성을 상기하게 한다. 다음 용례는 그런 경우에 속한 것들이다.

(4) ㄱ. 내 부텨와 ᄒ야 母子 ᄃ욀 후로<釋詳 11 : 2b>
ㄴ. 王과 ᄒ야 舍衛國祇恒精舍애 가<釋詳 24 : 37b>
ㄷ. 겨집과 ᄒ야 친히 밍ᄀ라 제ᄒ더니(與其妻手自割烹)<續三 효26b>

ㄷ'. 계집<u>으로</u> <u>더브러</u> 친히 밍ㄱ라<u>與</u>其妻手自割烹)<續三 重 효26a>

ㄹ. 나<u>와</u> ᄒ 번<u>과</u> <u>ᄒ야</u> 몬져 가(我<u>和</u>一箇火伴先去)<飜老上66a>

이태영(2000 : 490)에 의하면 (4)의 '와 ᄒ야'는 '와 더브러'의 기능과 같은 공동격 기능을 하고 있다. '와 ᄒ야'의 구성에 비추어 볼 때 (2ㄱ, 2ㄴ)은 '와 ᄒ야' 구성 중간에 '다믓'을 첨가하여 형성된 것이었을 가능성이 있을 듯하다. 즉 여기의 'ᄒ야'는 '와 ᄒ야' 구성에서 이끌려 온 것으로 볼 수 있다는 것이다. 물론 '오ᄂ 히옌 내 긔<u>와</u> <u>ᄒ야</u> <u>다믓</u> 길리로다(明年共我長)<杜詩8 : 50a>'에서 보는 것처럼 '다믓'은 'ᄒ야' 뒤에 첨가할 수도 있다.82) 그러나 이러한 접근 방법은 또 '로 다믓 ᄒ야'를 설명하는 데 큰 문제에 부딪치게 될 것이다.

(5) ㄱ. 眞實로 世<u>로</u> <u>다믓</u> <u>ᄒ야</u> 어그릇도다(眞<u>與</u>世相違)<杜詩11 : 20b>

　　ㄴ. 믄드시 二子<u>로</u> <u>다믓</u> <u>ᄒ야</u> 세 사ᄅ미 ᄃ외얏도다(奄<u>與</u>二子成三人)
　　　　<杜詩16 : 16a>

　　ㄷ. 내 눌<u>로</u> <u>다믓</u> <u>ᄒ야</u> 노니려뇨(吾<u>與</u>誰遊衍)<杜詩24 : 35a>

(5)는 '다믓'에 선행하는 명사구는 조사 '와'가 아닌 '로'가 결합되어 있다. 이 경우의 '다믓'은 '로 ᄒ야' 중간에 첨가한 것이라 할 수 없다. 중세 국어에서 '로 ᄒ야'의 용례가 나타나지 않기 때문이다.

---

82) 그러나 '다믓 ᄒ야' 중의 'ᄒ야'는 '와 ᄒ야' 중의 'ᄒ야'와 동질적인 것인지 명확히 판단할 수 있는 근거를 아직 찾지 못하였다. 다음 예문은 그 중의 '다믓'을 빼면 '와 ᄒ야'의 구성으로 변하게 되어 문장의 의미가 변하지 않는다. 이렇게 보면 '다믓' 뒤에 온 'ᄒ야'는 '와 ᄒ야'의 'ᄒ야'와 동질적일 가능성이 있을 듯하다.
ㄱ. 너<u>와</u> <u>다믓</u> <u>ᄒ야</u> 山林에 사로몰 서르 일티 마락(<u>與</u>汝林居未相失)<杜詩8 : 33b>
ㄴ. 그 나도 네 물<u>와</u> <u>다믓</u> <u>ᄒ야</u> 다 누니 번호라(吾<u>與</u>汝曹俱眼明)<杜詩10 : 4a>
ㄷ. 그듸<u>와</u> <u>다믓</u> <u>ᄒ야</u> 기리 서르 ᄇ라리로다(<u>與</u>君永相望)<杜詩8 : 68b>
그러나 'NP로 다믓 ᄒ야'의 경우를 설명할 때 역시 많은 문제가 남아 있다. 'NP로 ᄒ야'의 용례가 확인되지 않기 때문이다.

앞서 논의하였듯이 '다못 ᄒᆞ야'에 대해서는 여러 가지 분석의 가능성이 존재하며 어떠한 분석으로 하더라도 문제가 있을 수 있다. 따라서 '다못' 과 'ᄒᆞ야'의 관계를 규명하지 못한 상태에서 본 연구는 일단 이러한 현상 을 지적하기만 하는 데 그치고, '다못'의 출현 유형에서 이런 것들을 제시 하지 않기로 한다. '다못'에 후행하는 'ᄒᆞ야'에 대한 깊이 있는 논의는 다 른 기회로 미루기로 한다.[83]

'與'에 대응되는 전이어는 이상의 '다못' 외에 또 '더브러', 'ᄃᆞ려'의 경 우도 확인할 수 있다. 다음 (6)~(8)은 '더브러', 'ᄃᆞ려'와 관련된 예문이다.

(6) ㄱ. 날와 더블어 일을 ᄒᆞᆫ가지로 ᄒᆞ얀 디 오란디라(與我共事ㅣ 久ㅣ
라)<小學6 : 20b>

ㄱ'. 날와 ᄒᆞᆫ디 일ᄒᆞ연 디 오라니(與我共事ㅣ 久ㅣ라)<飜小9 : 23a>

ㄴ. 스스로 치소로뻐 손과 더브러 ᄒᆞᆫ가지로 밥 먹은대(自以草蔬로 與
客同飯ᄒᆞᆫ대)<小學6 : 106a>

ㄴ'. 저는 치소로 손과 홈믜 밥 먹거늘(自以草蔬로 與客同飯ᄒᆞᆫ대)<飜小
10 : 6b>

(7) ㄱ. 茅容이 동류로 더브러 비를 나모 아래셔 避홀ᄉᆡ(茅容이 與等輩로
避雨樹下홀ᄉᆡ)<小學6 : 105b>

ㄱ'. 茅容이 동뉴엣 사ᄅᆞᆷ과 비롤 피ᄒᆞ야 나못 아래 드럿더니(茅容이 與
等輩로 避雨樹下홀ᄉᆡ)<飜小10 : 6a>

(8) ㄱ. 或이 曾西ᄃᆞ려 무러 ᄀᆞᆯ오디 吾子ㅣ 子路로 ᄃᆞ려 뉘 賢ᄒᆞᄂᆞ … 吾
子ㅣ 管仲으로 ᄃᆞ려 뉘 賢ᄒᆞᄂᆞ(或問乎魯西曰 吾子ㅣ 與子路로 孰
賢고 … 吾子ㅣ 與管仲執賢고)<孟子3 : 2a-b>

ㄱ'. 或이 曾西ᄃᆞ려 問ᄒᆞ야 ᄀᆞᆯ오디 吾子ㅣ 子路와 더브러 뉘 賢ᄒᆞᄂᆞ 吾
子ㅣ管仲과 더브러 뉘 賢ᄒᆞᄂᆞ(或이 問乎魯西曰 吾子ㅣ 與子路執賢
고 … 吾子ㅣ 與管仲執賢고)<孟栗2 : 2a-b>

---

83) 사실은 '다못 ᄒᆞ야' 전체를 전이어로 간주하는 접근 방법이 여러 가지의 용례를 설명할 때 가장 편하다. 그러나 이러한 접근 방식은 '다못 ᄒᆞ다'를 동사로 판단할 수 있는 근거 가 충분하지도 않고 명확하지도 않다는 점에서 문제가 있다.

ㄴ. 子ㅣ 子貢드려 닐어 골ㅇ샤디 네 回로 더브러 뉘 愈ᄒ뇨(子ㅣ 謂子
貢曰女與回也로 孰愈오)<論語1 : 43a>

(6ㄱ, 6ㄴ)은 직역 문헌에 나타나는 용례들인데 의역인 (6ㄱ', 6ㄴ')과 대
조해 보면 그 중의 '더블어', '더브러'는 첨가성을 지닌 전이어임을 알 수
있다. (7ㄱ)은 의역인 (7ㄱ')에 비추어 볼 때 (6ㄴ, 6ㄷ)처럼 '와 더브러' 구
성으로 될 수 있을 것이나 그렇지 않고 '로 더브러'로 되어 있다. 2장에서
언급하였듯이 이는 구결문의 영향으로 '와'를 취하지 않고 '로'를 취한 것
이다. 이 경우의 '더브러'도 전이어의 성격을 갖는 것이다. (8ㄱ)의 '드려'
는 같은 구문(NP1 與NP2 VP)을 지닌 (8ㄴ)의 '더브러'를 참고하면 '드려'
도 전이어를 다루어도 큰 무리가 없다. 중세 시기의 문헌에 '*와 드려'의
구성이 나타나지 않은 것은 고정화된 '與NP로'의 현결 방식과 'NP로 #
전이어'의 언해 방식 때문이다.

그러나 같은 '더브러', '드려'라 하더라도 다음 경우 '더브러', '드려'를
전이어로 간주하기 어렵다.

(9) ㄱ. (耶輸ㅣ) 羅喉羅 더브러 노폰 樓우희 오르시고(將羅喉登上高樓)<釋
詳6 : 2b>

ㄴ. 이제 내 너를 더브러 보논 中에 골히노니(今吾ㅣ 將汝ᄒ야 擇於見
中ᄒ노니)<楞嚴2 : 33b>

ㄷ. 子路ㅣ 골오디 子ㅣ 三軍을 行ᄒ시면 누를 더브러 ᄒ시리잇고(子
路ㅣ 曰 子ㅣ 行三軍則誰與ㅣ시리잇고)<論語2 : 18a>

ㄹ. 大愛道ㅣ 五百青衣 더브르시고 耶輸의 가아(將從 五百青衣)<釋詳
6 : 6b>

(10) ㄱ. 須達이 舍利弗 더브러 무로디<釋詳6 : 23a>

ㄴ. 부톄 羅刹女ᄃᆞᆯ 더브러 니르샤디<釋詳21 : 31b>

ㄷ. 나를 위ᄒ야 賈公 더브러 致謝ᄒ오디(爲吾謝賈公)<杜詩22 : 48b>

ㄹ. 太子ㅣ 高允 더브러 닐오디(太子ㅣ 謂充曰)<飜小9 : 44a>

[※ 이상 용례는 이태영(2000)에서 재인용]

(9)는 동사로 쓰이는 용례들이다. (9ㄱ, 9ㄴ)에서는 '더브러'에 대응되는 한문은 모두 동사 '將'인 점이 주목된다. (9ㄴ, 9ㄷ)에서는 '더브러'에 'NP룰'이 선행하므로 '더브러'가 'NP'를 지배하는 동사의 활용형임이 틀림없다. (9ㄷ)은 한문의 '與'에 대응되지만 '더브러'는 "(누구를) 데리고"의 의미를 나타내어 동사의 성격이 강하기 때문에 전이어라고 할 수 없다. (9ㄹ)에서 '더블-'에 존대의 선어말어미 '-시-'가 결합된 것을 보면 이 경우의 '더블-'은 동사의 성격이 분명하다. 예문 (10)은 여격의 기능으로 쓰이는 용례들이다. 물론 이 경우의 'VP'는 '묻[問]-, 니르[謂]-, 말ᄒ[說]-' 등 화법동사에 한한다. 이 구문에서는 '더브러'에 대응하는 한자가 거의 나타나지 않는 특징을 갖는다(이태영 2000 : 486). 이 책에서 이러한 경우에 나타나는 '더브러'를 전이어로 간주하지 않고 논의에서 제외하기로 한다.[84]

중세 시기의 'ᄃᆞ려'는 '더브러'와 비슷하여 동사로 쓰이기도 하고 여격의 기능으로 쓰이기도 한다. 여격 기능으로 쓰인 'ᄃᆞ려'는 '더브러'와 마찬가지로 서술동사가 '묻[問]-, 니르[謂]-, 말ᄒ[說]-' 등 동사에 한한다. 다음 (11)과 (12)는 그런 경우에 속한 예들이다.

(11) ㄱ. 慈母ㅣ 나룰 ᄃᆞ려 耆婆天을 뵈ᅀᆞ옳 제(慈母ㅣ 携我ᄒᆞ야 謁耆婆天홀제)<楞嚴2 : 8b>

ㄴ. 훈 商主ㅣ 여러 商人 ᄃᆞ려 重寶 가져(有一商主ㅣ 將諸商人ᄒᆞ야)

---

84) 여격 기능을 할 경우 '더브러'가 'NP로'에 후행하는 용례도 발견된다. 이 경우의 '더브러'는 전이어로서의 '(NP로) 더브러'와 형성 과정이나 기능 등에서 뚜렷한 차이를 드러내므로 전이어로 간주할 수 없다.

ㄱ. 죽을 적의 계집으로 더브러 닐오되(臨死語妻曰)<續三重효34a>

ㄱ'. 주글 저긔 겨집 더브러 닐오ᄃᆡ(臨死語妻曰)<續三효34a>

(ㄱ')의 '더브러'는 중세 시기의 문헌에서 쉽게 발견되는 용례인데, 이때의 '더브러'는 여격과 같은 기능을 한다. (ㄱ)에서 보는 것처럼 '더브러'가 'NP로'와 통합되어 여격 기능을 하는 것은 'NP로 더브러'의 고정적 언해 방식과 관련된 것으로 이해된다.

<法華7 : 58b>

　　ㄷ. 太子ㅣ 童男 童女 드리시고<釋詳3 : 7b>

(12) ㄱ. 王이 臣下돌드려 무르샤딘<釋詳3 : 18a>

　　ㄴ. 부톄 阿難드려 니르샤딘(佛告阿難ㅎ샤딘)<楞嚴2 : 13a>

　(11)의 '드려'는 동사로 쓰인 예이고, (12)의 '드려'는 여격 기능으로 쓰인 예이다. 이상의 '드려'는 전이어로 다루지 않고 이 책에서 깊이 논의를 하지 않기로 하겠다.

　전이어로서의 '다뭇', '더브러', '드려'는 위의 출현 양상 외에 중세 시기의 언해문에서 다양한 출현 양상을 보인다. 다음 절에서 이들의 출현 양상을 구체적으로 살펴보기로 한다.

4.2. 전이어 '다뭇'의 출현 양상

　'다뭇'은 '與'에 대응하는 전이어 중에서 시기적으로 가장 먼저 출현하고, 또한 출현 빈도도 가장 높다. '다뭇'은 전통적으로 『大明律直解』(1359), 『養蠶經驗撮要』(1415) 등의 이두에서 '竝只'로 쓰이고 전래의 독음이 '다모기, 다무기'로 읽혔는바, 이는 '다뭇'과 관련되기 때문에 조선 시대 이전부터 '다뭇'과 관련된 형태가 쓰인 전통이 있었음을 알 수 있다.[85] '다뭇'은 중세 시기와 근대 시기에 '다뭇', '다못', '다뭇' 등 형태로 나타나나 용례가 그리 많지는 않다. 이 책에서는 여러 형태 중 '다뭇'을 대표형으로 삼아 논의를 진행하기로 한다.[86]

---

85) 중세국어에는 '*다목~다뭇, 믄득~믄듯, 반독~반둣' 등과 같이 이른바 'ㄱ~ㅅ' 교체에 의해 쌍형어로 공존하였다. 후대에 'ㄱ'형이 사라지고 'ㅅ'형만 남아 있었다. 이 점을 감안하면 '다뭇'은 '다목'과 깊은 관련이 있었을 것이다. 그러나 한편으로는 고려시기의 석독구결에서는 '與' 뒤에 末音添記字 'ㄴ'를 붙이고 있는 점을 감안하면 오래 전부터 '다뭇'으로 읽혔을 가능성 있다.

한문의 '與'에 개사와 접속사의 용법이 있듯이 중세국어의 '다못'은 개사와 접속사 두 가지 용법에 대응하는 경우가 모두 나타난다. 이는 '더브러'와 'ᄃᆞ려'가 개사의 '與'에만 대응하는 점과 대조적이다. 다음에서 '다못'의 출현 양상을 구체적으로 살펴보도록 한다.

① 'NP1과 다못 NP2' 유형

한문의 '與'가 접속사로 기능을 하듯이 이 유형의 '다못'도 선행 조사 '와'와 같이 앞뒤의 명사구를 접속시키는 기능을 한다. 이 유형은 근대국어 시기까지도 매우 빈번하게 나타난다.

(13) ㄱ. ᄒᆞ물며 狄과 다못 戎의게 이슈미ᄯᆞ녀(況在狄與戎)<杜詩5 : 29b>

　　 ㄴ. 臣과 다못 浩ㅣ 혼가지로 ᄒᆞᄋᆞ오니(臣與浩ㅣ 共爲之호니)<小學
　　　　 6 : 41b>

　　 ㄴ'. 내 崔浩와로 혼가지로 ᄒᆞᅀᆞ오니(臣與浩로 共爲之호소니)<飜小
　　　　 9 : 45b>

　　 ㄷ. 믈러나 날로 行홀 바와 다못 믈읫 닐온 바를 檃栝ᄒᆞ야 보니(及退
　　　　 ᄒᆞ야 而自檃括日之所行과 與凡所言ᄒᆞ니)<內訓1 : 16b>

　　 ㄹ. 夫子의 心을 動티 아니ᄒᆞ심과 다못 告子의 心을 動티 아니홈을
　　　　 可히 시러곰 드르리잇가(夫子之不動心과 與告子之不動心을 可得
　　　　 聞與잇가)<孟子3 : 12b>

　　 ㅁ. 子는 利와 다못 命과 다못 仁을 져기 니ᄅᆞ더시다(子ㅣ 罕言利與
　　　　 命與仁이러시다)<論語2 : 41a>

(14) ㄱ. 伯夷는 隘ᄒᆞ고 柳下惠는 恭티 아니ᄒᆞ니 隘와 다못 恭티 아니홈은

---

86) '다못', '다몯', '다못', '다못' 등에 관련된 용례를 제시하면 다음과 같다.

　ㄱ. 그 사회와 다못 며느리의 텬셩과 힝실과 밋 집읫 法(其婿與婦之性行과 及家法)<小學
　　 5 : 64a>

　ㄴ. 二와 다못 四ㅣ 功이 同호디 位ㅣ 異ᄒᆞ야(二與四 同功而異位ᄒᆞ야)<周易6 : 29a>

　ㄷ. 三과 다몯 五ㅣ 功이 同호디 位ㅣ 異ᄒᆞ야 (三與五 同功而異位ᄒᆞ야)<周易6 : 29b>

　ㄹ. 이 날의 앗원과 다못 일즉 기리던 이롤 술무니(是日에 烹阿大夫와 與譽譽者ᄒᆞ니)<사
　　 략2 : 18b>

4. 전이어 '다뭇/더브러/드려'[與]의 출현 양상과 기능 121

君즈ㅣ 由티 아니 ᄒᆞᄂᆞ니라(伯夷ᄂᆞᆫ 隘ᄒᆞ고 柳下惠ᄂᆞᆫ 不恭ᄒᆞ니 隘
與不恭은 君子ㅣ 不由也ㅣ라)<孟子3 : 39a>

ㄱ'. 伯夷ᄂᆞᆫ 隘ᄒᆞ고 柳下惠ᄂᆞᆫ 恭티 아니ᄒᆞ니 隘홈과 다뭇 恭티 아니홈
을 君子ㅣ 由티 마롤디니라(伯夷ᄂᆞᆫ 隘ᄒᆞ고 柳下惠ᄂᆞᆫ 不恭ᄒᆞ니 隘
與不恭을 君子不由也ㅣ니라)<孟栗2 : 42b>

ㄴ. 孔子ㅣ 글ᄋᆞ샤ᄃᆡ 道ㅣ 二니 仁과 다뭇 仁티 아닐 ᄯ롬이라 ᄒᆞ시
니라(孔子ㅣ 曰道ㅣ 二니 仁與不仁而已矣라 ᄒᆞ시니라)<孟子7 :
7b>

ㄴ'. 孔子ㅣ ᄀᆞᆯᄋᆞ샤ᄃᆡ 道ㅣ 둘히니 仁과 다뭇 不仁 ᄯ롬이라 ᄒᆞ시니
라(孔子曰道ㅣ 二니 仁與不仁而已矣라 ᄒᆞ시니라)<孟栗4 : 8a>

(13)은 '다뭇'에 선행하거나 후행하는 성분이 모두 명사구인 경우이다. (13ㄱ)은 명사 '狄'과 '戎'이, (13ㄴ)은 '臣'과 '浩'가 '와 다뭇'으로 접속되어 있다. (13ㄷ)은 '날로 行홀 # 바'와 '믈읫 닐온 # 바', 즉 '관형사절 # 명사'를 '와 다뭇'으로 접속시킨 것이다. (13ㄹ)은 명사형 어미 '-ㅁ'에 의한 명사절을 접속시킨 것으로서 또 (13ㄱ~ㄷ)의 명사나 명사구와 다르다. (13ㅁ)의 경우 명사구 세 개가 접속되는 것이기 때문에 '와 다뭇'이 두 번 쓰일 수 있었던 것이다. (13)의 경우와 비교할 때 (14ㄱ)과 (14ㄴ)은 '다뭇'의 선행 성분은 명사, 후행 성분은 명사절이나 용언이라는 점에서 특이하다. 같은 한문 원문을 언해한 (14ㄱ')은 '隘홈과 다뭇 恭티 아니홈', (14ㄴ')은 '仁과 다뭇 不仁'으로 번역되어 있는데 이와 같이 접속되는 성분이 동일해야 더 자연스러운 표현이 될 것이다.

② 'VP{-며/-거나} 다뭇 VP' 유형

한문에서 '與'는 명사구를 접속시킬 수도 있고 동사구 또는 문장을 접속시킬 수도 있다. 명사구일 경우는 (13), (14)와 같이 '와 다뭇'의 구성으로 나타나는데 동사구일 경우는 다음과 같이 연결어미 '-(으)며'와 '다뭇'이 통합된 용례가 나타난다. 드물기는 하지만 근대 시기에 심지어 연결어

미 '-거나'와 통합되는 용례도 등장한다.

(15) ㄱ. 잇는 아드리 어딜며 다못 어료물 엇뎨 그 무슨매 거니오(有子賢
與愚 何其掛懷抱)<杜詩3 : 58b>

ㄴ. 그 일며 다못 몯홈은 내게 잇디 아님이 인는디라(其成與否는 有
不在我者ㅣ라)<小學6 : 120a>

ㄴ'. 그 일며 몯 일우미 내게 잇디 아니혼 이른(其成與否ㅣ 有不在我
者는)<飜小10 : 21b>

(16) ㄱ. 脂肉이 꺼져시며 다못 꺼디디 아니홈과(脂肉이 陷與不陷과)<無冤
錄1 : 24a>

ㄴ. 그 相疊ᄒ며 다못 分開혼 곳을 檢ᄒ디(檢其相疊與分開處ᄒ디)<無
冤錄2 : 12a>

ㄷ. 平生에 술을 됴히 너기며 다못 곳을 貪ᄒ고(平生好酒與貪花)<伍
倫1 : 10b>

ㄹ. 或 뼈 샹ᄒ얏거나 다못 샹티 아녓다 ᄀᆞ로쳐 定ᄒ고(指定某處에…
或骨損與不損ᄒ고)<無冤錄1 : 24b>

(15ㄱ)의 '어딜며 다못 어료물'은 형용사 '어딜-'과 '어리-'가 '-며 다
못'으로 대등하게 접속된 후 '어딜며 다못 어리-'에 명사형 어미 '-(오)ㅁ'
이 결합한 것이다. 예문 (15ㄴ)은 동사 '일-'와 '몯ᄒ-'가 '-며 다못'으로
대등하게 접속된 후 명사형 어미 '-(오)ㅁ'이 결합한 것이다. 예문 (16ㄱ)
은 동사 '꺼지-'와 그의 부정형 '꺼디디 아니ᄒ-'가 '-며 다못'으로 접속
된 후 다시 명사형 어미가 결합한 것이다. (16ㄴ)은 동사 '相疊ᄒ-'과 '分
開ᄒ-'를 접속시킨 후 관형사형 어미 '-ㄴ'이 결합된 예다. (16ㄷ)은 동사
구 '술을 됴히 너기-'와 '곳을 貪ᄒ-'을 접속시킨 예이며, (16ㄹ)은 앞의
용례와 달리 동사 '샹ᄒ-'와 부정형 '샹티 ᄒ-'를 '-거나 다못'으로 접속
시킨 예이다. '-거나 다못'의 용례는 중세 국어에서는 나타나지 않고 근대
국어에서만 등장한다.

③ 'NP와 다못 VP' 유형

개사에 대응하는 '다못'은 주로 『두시언해』에 집중적으로 나타나고 『내훈』과 『번역소학』에서도 몇 용례가 발견된다. '다못'에 선행하는 명사구는 주로 'NP와', 'NP로'인데, 가끔 'NP와로'도 나타난다. 그 중에 가장 많이 나타나는 유형은 'NP와'이다.

(17) ㄱ. 貴혼 飮啖과 盛혼 차바눌 젼곳 머그며 사롬과 다못 이바디ᄒᆞ며 즐겨 호미 可티 아니ᄒᆞ니(不可恣食珍羞盛饌ᄒᆞ며 及與人燕樂이니)<內訓1:70a>

　　ㄱ'. 可히 귀혼 맛난 것과 盛혼 차반을 방ᄌᆞ히 먹으며 믿 사롬 더블어 이바디 ᄒᆞ야 즐기디 몯홀 거시니(不可恣食珍羞盛饌及與人燕樂이니)<小學5:51b>

　　ㄱ". 됴혼 차바눌 마ᅀᆞᆷᄭᆞ장 머그며 사롬과 이바디ᄒᆞ며 즐기디 몯홀 거시니(不可恣食珍羞盛饌及與人燕樂이니라)<飜小7:18b>

　　ㄴ. 사롬과 다못 앉디 마롤디니라(不與人坐焉이니라)<內訓1:61a>

　　ㄴ'. 사롬으로 더블어 안ᄍᆞ 아니ᄒᆞ고(不與人坐焉ᄒᆞ고)<小學5:52b>

　　ㄴ". 사롬과 ᄒᆞᆫ디 안ᄍᆞ 말오(不與人坐焉ᄒᆞ고)<飜小7:19b>

　　ㄷ. 主人이 손과 다못 올오몰 ᄉᆞ양ᄒᆞ야(主人이 與客으로 讓登ᄒᆞ야)<飜小3:38a>

　　ㄷ'. 主人이 손과 더블어 올ᄋᆞ기를 ᄉᆞ양ᄒᆞ야(主人이 與客讓登ᄒᆞ야)<小學2:69a>

　　ㄹ. 나히 시졀와 다못 ᄃᆞ르며 ᄠᅳᆮ디 희와 다못 디나가(年與時馳ᄒᆞ며 意與歲去ᄒᆞ야)<飜小6:17a>

　　ㄹ'. 나히 시졀와 더블어 ᄃᆞ르며 ᄠᅳ디 희와 더블어 가(年與時馳ᄒᆞ며 意與歲去ᄒᆞ야)<小學5:15b>

(18) ㄱ. 龍이 삿기는 스싀로 샹녯 사롬과 다못 다ᄅᆞ니라(龍種自與常人殊)<杜詩8:2a>

　　ㄱ'. 이 五濁 ᄠᅳ디 法華와 다ᄅᆞ니(此五濁義與法華와 別ᄒᆞ니)<楞嚴4:83b>

　　ㄴ. 衣冠은 世옛 사롬과 다못 ᄒᆞᆫ가지로다(衣冠與世同)<杜詩8:52a>

　　ㄷ. 故園과 <u>다못</u> 굳디 아니ᄒ도다(不與故園同)<杜詩10：38b>
　　ㄷ'. 十地菩薩이 俗애 섯거 衆生 利호ᄆᆫ 如來와 굳거니와(十地菩薩이
　　　　混俗利生ᄋᆫ 與如來와 同커니와)<楞嚴8：51b>
　　ㄹ. 일후믄 日月와 <u>다못</u> 둘옛도다(名與日月懸)<杜詩3：64b>
　　ㅁ. 됴히 그려기와 <u>다못</u> ᄒᆞᄢᅴ 오리로다(好與鴈同來)<杜詩8：40a>
　　ㅂ. 갈홀 디퍼 시혹 蛟龍과 <u>다못</u> ᄃᆞ토리로다(拔劍或與蛟龍爭)<杜詩1
　　　　6：57a>

　　(17)은 『내훈』과 『번역소학』에 나온 용례들인데 '다못'에 선행하는 조
사가 '와'인 경우이다. 같은 한문 원문인데 (17ㄱ)에서는 '과 다못'으로 나
타나는데 (17ㄱ")에서는 조사 '와'로만 나타나고 (17ㄱ')에서는 '더브러'가
명사 '사ᄅᆞᆷ'에 직접 후행하여 나타난다.[87] 예문 (17ㄴ)은 『내훈』에서 '와
다못'<u>으로</u> 나타나는데 의역인 『번역소학』에서는 조사 '와'로만 나타나고
직역인 『소학언해』에서는 '로 더브러'의 구성으로 나타난다. (17ㄷ, 17ㄹ)
은 『번역소학』에 나온 용례들인데 역시 'NP와'에 후행하는 구성으로만
나타난다. 직역인 『소학언해』에서는 '다못' 대신에 '더브러'가 나타난다.
　　(18)은 『두시언해』에 나온 용례들이다. (18ㄱ)~(18ㄷ)은 비교구문의 경
우에 속하는 예들이다. (18ㄱ')와 (18ㄷ')의 '와 다ᄅᆞ-', '와 굳-'에 비추어
보면 '다못'은 첨가적인 것임은 분명하다. (18ㄹ), (18ㅁ)은 "공동"을 나타
내는 용례이며, (18ㅂ)은 "교호"를 나타내는 용례이다.

④ 'NP로 다못 VP' 유형

　　이 유형은 '다못'이 'NP로'에 후행하는 경우인데 중세 시기에 『두시언
해』에만 나타난다.

─────────────

87) 예문 (17ㄱ')의 경우 '더브러'가 직접 명사구에 후행한 것은 조사가 생략된 것으로 이해
　　하고자 한다. 특히 예문 (17ㄱ-ㄱ")과 (17ㄴ-ㄴ")을 대비해 보면 (17ㄱ')은 '사ᄅᆞᆷ으로 더
　　블어'로 나타날 수도 있다. 즉 (17ㄱ')은 '로'가 생략되었을 가능성이 있다는 것이다. 이
　　문제는 4.3.에서 구체적으로 논의할 것이다.

(19) ㄱ. 구즉흔 江海예 이슐 뜨디 도로 雲路로 <u>다믓</u> 기도다(矯然江海思復
　　　 與雲路永)<杜詩24 : 40b>
　　 ㄴ. 슬허ᄒ요믄 ᄒ로 <u>다믓</u> 깁ᄂ다(爲恨與年深)<杜詩11 : 10b>
　　 ㄷ. 赤岸ㅅ 므리 銀河로 <u>다믓</u> 通ᄒ니(赤岸水與銀河通)<杜詩16 : 31b>
　　 ㄹ. 自然히 ᄇ리어 時로 <u>다믓</u> 달오니(自然棄擲與時異)<杜詩19 : 40b>
(20) ㄱ. 暮春<u>과</u>로 <u>다믓</u> 期約호라(再與暮春期)<杜詩7 : 14a>

　(19ㄱ)은 '뜯이 도로 雲路와 같이 길어진다', (19ㄴ)은 '슬픔은 세월과
같이 깊어진다'(세월에 따라 깊어진다)의 정도로 해석될 수 있어 '-로 다믓'
이 "공동"의 의미를 나타낸다고 할 수 있다. (19ㄷ)은 '赤岸의 물이 銀河와
서로 통한다'의 정도로 해석될 수 있어 '-로 다믓'이 "교호"의 의미를 나
타낸다고 할 수 있다. (19ㄹ)은 서술어가 '다르다'이므로, '-로 다믓'은
"비교"의 의미를 나타내는 것이 분명하다. 예문 (20)은 (19)와 달리 '로' 앞
에 또 '과'가 쓰이고 있는데『두시언해』에 하나의 용례만 나타난다. 본 연
구에서 따로 한 유형으로 제시하지 않은 이유는 바로 여기에 있다.[88]
　'다믓'이 'NP로', 또는 'NP와로'에 후행하는 용례는 그리 많이 나타나
지 않으나『내훈』,『번역소학』에서 이러한 용례가 확인되지 않음을 고려
하면 'NP(와)로 다믓'의 출현은 중요한 점을 시사해 준다. 이 세 문헌에서
한문의 '與NP'는 구결문에서 일률적으로 '與NP로'로 되어 있음에도 불구
하고 언해문에서 'NP와 다믓'와 'NP(와)로 다믓'으로 차이가 나는 것은
구결문의 영향에서 단서를 찾을 수 있다. 앞에서 언급하였듯이 직역 문헌
일수록 언해문은 구결문의 영향을 더 많이 받고, 반대로 의역 문헌이면

---

88)『두시언해』(중간본)에 다음 (ㄱ)의 용례가 있는데 그 중의 '와로'는 예문 (20)의 '와로'와
　 다르다.
　 ㄱ. 千秋를 汾晋 ᄉ이예 이리 구룸과 믈<u>와</u>로 다믓ᄒ야 볼가시리로다<두시중24 : 15a>
　 ㄴ. 千秋를 汾晋 싀예 이리 구룸과 믈<u>와</u>롤 다믓ᄒ야 볼가시리로다(千秋汾晋間 事與雲水
　　　 白)<杜詩24 : 15a>
　 예문 (ㄱ)은 [[구룸과 믈와]로]와 같이 '구룸'와 '믈'이 집단 곡용된 다음 '로'
　 가 결합된 것이다.

구결문의 영향을 덜 받는다. 『번역소학』은 전형적인 의역 문헌이므로 그 언해문은 구결문의 영향을 거의 받지 않고 한국어의 모습을 제대로 반영하고 있다고 할 수 있다. 따라서 구결문에서 '與NP로'가 되어 있더라도 언해문에서는 'NP와 (다뭇)'을 취하고 있는 것이다. 안병희(1972 : 83)에서 『내훈』의 언해 방식은 보다 의역이란 것을 지적한 바 있다. 그리하여 『내훈』에서도 마찬가지로 'NP로 (다뭇)'을 취하지 않고 한국어에 더 가까운 표현인 'NP와 (다뭇)'을 취하는 것으로 이해된다. 『두시언해』는 전체적인 시의(詩意)를 알게 하는 의역보다는 축자역을 택한 것으로 보인다(李鍾默 1998 : 156). 따라서 『두시언해』는 『내훈』과 『번역소학』에 비해 구결문의 영향을 더 많이 받는 경향이 나타나 언해문에서 'NP로 (다뭇)'이 등장한 것이다. 구결문의 영향으로 인한 '與NP로 : NP로 (다뭇)'의 대응 관계가 확대되면서 근대 시기에 들어서는 'NP와 다뭇'의 용례가 확인되지 않고 'NP로 다뭇'의 용례만 확인되는 것이다.[89]

---

89) 근대국어에서는 'NP와 다뭇 VP'의 구성은 나타나지 않고 'NP로 다뭇 VP'의 용례가 나타난다. 심지어 '다뭇'이 'NP로'에 선행하는 '다뭇 NP로 VP'의 용례도 확인된다. 이는 근대 시기의 언해 문헌이 한문 원문의 영향을 더욱 크게 받은 경향이 있음을 시사해 준다.
　ㄱ. 初春과 雪寒은 … 春末과 夏初로 다뭇 궃디 아니ᄒᆞ니라(初春雪寒은 …與春末夏初로 不同이니라)<無寃錄3 : 2b>
　ㄴ. 다른 더 瀿혼 바로 다뭇 궃디 아니ᄒᆞ니라(與他所瀿으로 不同이니라)<無寃錄3 : 49b>
　ㄷ. 子ㅣ 子貢ᄃᆞ려 닐러 ᄀᆞᄅᆞ샤ᄃᆡ 네 다뭇 回로 뉘 나ᄋᆞ뇨(子ㅣ 謂子貢曰 女與回也로 孰愈오)<論栗1 : 45a>
　ㄷ'. 子ㅣ 子貢ᄃᆞ려 닐어 ᄀᆞᆯᄋᆞ샤ᄃᆡ 네 回로 더브러 뉘 愈ᄒᆞ뇨(子ㅣ 謂子貢曰 女與回也로 孰愈오)<論語1 : 43a>
　ㄹ. 王이 스스로 ᄡᅥ 다뭇 周公으로 뉘 仁코 쏘 智타 ᄒᆞ시ᄂᆞ니잇고(王이 自以爲與周公執仁且智잇고)<孟栗2 : 66b>
　ㄹ'. 王이 스스로 ᄡᅥ 周公으로 더브러 뉘 仁코 쏘 智호라 ᄒᆞ시ᄂᆞ니잇고(王이 自以爲與周公執仁且智잇고)<孟子4 : 23a>
　ㅁ. 맛당이 다뭇 禮로 서ᄅᆞ 궃디 아닌 둧ᄒᆞ이다(宜與夫禮로 若不相似然ᄒᆞ이다)<孟栗2 : 49b>
　ㅁ'. 맛당이 禮로 더브러 서ᄅᆞ ᄀᆞᆮ디 아니혼 둧ᄒᆞ이다(宜與夫禮로 若不相似然ᄒᆞ이다)<孟子4 : 8a>

⑤ '다못 VP' 유형

'다못'은 선행 성분이 없이 문장에서 부사처럼 단독으로 쓰이는 경우도 있다. 다음 (21)이 그런 경우에 속하는 예이다.

(21) ㄱ. 훈 번 <u>다못</u> ᄀ즈기 ᄒ면 모미 못ᄃ록 가시디 아니ᄒᄂ니(一<u>與之</u>
齊ᄒ면 終身不改ᄒᄂ니)<內訓1 : 77a>
ㄴ. 敢決ᄒ요ᄆ 엇뎨 <u>다못</u> ᄀᆮ디 아니ᄒ리오(敢決豈不<u>與</u>之齊)<杜詩1
7 : 10b>
ㄷ. 널로 ᄒ여 글 지싀고 <u>다못</u> 혼디 놀려뇨(令渠述作<u>與</u>同遊)<杜詩3 :
31b>
ㄹ. 슬프다 董生이여 <u>다못</u> ᄣᅡ기 업도다(嗟哉 董生이여 <u>無與</u>儔로다)
<飜小9 : 100b>

'다못'이 단독으로 쓰이는 것은 (21ㄱ)과 같이 한문의 '與' 뒤에 지시대명사 '之'가 오는 경우와90) (21ㄴ)과 같이 '與' 뒤의 성분이 생략되는 경우에 한한다. (21ㄷ)은 '與' 뒤에 '渠'가 생략된 것이다. (21ㄹ)의 경우는 '董生과 짝이 되는 사람이 없다'로 해석될 수 있으므로 '董生'이 생략된 것으로 이해될 수 있다.

4.3. 전이어 '더브러'의 출현 양상

'더브러'가 개사인 '與'의 번역으로 나타나면서 공동격처럼 기능을 하

이상의 예문에서 보는 바와 같이 '다못'은 'NP로'에 후행할 수도 있고 선행할 수도 있다. 이들 용례는 공통적으로 "비교"의 의미를 나타내는 것이 특이하다.
90) 언해문에서는 한문의 지시대명사 '之'를 다음과 같이 언해한 경우도 있기는 있지만 언해하지 않은 것이 더 일반적이다.
ㄱ. <u>일로</u> ᄡᅥ 모매 가지고(<u>以之</u>處己ᄒ고)<金三2 : 20a>

는 것은 16세기부터이다. 이 경우의 '더브러'가 동사 '더블다'의 활용형 '더브러'에서 비롯되었음은 주지의 사실이다. 이 '더브러'는 분철된 '더블어'와 같은 이표기로도 나타나는데 여기서는 편의상 '더브러'만 대표형을 삼아 유형 제시에 이용하기로 한다.

'더브러'는 접속사인 '與'에 대응하는 '다뭇'처럼 명사구나 동사구를 접속시키는 용례가 발견되지 않는다. 즉 '*NP1과 더브러 NP2', '*VP-며 더브러 VP'의 용례가 없다는 것이다. 개사에 대응하는 경우에 '다뭇'과 마찬가지로 선행 성분은 'NP로', 'NP와', 'NP와로' 등이 모두 나타난다. 다만 '다뭇'이 'NP와'와 결합된 경우가 많은 데 비해 '더브러'는 'NP로'와 결합된 경우가 대부분이다. 그리고 조사 없이 'NP 더브러'로 나타나는 용례가 있는데 '다뭇'에서는 이러한 현상이 보이지 않는다. '더브러'의 출현 양상은 다음과 같이 정리될 수 있다.

① 'NP와 더브러 VP' 유형

이 유형은 '더브러'가 'NP와'에 후행하는 유형이다. 『소학언해』에서 집중적으로 나타나고 다른 문헌에서는 거의 나타나지 않는다.

(22) ㄱ. 江革이 졈어셔 아비를 일코 혼자 어미와 더브러 사더니(江革이 少失父ᄒ고 獨與母居ㅣ러니)<小學6 : 18a>
　　 ㄱ'. 江革이 져머셔 아비를 일코 혼자 어미와 사더니(江革이 少失父ᄒ고 獨與母로 居ᄒ더니)<飜小9 : 20a>
　　 ㄴ. 날와 더블어 일을 ᄒᆞᆫ가지로 ᄒᆞ얀디 오란디라(與我共事ㅣ 久ㅣ라)<小學6 : 20b>
　　 ㄴ'. 날와 ᄒᆞᆫ디 일ᄒᆞ연 디 오라니(與我共事ㅣ 久ㅣ라)<飜小9 : 23a>
　　 ㄷ. 나히 시졀와 더블어 ᄃᆞᄅᆞ며 ᄠᅳᆮ이 힝와 더블어 가(年與時馳ᄒᆞ며 意與歲去ᄒᆞ야)<小學5 : 15b>
　　 ㄷ'. 나히 시졀와 다뭇 ᄃᆞᄅᆞ며 ᄠᅳ디 힝와 다뭇 디나가(年與時馳ᄒᆞ며 意與歲去ᄒᆞ야)<飜小6 : 17a>

ㄹ. 손과 더브러 훈가지로 밥 먹은대(與客同飯훈대)<小學6 : 106a>

ㄹ'. 손과 훔끠 밥 먹거늘(與客同飯훈대)<飜小10 : 6b>

ㅁ. 믈읫 손과 더블어 들어가는 이 門마다 손의게 수양ᄒᆞ야(凡與客人
入者ㅣ 每門에 讓於客ᄒᆞ야)<小學2 : 68a>

ㅂ. 主人이 손과 더블어 올ᄋ기를 수양ᄒᆞ야(主人與客讓登ᄒᆞ야)<小學
2 : 69a>

ㅅ. 벋과 더브러 사괴요ᄃᆡ(與朋友交ᄒᆞᄃᆡ)<小學1 : 15b>

ㅇ. 갓옷 닙으니와 더블어 셔셔(與衣狐貉者로 立)<小學4 : 43a>

(22)는 『소학언해』에 나타나는 '와 더브러'의 용례들이다. (22ㄱ)~(22
ㄹ)을 의역인 『번역소학』과 대비해 볼 때, '더브러'는 생략되더라도 문맥
의 의미에 거의 손상을 주지 않음을 알 수 있다. 이 경우의 '더브러'는 중
복적 요소로 파악될 수 있다. 그러나 여기에서 특기할 만한 것은 16세기
에 'NP로 더브러'가 절대적 우세를 차지하고 있음에도 불구하고 'NP와
더브러'가 나타난다는 점이다. 이 문제에 대해서 본 연구는 구결문의 영
향에서 실마리를 찾을 수 있다고 생각한다. (22ㅇ)을 제외한 나머지 용례
의 경우 대응되는 구결문은 모두 '與NP' 뒤에 '로'가 개재되지 않은 것이
공통적인 특징임에 유의할 필요가 있다. 다시 말하면 구결문에서 '與NP'
뒤에 '로'가 없을 경우 언해자에게 간섭을 덜 주기 때문에 자연스러운 한
국어 표현에 해당하는 'NP와'를 쓰게 되었을 가능성이 있다. 반대로 '與
NP로'일 경우 언해문에서 모두 'NP로 더브러'가 언해되어 구결문이 언해
문에 미친 영향을 잘 보여 주고 있다.91)

② 'NP로 더브러 VP' 유형

중세국어 내지 근대국어에는 'NP와 더브러 VP' 유형보다 'NP로 더브

---

91) 『소학언해』에는 '與NP'에 현결을 하지 않았는데도 'NP로 더브러'로 언해된 용례도 많
이 나타난다. 이는 'NP로 더브러'의 고정적 언해 방식의 영향으로 해석될 수 있다.

ㄱ. 날로 더블어 齒를 티고져 ᄒᆞ는 이는(欲與我誅齒者는)<小學4 : 33b>

러 VP' 유형이 빈번하게 나타났다. 다음 (23)~(25)는 그러한 경우에 속하는 예들이다.

> (23) ㄱ. 司馬溫公이 그 兄 伯康<u>으로 더블어</u> 스랑홈을 더옥 도타이 ᄒᆞ더니
>   (司馬溫公이 <u>與</u>其兄伯康<u>으로</u> 友愛尤篤이러니)<小學6 : 73b>
>   ㄱ'. 司馬溫公이 그 형 伯康<u>으로</u> 스랑호믈 지극이 ᄒᆞ더니(馬溫公이 <u>與</u>
>   其兄伯康<u>으로</u> 友愛尤篤ᄒᆞ더니)<飜小9 : 79b>
>   ㄴ. 내 가난ᄒᆞ야실 제 네 어미<u>로 더블어</u> 내 어버이롤 칠식(吾ㅣ 貧時
>   예 <u>與</u>汝母<u>로</u> 養吾親홀식)<小學5 : 79a>
>   ㄴ'. 내 가난ᄒᆞ야실 제 네 어미<u>와로</u> 내 어버이롤 효양호디(吾ㅣ 貧時
>   예 <u>與</u>汝母<u>로</u> 養吾親호디)<飜小7 : 47b>
>   ㄷ. 네 <u>回로 더브러</u> 뉘 愈ᄒᆞ뇨(女<u>與</u>回也로 孰愈오)<論語1 : 43a>
> (24) ㄱ. 하품 빅셩<u>으로 더블어</u> ᄒᆞᆫ가지라(<u>與</u>下民一致라)<小學5 : 92b>
>   ㄱ'. 하품엣 빅셩<u>으로</u> ᄒᆞᆫ가지라(<u>與</u>下民一致라)<飜小8 : 12b>
>   ㄴ. 여슷재는 사ᄅᆞᆷ<u>으로 더브러</u> ᄒᆞᆫ디 이쇼매 스싁로 편안코 리ᄒᆞᆫ 디
>   롤 굴히요미 올티 아니ᄒᆞ니라(<u>與</u>人同處에 不可自擇便利니라)<飜
>   小8 : 23a>
>   ㄷ. 믈읫 얼운 사ᄅᆞᆷ<u>으로 더브러</u> 말ᄉᆞᆷ홈애 처엄의ᄂᆞᆫ ᄂᆞᆾ츨 보고(凡<u>與</u>大
>   人言에 始視面ᄒᆞ고)<小學2 : 14b>
>   ㄹ. 終日乾乾은 時<u>로 더브러</u> ᄒᆞᆷ의 行홈이오(終日乾乾은 <u>與</u>時偕行이
>   오)<周易1 : 13a>
> (25) 그 니교미 디혜<u>로 더브러</u> 길며 되오미 ᄆᆞᄋᆞᆷ과<u>로 더브러</u> 이러(欲其智
>   <u>與</u>智長ᄒᆞ며 化<u>與</u>心成ᄒᆞ야)<小學書1b-2a>

(23)~(24)는 '더브러'가 'NP로'에 후행하는 용례들이다. 한문의 '與'가 "공동", "교호", "비교"의 의미를 나타내듯이 'NP로 더브러'도 이 세 가지의 의미를 모두 나타낼 수 있다. (23ㄱ)은 "司馬溫公과 伯康이 서로 사랑한다"로 해석할 수 있는바, '로 더브러'가 "교호"의 의미로 쓰인 용례에 해당한다. (23ㄴ)은 "내가 네 어미와 같이 어버이를 치-"로 해석할 수 있는

바, '로 더브러'가 "공동"의 의미로 쓰였다고 할 수 있다. (23ㄷ)은 어색한 어순인 "네가 回와 누가 더 나으냐" 정도로 해석할 수 있는데, 이때의 '로 더브러'가 "비교"의 의미로 쓰인 것으로 볼 수 있다. 그리고 (23)은 구결문에서 '與NP로'가 되고 언해문에서도 'NP로 더브러'로 되어 언해문의 조사가 구결과 일치한 것을 볼 수 있다. (24)는 (23)과 달리 구결문에서 '與NP' 뒤에 '로'가 현결되지 않았는데도 불구하고 언해문에서는 모두 'NP로'로 언해되어 있다. 이는 'NP로 (더브러)'의 언해 방식이 고정되었기 때문인 것으로 해석된다. (25)는 'NP와로 더브러'의 용례인데 하나밖에 확인되지 않는다. 여기의 '와로'는 '與NP와로'의 현결 방식과 관련되어 있을 것이다. 15세기의 언해 문헌에서 '與NP와로'의 용례를 확인할 수 있는데 16세기에 들어서는 '與NP로'로 단일화되어 '與NP와로'의 현결이 사라졌다. 이러한 변화로 인해 'NP와로 # 더브러'의 출현이 드물게 나타났던 것이다.

③ 'NP 더브러 VP' 유형

이상의 유형 외에 'NP' 뒤에 조사가 노출되지 않고 '더브러'만 후행하는 용례도 확인된다.

> (26) ㄱ. 룡平仲은 <u>사룸 더블어</u> 사괴욤올 잘ᄒ놋다(룡平仲오 善<u>與</u>人交ㅣ로다)<小學4 : 40b>
>
> ㄱ'. <u>벋과 더브러</u> 사괴요디 말슴홈애 믿브미 이시면(<u>與</u>朋友交호디 言而有信이면)<小學1 : 15b>
>
> ㄴ. 믿 <u>사룸 더블어</u> 이바디 ᄒ야 즐기디 몯홀 거시니(及<u>與</u>人燕樂이니)<小學5 : 51b>
>
> ㄴ'. <u>사룸과</u> 이바디 ᄒ며 즐기디 몯홀 거시니(及<u>與</u>人燕樂이니라)<飜小7 : 18b>
>
> ㄷ. 벼슬을 ᄇ리고 秦으로 들어갈시 <u>집사룸 더블어</u> 여희오되(棄官入秦홀시 <u>與</u>家人訣호디)<小學6 : 31b>
>
> ㄷ'. <u>집사룸 드려</u> 여힐 저긔(<u>與</u>家人訣호디)<飜小9 : 34b>

ㄹ. 趙氏 집 사룸 <u>더브러</u> 여희며 닐오ᄃᆡ(趙與家人決曰)<三綱런던烈17>

ㄹ'. 됴시 집사룸 <u>더브러</u> 여희며 닐오ᄃᆡ(趙與家人決曰)<三綱동경烈
    17a>

(26)은 NP 뒤에 조사가 결합하지 않은 용례들이다. 이 경우는 '더브러'
에 후행하는 동사가 화법동사가 아니므로 '더브러'가 여격 기능을 하는
'NP더브러 # 화법동사'의 경우와 다르다. '더브러'가 직접 'NP'에 후행하
는 현상에 대해서는 두 가지의 접근 방법으로 해석할 수 있을 듯하다. 하
나는 NP 뒤에 어떤 조사가 생략되었다는 해석이고, 다른 하나는 '더브러'
가 문법화 과정을 거쳐 조사로 변하게 되었다는 해석이다. 전자의 경우는
어떠한 조사가 생략되어 있는지 쉽게 단언할 수 없다. '더브러'에 선행하
는 명사구는 'NP와', 'NP로', 'NP와로' 세 가지가 모두 나타나기 때문이
다. 예를 들어 같은 한문 구조 '與NP交'인데 (26ㄱ)은 'NP 더브러 사괴-'
로 나타나고, (26ㄱ')은 'NP과 더브러 사괴-'로 나타나 대조적이다. 이 점
을 감안할 때 (26ㄱ)은 'NP' 뒤에 '와'가 생략된 것으로 볼 수 있다.

후자의 경우는 '더브러'가 문법화 과정을 거쳐 공동격의 기능을 하는
것으로 해석될 수 있다. 예문 (26ㄴ)은 '사룸 더브러', (26ㄴ')은 '사룸과'로
된 점으로 고려하면 '더브러'는 '와'와 비슷한 성격임을 알 수 있다. 다시
말하면 '더브러'는 문법화되어 공동격으로 변하였다고 할 수 있다. 그러나
'더브러'를 체언에 직접 후행함으로써 문법화된 조사 (또는 후치사)로 본
다면 그것은 같은 문헌에 나타나는 'NP와 더브러', 'NP로 더브러' 중의
'더브러'와 어떠한 관계를 지니고 있는지 설명해야 할 문제가 남아 있다.
그리고 '더브러'를 조사로 본다면 같은 양상을 보이는 (26ㄷ)의 'ᄃᆞ려'도
조사로 다룰 수 있을 듯하다. 그러나 '더브러', 'ᄃᆞ려'를 문법화된 조사로
본다면 그들이 문법화된 과정을 어떻게 상정해야 하는지의 문제가 제기
된다. 한국어에서는 'NP+조사 # 동사의 활용형'의 단계 없이 'NP # 동

사의 활용형 > NP+조사'의 문법화 과정을 거친 예가 없기 때문이다. 만약 'NP'와 '동사의 활용형' 사이에 다른 조사, 예를 들어 목적격 조사가 개재된 것이라면 'NP더브러'의 문법화 과정을 'NP룰 더브러 > (NP로 더브러) > NP 더브러 > NP더브러'로 상정할 수 있을 것이다. 그러나 이러한 과정은 중세국어에서 여격 기능을 나타내는 '더브러'의 형성과 일치한 점이 있으나 공동격처럼 쓰이는 '더브러'의 쓰임새와 사뭇 다르다. 따라서 본 연구는 '더브러' 앞의 조사가 생략되었다는 접근 방법을 택하고자 한다. '더브러' 앞에 조사가 없는 용례는 구결문에 구결이 없는 경우에 한한다는 점을 감안하면 조사의 생략은 구결의 부재로 인해 일어난 현상으로 볼 수 있기 때문이다.

④ '더브러 VP' 유형

'다못'과 마찬가지로 '더브러'도 선행 성분이 없이 부사처럼 문장에서 사용되는 경우도 있는데 역시 한문에서 '與' 뒤에 '之'가 나타나거나 명사구가 생략되는 경우에 한한다.

(27) ㄱ. 다 힘뻐 善올 ᄒ야 더브러 늘구믈 期約ᄒ고(竭力爲善ᄒ야 期與之
齒ᄒ고)<內訓3 : 40a-b>
ㄴ. 블러 더블어 서르 對ᄒ야(召與相對ᄒ야)<小學6 : 4a>
ㄷ. 可히 더브러 ᄒᆞᆫ가지로 學ᄒ고도(可與共學이오도)<論語2 : 49b>
ㄹ. 可히 더브러 德에 入ᄒ리라(可與入德矣리라)<中庸53a>

(27ㄱ)은 '與' 뒤에 나타나는 '之'가 번역되지 않은 경우이며 (27ㄴ)~(27ㄹ)은 '與' 뒤에 명사구가 생략된 경우이다.

⑤ '그 NP로 더브러론 (츌ᄒ리)' 유형

이 유형은 한문의 숙어 '與其'에 대응하는 경우이다. 한문의 '與其'는 다른 어사와 아울러 쓰이여 '與其~寧', '與其~孰若', '與其~不如' 등 구성으로 형성하여 "비교", "선택"의 뜻을 나타낸다(何樂士 外 1985 : 745).

(28) ㄱ. 禮ㅣ 그 奢홈으로 더브러론 출하리 儉홀띠오 喪이 그 易홈으로
더브러론 출하리 戚홀 띠니라(禮ㅣ 與其奢也론 寧儉이오 喪이 與
其易也론 寧戚이니)<論語1 : 22a>

ㄱ'. 禮ㅣ 다못 그 奢호므론 출히 儉홀디으 喪이 다못 그 易호므론
출히 戚홀디니라(禮ㅣ 與其奢也론 寧儉이오 喪이 與其易也론 寧
戚이니)<論栗1 : 22a>

ㄴ. 또 내 그 臣의 手에 死홈으로 더브러론 二三子의 手애 死홈이 출
티 아니흐냐(且子ㅣ 與其死於臣之手也론 無寧死於二三子之手乎
아)<論語2 : 47b>

ㄴ'. 또흔 내 다못 그 臣의 손에 주그모론 二三子의 손에 주그미 편
티 아니흐냐(且子ㅣ 與其死於臣之手也론 無寧死於二三子之手乎
아)<論栗2 : 47a>

ㄷ. 그 孫티 아니홈으로 더브러론 출흐리 固홀띠니라(與其不孫也론
寧固ㅣ니라)<論語2 : 29b>

ㄷ'. 다못 그 孫티 아니호므론 출히 固홀디니라(與其不孫也론 寧固ㅣ
니라)<論栗2 : 29a>

ㄹ. 그 奧애 媚홈으로 더브러론 출하리 竈애 媚홀띠라(與其媚於奧론
寧媚於竈ㅣ라)<論語1 : 25b>

ㄹ'. 다못 그 奧애 媚호므론 출히 竈애 媚홀 거시라 흐니(與其媚於奧
론 寧媚於竈ㅣ라)<論栗1 : 25a>

ㅁ. 그 聚斂흐논 臣 둠으로 더브러론 출하리 盜臣을 둘다라 흐니(與
其有聚斂之臣오론 寧有盜臣이라 흐니)<大學31a>

ㅁ'. 다못 그 聚斂흐논 臣을 두모론 출히 盜흐논 臣을 둘 거시라 흐
니(與其有聚斂之臣으론 寧有盜臣이라 흐니)<大栗30b>

(28)에서 보는 것처럼 『논어언해』(1590)와 『대학언해』(1590)에서는 '그 NP로 더브러론'의 구성으로 나타나는 데 반해 『율곡논어언해』(1749)와

『율곡대학언해』(1749)에서는 일률적으로 '다뭇 그 ~론'으로 언해되어 있다. '다뭇 그 ~론'의 구조는 한문의 어순에 따른 결과라 할 수 있다. 그러나 '로 더브러'로 언해될 때 역시 'NP'에 후행하며 마치 'NP…론' 가운데 삽입된 것처럼 보인다. 즉 '로 더브러'는 한 단위로 같이 움직이는 듯이 보인다는 것이다. 이는 'NP로 더브러'의 언해 방식이 고정화된 단계에 있음을 전제로 하여야 실현될 수 있었던 현상으로 판단된다.

이상의 예문은 모두 비교 구문인데 한국어에서 'NP론'만으로도 "비교"의 의미를 충분히 나타낼 수 있다.[92] 다음 예문 (29)는 바로 그런 예이다.

> (29) 례되 샤치호모론 검박호미 올코 상시애 ㄱ초호모론 슬허호미사 올 흐니라(禮伊 <u>與其奢也</u>奴隱 寧儉伊五 喪伊 <u>與其易也</u>奴隱 寧戚伊羅 爲時多) <정속 17b>

(29)는 '예도가 사치함보다는 검박함이 옳고 상사에 형식적인 갖춤보다는 슬퍼 함이 옳으니라' 정도의 의미를 가지는 것이다(한재영 1996 : 247). 따라서 '다뭇 그' 구조든 '그 ~로 더브로'의 구조든 이것을 제거해도 문장의 의미에 큰 영향을 주지 않을 것이다. 이 경우의 '다뭇 그'와 '로 더브러'는 잉여적 요소라 할 수 있을 것이다.

4.4. 전이어 '드려'의 출현 양상

전이어로서의 '드려'는 15세기 문헌에 거의 나타나지 않다가[93] 16세기

---

92) 허웅(1975:351)에서 '론'이 '보다'의 뜻을 가졌다고 지적한 바 있다.
 ㄱ. 스믈힌 時節에 열인 제론 衰흐며(二十之時예 衰於十歲흐며)<능엄2:8>
 ㄴ. 各別히 勞心호모론 더으니라(由勝別勞心)<금삼4:30>
 ㄷ. 묻노라 즈조 朝謁호모론 便安히 나지 즈오롬과 엇더흐니오(借問頻朝謁 何如穩晝眠) <두언20:10>

부터 본격적으로 문헌에 나타나기 시작하였는데 그 용례가 그리 많지 않다. '드려'의 출현 양상은 다음 세 가지 유형으로 정리할 수 있다.

① 'NP로 드려 VP' 유형

공동격처럼 쓰이는 '드려'는 '다못', '더브러'의 출현 양상과 뚜렷한 차이점을 보인다. '드려'에 선행되는 체언 뒤에 조사 '와', '와로'가 결합하여 쓰이는 용례는 없고 '로'만 후행할 수 있다.

(30) ㄱ. 大舜은 大홈이 이시니 善을 人<u>으로 드려</u> 同ㅎ샤(大舜은 有大焉ㅎ
　　　시니 善<u>與</u>人同ㅎ샤)<孟子3 : 39b>
　　ㄱ'. 大舜은 大홈을 두시니 善을 人<u>과 더브러</u> 호가지로 ㅎ샤(大舜은
　　　有大焉ㅎ시니 善<u>與</u>人同ㅎ샤)<孟栗2 : 39a>
　　ㄴ. 惡人<u>으로 드려</u> 言티 아니ㅎ더니(不<u>與</u>惡人言ㅎ더니)<孟子3 : 41a>
　　ㄴ'. 惡人<u>과 더브러</u> 말ㅎ디 아니ㅎ고(不<u>與</u>惡人言ㅎ고)<孟栗2 : 40b>
　　ㄷ. 思호디 鄕人<u>으로 드려</u> 立홈애 그 冠이 正티 아니ㅎ거든(思<u>與</u>鄕人
　　　立애 其冠不正이어든)<孟子3 : 41b>
　　ㄷ'. 鄕人<u>과 더브러</u> 셔매 그 冠이 正티 아니커든(思<u>與</u>鄕人立애 其冠不
　　　正이어든)<孟栗2 : 40b>
　　ㄹ. 或이 魯西 <u>드려</u> 무러 굴오디 吾子ㅣ 子路<u>로 드려</u> 뉘 賢ㅎ뇨(或問
　　　乎魯西曰 吾子ㅣ <u>與</u>子路<u>로</u> 孰賢고)<孟子3 : 2b>
　　ㄹ'. 或이 曾西 <u>드려</u> 問ㅎ야 굴오디 吾子ㅣ 子路<u>와 더브러</u> 뉘 賢ㅎ뇨
　　　(或이 問乎魯西曰 吾子ㅣ <u>與</u>子路孰賢고)<孟栗2 : 2a>

---

93) 15세기의 문헌에 '드려'의 용례는 있기는 있는데 극히 드물게 나타났다.
　ㄱ. 쟝ᄎ <u>드려</u> 正호 道롤 窮究ㅎ야 갓건 훗올 고뎌 더로려 ㅎ실ᄊ 이런ᄃ로 勅ㅎ샤디(將
　　<u>與</u>硏窮正道ㅎ야 革去倒훗이실ᄉ 故로 勅ㅎ샤디)<楞嚴1 : 44b>
　(ㄱ)은 '佛'과 '阿難'의 대화를 해석·설명하는 내용인데 문맥에 의하면 "부처가 阿難과
　함께 正道를 窮究하여 倒훗을 없애려고 (阿難에게) 말씀하기시를" 정도로 해석될 수 있
　다. 이렇게 볼 때 (ㄱ)의 한문은 '與' 뒤에 '阿難'이 생략된 것이며, 언해문은 '드려' 앞에
　'阿難(+조사)'이 노출되지 않은 것으로 이해될 수 있다. 이 경우의 '드려'는 전어어의 성
　격을 부여할 수 있는 것이다.

4. 전이어 '다믓/더브러/드려'[與]의 출현 양상과 기능 **137**

(30ㄱ)~(30ㄹ)은 'NP로'와 결합된 예인데 『맹자언해』(권3)에서만 나타
나는 점은 특기할 만하다. 같은 한문 원문인데 『맹자율곡언해』(1749)에서
는 일률적으로 '와 더브러'로 나타난다. '와 더브러'인 경우 '더브러'는 생
략되어도 문장의 의미에 큰 손상을 주지 않는 데 반해 '로 드려'인 경우
'드려'는 생략되면 문장이 어색하거나 비문으로 여겨진다. '로 드려'의 구
성은 근대국어에도 산발적으로 사용된 용례가 있다.[94] (30ㄱ-ㄷ)은 구결
문에서 '與NP'와 같이 '로'가 현결되지 않음에도 불구하고 언해문에서는
'NP'와 '로'가 결합된 형태로 언해되었음을 볼 수 있다. 이는 'NP로 (더브
러)'의 고정적 언해 방식 (또는 '與NP로'의 고정적 현결 방식)에서 유추되
어 NP에 '로'를 결합하여 사용하였을 것으로 이해된다. '드려'를 쓴 것은
'더브러'와 '드려'가 유의 관계가 있기 때문인 것으로 해석된다.

② 'NP 드려 VP' 유형

명사구에 조사가 개재하지 않고 '드려'가 직접 후행하여 사용되는 용례
도 발견된다.

(31) ㄱ. 집사롬 드려 여흴 저긔 밍세호디(與家人訣호디)<飜小9 : 34b>
　　 ㄱ'. 집사롬 더블어 여히오되(與家人訣호디)<小學6 : 31b>
　　 ㄴ. 아ᅀ 공권과 모든 스촌 아ᅀ둘 드려 다시 모다 음식 머거(與弟公
　　　　權及群從弟로 再會食ᄒ야)<飜小9 : 102a>
　　 ㄴ'. 아ᄋ 公權과 밋 모든 스촌 아ᄋ둘로 더블어 두 번 모다 음식 먹
　　　　어(與弟公權及群從弟로 再會食ᄒ야)<小學6 : 95a>

---

94) 근대국어에 등장한 '로 드려'의 용례를 몇 개 제시하면 다음과 같다.
　ㄱ. 장ᄎᆺ 子로 드려 還호리라(行與子還호리라)<시경5 : 18a>
　ㄴ. 신시 그 죵 복분이로 드려 ᄯᅩ 언턱의 ᄲᅥ려며 주그니라(申氏與其婢福粉亦墮涯而死)<東
　　新烈4 : 67b>
　ㄷ. 우리 中國 사롬이 外邦 사롬으로 드려 配偶되기 어려오니라(我中國人難與外邦人爲配
　　偶)<伍倫6 : 9a>

(31)은 '드려'에 선행하는 명사구 뒤에 조사가 붙지 않은 예이다. 같은 한문 원문인데 (31ㄱ)에서는 '드려'로 되어 있으나 (31ㄱ')에서는 '더블어'로 나타났다. 앞서 4.3의 ③에서 논의한 바와 같이 이 경우의 '드려'는 'NP'에 직접 후행하는 '더브러'와 마찬가지로 문법화된 조사로 볼 수 없다. 이러한 교체는 '드려'와 '더브러'가 유의 관계에 있는데서 비롯된 것이었다. (31ㄴ)에서는 '드려'로 되어 있지만 (31ㄴ')에서는 '더블어'로 나타나는 동시에 선행 명사구에 '로'가 결합된 점이 주목된다. (31ㄴ)의 구결문에서 '與NP로'가 나타난다는 점과 (31ㄴ')에서 'NP로 더블어'로 언해되어 있다는 점을 고려하면, (31ㄴ)의 'NP 드려'는 '로'가 생략되었을 가능성이 상당히 높다 하겠다. 특히 전이어로서의 '드려'는 'NP와', 'NP와로'와 결합한 용례가 확인되지 않은 점을 감안할 때 '로'가 생략되었을 가능성도 한층 높은 것으로 보인다. 다만 'NP 드려'와 'NP 더브러' 사이에 조사가 생략된 기제가 다소 다른 차이점이 존재한다. 'NP 드려'의 생략은 수의적인 모습으로 보이지만 'NP 더브러'의 생략은 구결문 중의 구결 '로'가 부재한 것과 평행하게 나타나는 특징이 있다.

③ '드려 VP' 유형

'드려' 역시 선행 성분이 없이 문장에서 부사처럼 단독으로 쓰이는 경우가 있다. 그 기제는 '다뭇'과 '더브러'와 별다른 차이가 없다.

> (32) ㄱ. 先生이 단정히 안자 블러 <u>드려</u> 서르 대ᄒᆞ야 나리 ᄆᆞᄎᆞ며 나조히
> 뭇드록 <u>드려</u> 말 아니ᄒᆞ더니(先生이 端坐ᄒᆞ야 召與相對ᄒᆞ야 終日
> 竟夕호ᄃᆡ 不與之語ᄒᆞ더니)<內訓3 : 18a>
> ㄱ'. 先生이 단졍히 안자 블러 <u>더브러</u> 마조 안자셔 져믈며 새도록 이
> 셔도 더브러 말ㅅ몰 아니ᄒᆞ다가(先生이 端坐ᄒᆞ야 召與相對ᄒᆞ야
> 終日竟夕이도록 不與之語ᄒᆞ다가)<飜小9 : 4b>
> ㄱ''. 先生이 단졍히 안자 블러 <u>더블어</u> 서르 對ᄒᆞ야 날이 졈을며 나조

히 묻초디 <u>더블어</u> 말솜을 아니ᄒᆞ다가(先生이 端坐ᄒᆞ야 召<u>與</u>相對
ᄒᆞ야 終日竟夕호디 不<u>與</u>之語이라가)<小學6 : 4a>

ㄴ. 선생이며 얼운둘히 그 ᄂᆞᆺ가온 주롤 보고 언제 <u>드려</u> 말솜호려 ᄒ
리오 선생이며 얼운둘히 <u>드려</u> 말솜호려 아니ᄒᆞ면 그 <u>드려</u> 말솜
ᄒᆞᄂᆞ니는 다 하등엣 사ᄅᆞ미라(先生長者ㅣ 見其卑下ᄒᆞ고 豈肯<u>與</u>
之語哉리오 先生長者ㅣ 不肯<u>與</u>之語 則其所<u>與</u>語ㅣ 皆下等人也니
라)<飜小6 : 11b>

ㄷ. 이 ᄒᆞᆫ 무렛 사ᄅᆞ몬 <u>드려</u> 말 몯ᄒᆞ리니(此一輩人은 不可<u>與</u>語ㅣ니)
<六祖上69a>

(32ㄱ)은 한문 문맥에 의하면 '與' 뒤에 '正獻公의 諸子'가 생략된 것이며
(32ㄴ)은 '與' 뒤에 '之'가 나타났지만 언해할 때 그것을 무시하여 언해된 것
이다. (32ㄷ)은 '與' 뒤의 대상은 앞에 한번 나타났으므로 생략된 경우이다.

이상에서 논의한 '다못', '더브러', '드려'는 모두 한문의 '與'에 지나치
게 의식하여 번역차용한 전이어들이다. 그러나 이들 사이에는 공통점도
있으면서도 일정한 차이점도 나타난다. 그 공통점과 차이점을 간략히 요
약하면 다음과 같다.

'다못, 더브러, 드려'는 모두 개사로서의 '與'에 대응되는 경우가 관찰된
다. 이 경우 '다못, 더브러, 드려'는 모두 'NP와', 'NP로' 등과 함께 출현
할 수 있는데 그 결합의 양상은 차이가 있다. '다못'은 주로 'NP와', 'NP
로'에 후행하는데 그 중 'NP와 다못'의 경우가 가장 빈번히 나타난다. '더
브러'도 '다못'과 마찬가지로 'NP와', 'NP로'에 후행하는데 그 중 'NP로'
에 후행하는 경우가 더 우세하여 '다못'과 차이가 난다. '드려'는 'NP로'
에 후행하는 용례가 확인되지만 'NP와'에 후행하는 경우가 나타나지 않
는다. '다못'은 직접 명사구 뒤에 쓰이는 용례가 발견되지 않으나 '더브러'
와 '드려'는 명사구에 직접 쓰이는 용례가 소수이기는 하지만 발견된다.
또한 '다못, 더브러, 드려'는 명사구를 동반하지 않고 모두 단독으로 출현

하는 용법도 보여 준다.

'다못'은 접속사인 '與'에 대응되는 경우도 관찰된다. '다못'은 명사구를 접속할 경우에 'NP1과 다못 NP2' 유형으로, 동사구를 접속할 경우에 'VP{-며/-거나} VP' 유형으로 나타난다. 이외에 숙어인 '與其'에 대응하는 '다못 그 NP론'과 '그 NP로 더브러론'의 구성이 많이 관찰되기도 한다.

4.5. 전이어 '다못/더브러/ᄃ려'의 기능

앞절에서 논의한 '다못, 더브러, ᄃ려'는 출현 환경에 따라 크게 세 가지 유형으로 정리될 수 있다. 'NP와'와 통합된 유형(이하 'NP와 통합형'으로 약칭함), 'NP로'와 통합된 유형(이하 'NP로 통합형'으로 약칭함), 단독으로 출현하는 유형(이하 단독형으로 약칭함)은 그것들이다. 이 세 가지 유형에서는 전이어가 행하는 기능이 똑같지는 않다. 본 절에서 이들의 기능과 관련하여 좀 더 자세히 살펴보기로 한다.

① 문맥 관계 명시 기능

'다못, 더브러'의 출현 양상에서 볼 수 있는 것처럼 'NP와 통합형'인 경우 의역과 직역을 대비해 보면 '다못', '더브러'는 중복적 표현임을 알 수 있었다. '중복적'이란 것은 '다못'과 '더브러'도 '與'의 의미를 나타내는 '와/과' 또는 '-며' 등 문법적 의미와 비슷한 기능을 하고 있기 때문이다. 이렇게 함으로써 '다못'은 선행 조사나 어미와 통합되고 '더브러'는 선행 조사와 통합되어 전후 문맥의 관계를 더 명시적으로 밝혀 주는 기능을 한다고 하겠다. 다음 (33)이 그 예이다.

(33) ㄱ. 룡ᄒᆞ니<u>와 다못</u> 눈 머니롤 보시고 비록 스스로온 디나 반ᄃᆞ시 뻐

녜모ᄒᆞ시며(見冕者<u>와</u> <u>與</u>瞽者ᄒᆞ시고 雖褻이나 必以貌ᄒᆞ시며)<小學
3:15b>

ㄱ'. 벼슬 노폰 관ᄃᆡᄒᆞ니<u>와</u> 눈 머니ᄅᆞᆯ 보시고 비록 아롬도이 겨신 ᄯᅡ
히라도 례도ᄒᆞ시며(見冕者<u>와</u> <u>與</u>瞽者ᄒᆞ시고 雖褻이나 必以貌ᄒᆞ시
며)<飜小4:17b>

ㄴ. 사ᄅᆞᆷ<u>과</u> 다못 앉디 마롤디니라(不<u>與</u>人坐焉이니라)<內訓1:61a>

ㄴ'. 사ᄅᆞᆷ<u>과</u> ᄒᆞᆫᄃᆡ 안찌 말오(不<u>與</u>人坐ᄒᆞ고)<飜小7:19b>

ㄷ. 손<u>과</u> 더브러 ᄒᆞᆫ가지로 밥 먹은대(<u>與</u>客同飯ᄒᆞᆫ대)<小學6:106a>

ㄷ'. 손과 홈ᄭᅴ 밥 먹거늘(<u>與</u>客同飯ᄒᆞᆫ대)<飜小10:6b>

(33ㄱ')~(33ㄷ')에서 보는 것처럼 의역 문헌에서는 'NP와'로 충분히 원
문의 의미를 나타낼 수 있는데도 불구하고 (33ㄱ)~(33ㄷ)의 직역인 경우
'다못', '더브러'를 첨가한 것이다. 이렇게 볼 때 '다못', '더브러'의 사용
은 문장 의미의 변별에 직접적인 작용을 하지 못하는 것이다. 이 경우의
'다못'과 '더브러'는 문맥 관계를 더 분명히 명시하는 기능을 하는 것으로
이해할 수밖에 없다. 이러한 문맥 관계의 명시 기능은 'NP로 통합형'에서
도 확인될 수 있다. 다음 (34)를 통해 살펴보도록 하자.

(34) ㄱ. 司馬溫公이 그 형 伯康<u>으로</u> ᄉᆞ랑호ᄆᆞᆯ 지극이 ᄒᆞ더니(馬溫公이 <u>與</u>
其兄伯康<u>으로</u> 友愛尤篤ᄒᆞ더니)<飜小9:79b>

ㄱ'. 司馬溫公이 그 兄 伯康<u>으로</u> 더블어 ᄉᆞ랑홈을 더욱 도타이 ᄒᆞ더
니(司馬溫公이 <u>與</u>其兄伯康<u>으로</u> 友愛尤篤이러니)<小學6:73b>

ㄱ". 司馬溫公이 그 兄 伯康<u>과로</u> ᄉᆞ랑호ᄆᆞᆯ 더욱 도타이 ᄒᆞ더니(馬溫
公이 <u>與</u>其兄伯康<u>으로</u> 友愛尤篤ᄒᆞ더니)<內訓3:45a>

ㄴ. 하품엣 빅셩<u>으로</u> ᄒᆞᆫ가지라(<u>與</u>下民一致라)<飜小8:12b>

ㄴ'. 하품 빅셩<u>으로</u> 더블어 ᄒᆞᆫ가지라(<u>與</u>下民一致라)<小學5:92b>

ㄷ. 呂榮公夫人仙源이… 侍講<u>으로</u> 夫婦ㅣ 되외야(呂榮公夫人仙源이…
<u>與</u>侍講ᄋᆞ로 爲夫婦ᄒᆞ야)<內訓2上:19a>

ㄹ. 형왕부인이 원우간의 죵겨집<u>으로</u> 졍히 셔방을 닷고(莉王夫人이
元祐間애 <u>與</u>婢妾로 精修西方호ᄃᆡ)<勸善要錄23a>

(34ㄱ)~(34ㄹ)의 'NP(로)'는 한문 원문으로 보면 모두 '與同의 대상'을 나타내는 문장들이다. 그러나 한국어에서는 '로' 자체가 명사구를 이러한 기능을 행하게 만드는 능력을 가지지 않는다. (34ㄱ)은 "司馬溫公이 그 형 伯康과 우애하다"의 뜻이고 (34ㄴ)은 "下民과 같다"의 뜻인데 '로'만으로 는 공동격 '와'의 기능을 담당하기에 부족한 것으로 보인다. (34ㄱ')~(34 ㄴ')에서 보는 것처럼 '로 더브러'가 공동격 기능을 함으로써 문맥 관계를 명시적으로 밝혀 주는 것이다.

② 문맥 의미의 보완 기능

한문에서 '與'에 후행하는 대상이 '之'가 나타나거나 노출되지 않으면 보통 언해될 때 후행하는 '之'나 생략된 대상을 살려서 '더와' 정도로 언 해되는 것이 자연스러운 한국어의 표현이 될 것이다.

(35) ㄱ. 釋迦牟尼佛이 智積ᄃ려 니ᄅ샤ᄃᆡ … 이에 菩薩이 이쇼ᄃᆡ 일후미 文殊師利니 뎌와 서ᄅ 보아 妙法을 論說ᄒ고ᅀᅡ 本土애 도라갈 ᄯᅥ 니라(釋迦牟尼佛이 告智積曰ᄒ샤ᄃᆡ…此有菩薩호ᄃᆡ 名이 文殊師利 니 可與相見ᄒ야 論說妙法ᄒ고ᅀᅡ 可還本土ㅣ니라)<法華4 : 165a>

ㄴ. 져믄 弟子와 沙彌小兒ᄅᆞᆯ 즐겨 치디 말며 ᄯᅩ 뎌와 ᄒᆞᆫ 스스을 즐기 디 말오(不樂畜年少弟子와 沙彌小兒ᄒ며 亦不樂與同師ᄒ고)<法華 5 : 18b>

ㄷ. 諸魔王이 順伏고져 아니커늘 如來ㅅ 聖賢諸將이 뎌와 모다 사호 느니(而諸魔王이 不肯順伏커늘 如來ㅅ 聖賢諸將이 與之共戰ᄒᄂ 니)<法華5 : 60b>

(35ㄱ)은 한문의 '與' 뒤에서 '文殊師利'가 생략되었으나 언해문에서는 '뎌'를 이용하여 '與' 뒤의 대상을 살린 것이다. (35ㄴ)에서는 '뎌'는 '年少 弟子와 沙彌小兒'를 가리키는 것이며 (35ㄷ)에서는 '諸魔王'을 지시하는 것

이다. 이와 같이 '뎌와'의 기능은 직역 문헌에서는 선행 명사구가 수반되지 않은 전이어에 의해 담당된다. 즉 '다뭇', '더브러', '드려'는 '뎌와' 같은 '여동의 대상'을 제시함으로써 문맥의 의미를 보완하여 주는 것이다. 이러한 기능은 다음 (36)에서 확인할 수 있다.

(36) ㄱ. 슯프다 董生이여 <u>다뭇</u> ᄧ기 업도다(嗟哉 董生이여 無<u>與</u>儔로다)
　　　　<飜小9 : 100b>

　　 ㄴ. 다 힘뼈 善욜 ᄒ야 <u>더브러</u> 늘구믈 期約ᄒ고(竭力爲善ᄒ야 期<u>與</u>之
　　　　齒ᄒ고)<內訓3 : 37a>

　　 ㄷ. 이 ᄒ 무렛 사ᄅᆷ 드려 말 몯ᄒ리니(此一輩人은 不可<u>與</u>語ᅵ
　　　　니)<六祖上69a>

　　 ㄹ. 寡婦의 ᄌ식이 나타남이 잇디 아니커든 <u>더블어</u> 벋 삼디 아니홀디
　　　　니라(寡婦之子ᅵ 非有見焉이어든 弗<u>與</u>爲友ᅵ니라)<小學2 : 56a>

　(36ㄱ)의 '다뭇'은 '董生과 다뭇', (36ㄴ)의 '더브러'는 '어진 사람과 더불어'로 해석될 수 있다. (36ㄷ)은 '드려'를 빼면 "이 사람들은 말 못한다" 정도가 되어 원문의 의미와 다르게 된다. 한문 원문의 문맥에 의하면 '말 못하는' 사람은 '此輩人'들이 아니고 다른 사람들이다. 즉 "다른 사람들이 '此輩人'과(에게) 말하지 못 한다"는 뜻이다. (36ㄹ)은 '寡婦의 자식과 친구가 되지 않는다.'는 뜻인데 '더브러'는 '친구가 되는 대상'이 '과부의 자식'임을 제시하는 기능을 한다.

4.6. 소결

　본 장에서는 전이어 '다뭇/더브러/드려'을 대상으로 그들의 출현 양상과 기능을 살펴보았다. 논의된 내용을 다시 간략히 요약하면 다음과 같다.

① 전이어 '다뭇'과 '더브러'는 직역과 의역을 대비함으로써 쉽게 판별될 수 있다. '드려'는 '(로) 더브러'와 비슷한 양상을 지닌 것에 비추어 볼 때 간접적이기는 하지만 전이어의 성격을 부여할 수 있다. 그러나 '다뭇'과 'ᄒ야'가 아닌 'ᄒ-'의 활용형을 취할 때 '다뭇'을 전이어로 간주하기 어렵다. '다뭇'과 'ᄒ야'가 결합될 때 여러 가지 가능성이 있으므로 본 연구에서 일단 제외하기로 하였다.

② 한문의 '與'에 접속사와 개사의 용법이 있듯이 대응되는 '다뭇'은 두 가지의 용법이 있다. 접속사에 대응되는 '다뭇'은 명사구를 접속시킬 경우 'NP1과 다뭇 NP2' 유형으로, 동사구를 접속시킬 경우는 'VP-며(-거나) VP'의 유형으로 나타난다. 이러한 용법은 '더브러'와 '드려'에서는 확인되지 않는다. '더브러', '드려'는 개사의 '與'에 대응되는 경우만 확인된다.

③ 개사의 '與'에 대응되는 '다뭇', '더브러', '드려'도 출현 양상에 공통점이 있으면서도 차이점도 있다. '다뭇, 더브러, 드려'는 모두 'NP+조사 # 전이어 # VP'의 환경에서 출현할 수 있다. 그러나 '다뭇'에 선행하는 명사구는 'NP와'가 'NP로'보다 훨씬 많은 데 비해 '더브러'에 선행하는 명사구는 'NP로'가 'NP와'보다 빈번히 나타나는 양상을 보인다. '드려'에 선행하는 명사구는 'NP와'의 경우가 확인되지 않는다. '더브러'와 '드려'는 직접 명사구에 후행할 수 있으나 '다뭇'은 그런 경우가 확인되지 않는다. 근대 시기의 용례이지만 '다뭇'은 'NP로'에 선행하는 용례가 발견되지만 '더브러', '드려'는 그런 용례가 확인되지 않는다. 또한 'NP+조사'의 명사구가 수반하지 않고 단독으로 문장에서 출현하는 용법도 '다뭇, 더브러, 드려'에서 모두 확인된다.

④ '다뭇, 더브러, 드려'는 그들의 출현 환경에 따라 그 기능을 세분할 수 있다. 명사구가 노출된 'NP와 통합형'과 'NP로 통합형'에서는 '다뭇, 더브러, 드려'는 문맥 관계의 명시 기능을 한다. 단독으로 출현되는 단독형은 '여동의 대상'을 제시함으로써 문맥 의미를 보완하는 기능을 한다.

5. 전이어 '히여(곰)'[使]의 출현 양상과 기능

5.1. 전이어 '히여(곰)'의 확인

한문에서 '使'를 이용한 'A+使+B+동사'의 구문에서 사동의 의미는 문장의 서술어에 선행하는 '使'가 담당한다. 이에 비해 한국어의 사동 구문에서 사동의 의미는 주로 문장의 서술어에 사동 접미사나 '-게 ㅎ-' 구조가 결합하여 나타난다. 다시 말하면 한문의 사동 의미는 문장 서술어의 전부(前部)에서 실현되고 한국어의 사동 의미는 문장의 서술어 후부(後部)에서 실현된다. 그러나 축자역할 경우에는 한국어 문장의 서술어에 사동의 의미를 나타내는 문법 형태가 결합하고 동시에 한문의 영향을 받아 서술어 전부(前部)에 '使'에 대응되는 어휘 형태가 나타난다. 혹은 한문 구문에 따라 서술어 전부에만 '使'에 대응하는 어휘 형태가 나타나기도 한다. 이와 같이 '使'에 대응하는 어휘가 바로 이 책에서 다루고자 하는 전이어 '히여(곰)'이다. 본 절에서는 우선 직역과 의역의 대비를 통해 전이어에 해당하는 '히여(곰)'을 확인하고자 한다.

(1) ㄱ. 날로 사룸으로 <u>히여곰</u> 듣게 ㅎ니(日<u>使</u>人聞之ㅎ니)<小學5 : 7a>
　　ㄱ'. 날마다 사른모로 듣게 ㅎ더니(日<u>使</u>人聞之ㅎ더니)<飜小6 : 7b>
　　ㄴ. 明道 先生이 굴ᄋ샤디 빅셩으로 <u>히여곰</u> 각각 시러곰 그 情을 다ㅎ게 홀디니라(明道 先生이 曰 <u>使民</u>으로 各得輸其情이니라)<小學5 : 59a>
　　ㄴ'. 明道 先生이 니르샤디 빅셩으로 각각 제 졍실을 다 니르게 홀디니라(明道 先生이 曰 <u>使民</u>으로 各得輸其情이니라) <飜小7 : 26a>
　　ㄷ. 민양 <u>히여곰</u> 쇠 똥을 쓰설이거든 祥이 더욱 공슌ㅎ고 삼가며(每<u>使</u>掃除牛下ㅣ 어든 祥이 愈恭謹ㅎ며)<小學6 : 22a>

ㄷ'. 미양 쇠 쏭을 츠이거든 왕상이 더옥 조심호야 공슌히 호며(每使掃
除牛下ㅣ어든 祥이 愈恭謹호며)<飜小9：24b>

(2) ㄱ. 엇디 可히 눔으로 히여곰 호리오(豈可使人爲之리오)<小學5：39b>

ㄱ'. 엇디 느모로 호라 호리오(豈可使人爲之리오)<飜小7：6a>

ㄴ. 正獻公이 블러 마자다가 히여곰 모든 아돌을 マ르치더니(正獻公이
招延之호야 使教諸子호더니) <小學6：4a>

ㄴ'. 正獻公이 블러 마자다가 모든 ᄌ식을 マ르치라 호시니(正獻公이
招延之호야 使教諸子호더시니)<飜小9：4a>

(1), (2)는 의역 문헌인 『번역소학』과 직역 문헌인 『소학언해』에서 나타
나는 용례들이다. 예문 (1ㄱ)과 (1ㄱ')를 대비해 보면 서술어 부분에서 모
두 '-게 호-' 구조를 통해 사동의 의미를 나타내고 있음을 알 수 있다. (1
ㄴ)과 (1ㄴ')도 마차간지로 '-게 호-'로 사동의 의미를 나타내지만 (1ㄴ)은
동사 '다호-'를 사용하고 (1ㄴ')은 동사 '니르-'를 사용하여 약간 차이가
있다. (1ㄷ)과 (1ㄷ')은 모두 사동사로 사동 의미를 나타내지만 (1ㄷ)은 '쁘
설이-'로 나타나고 (1ㄷ')은 '츠이-'로 나타나 어휘적 차이를 드러낸다. 이
렇게 볼 때 (1)은 일부 어휘가 다른 것 외에 사동을 나타내는 구성이 (1ㄱ)
과 (1ㄱ'), (1ㄴ)과 (1ㄴ'), (1ㄷ)과 (1ㄷ')은 동일하지만, '히여곰'이 첨가 여
부에서 차이를 드러낸다. 곧, 의역 문헌에서는 '使'에 대응되는 '히여곰'이
나타나지 않지만 직역 문헌에서는 '히여곰'이 나타난다. 이와 같은 경우의
'히여(곰)'이 전형적인 전이어이다.

(2)는 (1)과는 달리 짝이 되는 두 언해문이 문장 구성에 있어 차이를 보
인다. (2ㄱ)은 피사동주는 '눔으로 (히여곰)'으로 나타나고 원문에 있는 사
동의 의미가 서술어에는 반영되지 않고 오히려 주동사인 '호리오'로 나타
나 있다. 반면에 동일 원문을 언해한 (2ㄱ')은 피사동주는 '느모로'로 나타
나고 원문의 사동 의미가 명령형인 '호라 호리오'로 나타나 있다. (2ㄴ)은
피사동주가 노출되지 않았지만 한문 원문에 있는 사동 의미가 (2ㄴ')에서

명령형 'ㄱᄅ치라 ᄒ시니'로 나타나 있는데, (2ㄴ)에서는 '히여곰' 외에 서술어에는 사동의 의미가 반영되어 있지 않다. 이런 경우의 '히여곰'을 전이어로 분석할 수 있는지에 대해서는 다소 이견이 있을 수 있는데, 이때의 '히여곰'을 동사의 활용형으로 보이는 '브려'와 비교하여 '히여곰'이 전이어임을 확인하고자 한다. '히여곰'을 다른 어형이 아닌 '브리-'의 활용형 '브려-'와 비교하는 것은 양자가 모두 한문의 '使'에 대응되는 자석(字釋)이므로 의미상 공통점이 있으며 또한 통사 구조에 있어서도 많은 유사점이 존재하기 때문이다.95) 그럼에도 불구하고 '히여(곰)'과 '브려'는 뚜렷한 차이점을 드러낸다.

첫째, '브려'와 '히여(곰)'은 목적어 지배 능력에 있어 차이를 보인다.

(3) ㄱ. 굿 나ᄅᆞᆯ 브려 지스리로다(强使我作ᄒ리로다)<法華2 : 194b>

　　ㄴ. ᄉ쟈ᄅᆞᆯ 브려 황금 무슨 근을 주시고(使使者ᄒ야 賜黃金四十斤ᄒ시고)<飜小9 : 57b>

　　ㄷ. ᄒ다가 제 書持커나 사ᄅᆞᆷ 브려 쑤미샤 이 어려우니라(若自書持커나 若使人書ㅣ샤 是則爲難ᄒ니라)<法華4 : 143a>

　　ㄹ. 사ᄅᆞᆷ 브려 孫叔敖ᄅᆞᆯ 마자 나ᅀᅡ오아ᄂᆞᆯ(使人ᄋᆞ로 迎孫叔敖而進之ᄒ야ᄂᆞᆯ)<內訓2 : 21b>

　　ㅁ. 王이 人을 브려 와 골ᄋᆞ샤ᄃᆡ…可히 寡人으로 히여곰 시러곰 見케 ᄒ리잇가(王이 使人來曰…可使寡人으로 得見乎ㅣ잇가)<孟子4 : 3b>

(3)은 중세 문헌에 나타나는 '브려'의 예들이다. (3ㄱ), (3ㄴ)의 '브려'가

---

95) '히여(곰)'과 '브려'에 후행하는 서술어의 유형에 있어서 모두 '-게 ᄒ-', '명령문', '주동사'가 올 수 있는 것은 공통점이다. 다음 예문은 '브려' 구문의 용례들이다.
　ㄱ. 내 阿修羅ᄅᆞᆯ 브려 月食ᄒ게 ᄒ면 四天下ㅣ 흔쁴 브플 티리니<釋詳24 : 25a>
　ㄴ. 靑衣ᄅᆞᆯ 브려 긔별 아라 오라 ᄒ시니<釋詳6 : 2a>
　ㄷ. 사ᄅᆞᆷ 브려 請ᄒ야ᄂᆞᆯ(使人請蝎)<三綱런던 忠4a>
　다만 '히여(곰)'의 경우 '-게 ᄒ-' 유형이 많이 나타나는 데 비해 '브려'의 경우는 '주동사' 유형이 많이 나타나 양자가 차이가 있다.

목적격을 지배하는 것으로 보면 여기의 '브려'는 틀림없는 타동사임을 알
수 있다. (3ㄷ), (3ㄹ)은 '브려'에 선행하는 목적격 조사가 생략되었으나 한
문 원문에 비추어 보면 '사룸'이 '브려'의 목적어임을 알 수 있다. 요컨대
'브려'는 항상 목적어를 취하지만 예문 (1), (2)에서 보는 것처럼 '히여곰'
은 그러하지 않다. 이러한 차이점은 '히여곰'이 목적어 지배 능력이 약화
되었음을 시사해 준다. 특히 (3ㅁ)에서는 한문 원문 구조가 같음에도 불구
하고 하나를 '브려'로, 하나를 '히여곰'으로 언해된 것이 주목된다. '브려'
의 경우는 그 앞에 목적어를 취하고 뒤에 주동사 '오-'가 후행하는 데 반
해 '히여곰'은 'NP로'가 선행하고 뒤에 사동 의미를 나타내는 '-게 ᄒ-'
구조를 취하고 있다. (3ㅁ)도 '브려'와 '히여곰'이 같은 것이 아님을 뒷받
침해 주는 적극적인 예라 하겠다.

둘째, '히여(곰)'은 단독 출현할 수 있지만 '브려'는 그렇지 못하다.

> (4) ㄱ. 이제 <u>히여곰</u> 가져오게 호마(如今<u>敎</u>將來)<飜老上56b>
> ㄴ. 님금이 블러 <u>히여곰</u> 손 더졉ᄒ라 ᄒ거시든(君이 召<u>使</u>擯ㅣ어시든)
> <小學2 : 38a>
> ㄷ. 사룸 <u>브려</u> 더본 저즐 브스니(遣人以熱乳澆之)<釋詳24 : 41b>
> ㄹ. 石碏이 陳에 사룸 <u>브려</u> 닐오디(碏使告于陳曰)<三綱런던忠3>

(4ㄱ)과 (4ㄴ)은 한문에서 '使'의 후행 성분이 생략되어 언해문에서 '히
여(곰)'은 단독으로 출현한 예이다. (4ㄷ)과 (4ㄹ)은 '브려' 앞에 목적어 성
분이 선행하는 예이다. 특히 (4ㄹ)은 한문 원문에서 '使'의 후행 성분이 생
략되었으나 언해문에서는 '사룸'으로 복원하여 언해한 것이 주목된다. 다
시 말하면 '히여곰'은 단독으로 문장에 나타날 수 있으나 '브려'는 항상
그 앞에 목적어 성분이 수반되어 나타난다.

셋째, '브려'와 '히여곰'은 선어말어미와의 결합에 있어 차이를 보인다.

(5) ㄱ. 王이 使者 <u>브리샤</u> 王舍城의 가 부텨를 請ㅎᄉᆞᄫᆞ니(時王聞已<u>遣使者</u>
    詣王舍城請佛)<釋詳6 : 38b>

　　ㄴ. 王이 使者 <u>브리샤</u> ᄲᆞᆯ리 太子ᄅᆞᆯ 마자 오라 ᄒᆞ야시ᄂᆞᆯ(王<u>遣使者</u> 速迎
    太子還)<月釋20 : 89a>

　　ㄷ. <u>帝</u> 그 ᄌᆞ식 아홉 아ᄃᆞᆯ와 두 ᄯᆞᆯ로 <u>히여곰</u> 百官이며 쇼와 羊이며 창
    적을 곧초와 <u>뻐</u> 舜을 받ᄌᆞ럼 가온대 가 섬기게 ᄒᆞ시니(帝ㅣ <u>使其</u>
    子九男二女로 百官牛羊倉廩을 備ᄒᆞ야 以事舜於畎畝之中ᄒᆞ시니)<小
    學4 : 8a>

　　ㄹ. <u>아비</u> <u>뻐</u> 先生이 德을 닷가 검약을 딕킈연는 연고로 賤혼 妾으로
    <u>히여곰</u> 뫼ᅀᆞ와셔 슈건과 비슬 잡게 ᄒᆞ시니(妻ㅣ 日大人이 以先生
    이 修德守約故로 使賤妾으로 侍執巾櫛ᄒᆞ시니)<小學6 : 54b>

(5)는 '브려'와 '히여곰'이 주어가 존대의 대상인 문장에 나타난 경우를
보인 것이다. (5ㄱ)과 (5ㄴ)은 주어가 '王'으로 존대의 대상이므로 주체를
높이는 선어말어미 '-시-'가 '브리-'에 결합하여 '브리샤'로 실현된 것이
다. 반면 (5ㄷ)과 (5ㄹ)은 '帝'와 '아비'가 존대의 대상이지만 '히여(곰)'이
'-시-'와 결합되지 않았다.

넷째, '브려'와 '히여(곰)'은 활용 형태에서도 차이를 보인다.

(6) ㄱ. 님금이 臣下ᄅᆞᆯ <u>브리샤ᄃᆡ</u> 禮례로 ᄒᆞ며(君使臣以禮ᄒᆞ며)<飜小3 : 8b>

　　ㄱ'. 님금이 신하 <u>브리기</u>를 禮로써 ᄒᆞ며(君<u>使</u>臣以禮ᄒᆞ며)<小學2 : 42b>

　　ㄴ. 싀아비 싀어미 몯며느리ᄅᆞᆯ <u>브리거시든</u> 게으르디 말며(舅姑ㅣ 使家
    婦ㅣ 어시든 毋怠ᄒᆞ며)<內訓1 : 51b>

　　ㄷ. 네 念慮를 브터 네 色身을 <u>브리ᄂᆞ니</u>(由汝念慮ᄒᆞ야 <u>使</u>汝色身ᄒᆞᄂᆞ
    니)<楞嚴10 : 81a>

(7) ㄱ. ᄒᆞᄂᆞᆯ히 나ᄅᆞᆯ <u>브려</u> 빋 갑게 ᄒᆞ시니라(<u>天使我</u>爲君償債)<三綱 런던
    孝11>

　　ㄱ'. 하ᄂᆞᆯ이 날로 <u>히여곰</u> 그ᄃᆡ를 위ᄒᆞ여 빗을 갑게 ᄒᆞ시니(天<u>使我</u>爲君
    償債)<五倫 孝20>

　　ㄴ. 사ᄅᆞᆷ <u>브려</u> 請ᄒᆞ야ᄂᆞᆯ(<u>使</u>人請蠋)<三綱 런던 忠4>

ㄴ'. 사ᄅᆞᆷ으로 ᄒᆞ여곰 쵹을 쳥ᄒᆞᆫ대(使人請蠋)<五倫 忠7b>

(6)은 'ᄇᆞ리-'가 '-어' 이외의 어말어미 '-오ᄃᆡ'나 '-기'나 '-거든' 등과 결합한 예들인데 '使'에 대응되는 'ᄒᆡ여(곰)'은 항상 'ᄒᆡ여'의 형태로만 나타난다. 특히 (6ㄷ)에서 보는 것처럼 'ᄇᆞ리-'는 종결어미 '-ᄂᆞ니'를 취할 수 있는 데 반해 '使'에 대응되는 'ᄒᆡ여(곰)'은 종결어미를 취하는 경우가 확인되지 않았다.[96] 예문 (7)에서 보는 것처럼 'ᄇᆞ려'에는 '곰'이 결합한 형태가 나타나지 않지만 'ᄒᆡ여'는 '곰'이 결합할 수 있다. 이상에서 살펴본 바, 'ᄇᆞ리-'는 여러 가지의 활용형을 취할 수 있으나 'ᄒᆡ여(곰)'은 'ᄒᆡ여'만 취할 수 있어 고정되어 있는 양상을 보이고 있다. 특히 '곰'의 개재 여부는 'ᄒᆡ여'가 동사의 활용형이 아니었을 가능성이 한층 높음을 시사해 준다. 이를 위해 다음에서 '곰'의 결합 환경을 살펴보도록 한다.[97]

(8) ㄱ. 種種 方便으로 다시곰 ᄉᆞᆯᄫᆞ도<釋詳6 : 6a>
ㄴ. ᄃᆞᆯ하 노피곰 도ᄃᆞ샤<樂軌, 井邑>
ㄷ. 어긔야 머리곰 비취오시라<樂軌, 井邑>
ㄹ. 엇뎨 ᄢᅧ곰 싀어미 싀아비ᄅᆞᆯ 拜謁ᄒᆞ리오(何以拜姑嫜)<杜詩8 : 67b>

---

96) 사동의 의미를 나타내는 'ᄒᆡ(이)-' 또는 'ᄒᆞ이-'는 다른 활용형을 취하는 용례도 확인되는데 대부분 한문의 사동사 '使' 등이 나타나지 않은 것이 특징이다.
ㄱ. 迦葉이 그 堀애 앉고 弟子ᄃᆞᆯᄒᆞᆯ 열두 頭陁行ᄋᆞᆯ ᄒᆡ더니<月釋7 : 31a>
ㄴ. 블러 主爵都尉를 ᄒᆞ이시니(召爲主爵都尉)<小學6 : 34b>
ㄷ. 王이 ᄀᆞ장 깃그샤 臣下ㅣ며 相師ㅣ며 婆羅門ᄃᆞᆯᄒᆞᆯ 브르샤 아기 아나 내야 相占卜 ᄒᆡ시고 일훔지ᄒᆞ라 ᄒᆞ야시ᄂᆞᆯ<月釋22 : 24a>
ㄷ'. 說法ᄒᆞ야 敎化ᄒᆞᄂᆞᆫ 道ᄂᆞᆫ … 사ᄅᆞᄆᆞᆯ 便安케 ᄒᆞ며…能히 사ᄅᆞᄆᆞᆯ 降伏ᄒᆡ며 …能히 사ᄅᆞᄆᆞᆯ 通達ᄒᆡᄂᆞ니(夫說法敎化之道ᄂᆞᆫ …能安人ᄒᆞ며 …能伏人ᄒᆞ며 … 能達人ᄒᆞᄂᆞ니)<法華4 : 99a>
ㅁ. 밧긔 나면 졍히 사ᄅᆞᆷ 근심 ᄒᆡᄂᆞ니라(外出時 端的是愁殺人)<飜朴54a>
ㅂ. 大夫人이 占卜 ᄒᆡ신대(大夫人이 令筮之)<內訓2 : 38a>

97) 여기의 '곰'은 접미사로 쓰이는 어형인데 모음 아래에서 'ㄱ>ㅇ'의 현상이 없어 "씩"의 뜻을 나타내는 '곰'과 구별해야 된다. 고영근(1993 : 110)에서 '곰'을 용언의 활용형과 부사에만 붙는 보조사로 다루고 있다.

ㅁ. 이리곰 火災호물 여듧 번 ᄒᆞ면<月釋1 : 49b>

ㅂ. 눌 보리라 우러곰 온다<月釋8 : 87a>

ㅅ. 사ᄅᆞᆷ을 ᄀᆞ라곰 ᄒᆞ라<救簡1 : 34a>

[※ 이상 예문 유창돈(1975 : 420)에서 재인용]

(8ㄱ)~(8ㅁ)은 '곰'이 부사에 후행하는 용례들이고 (8ㅂ)~(8ㅅ)은 용언의 활용형에 결합한 예들이다. 용언의 활용형에 결합하여 쓰이는 용례가 있지만 부사에 후행하는 경우에 비해 적은 셈이다. 그리고 16세기부터 '곰'이 '시러곰', '뼈곰', '히여곰'에 집중적으로 나타나, '곰'이 용언의 활용형에 결합할 수 있는 기능이 거의 소멸된 것으로 보인다. '곰'의 결합 가능성은 결정적인 요인이 아니라 하더라도 개재된 '히여곰'이 부사적 성격을 지녔음을 보여주는 것이라 할 수 있다.

다섯째, '브리-'와 '히여'는 협주 방식에 있어서도 차이를 보인다.

(9) ㄱ. 使ᄂᆞᆫ 브릴 씨니<釋詳11 : 3a>

ㄱ'. 製ᄂᆞᆫ 글 지슬 씨니 … 訓은 ᄀᆞᄅᆞ칠 씨오<훈언1a>

ㄱ''. 淨은 조홀 씨오 居ᄂᆞᆫ 살 씨니<釋詳3 : 16a>

ㄴ. 使ᄂᆞᆫ 히여 ᄒᆞᄂᆞᆫ 마리라<훈언3a>

ㄴ'. 寧은 엇뎨 ᄒᆞᄂᆞᆫ 마리라<月釋1 : 月釋序14a>

ㄴ''. 復ᄂᆞᆫ 다시 ᄒᆞᄂᆞᆫ 쁘디라<훈언11b>

(9ㄱ)에서 볼 수 있는 바와 같이 중세 시기의 문헌에서 '브리-'는 동사를 풀이하는 방식을 취하였다. 그러나 (9ㄴ)에서 볼 수 있는 것처럼 '히여(곰)'은 부사의 풀이 방식을 취하였다.[98] 이는 '히여(곰)'이 동사가 아님을

---

98) 협주에서 한문 어사가 품사별로 풀이는 방식에 대한 연구는 안병희(1977 : 16-8), 김민수(1982 : 126-7), 서종학(1983 : 177), 박금자(1997 : 161-185) 등을 들 수 있다. 연구자에 따라 풀이되는 방식에 대한 기술이 약간 차이가 있으나 대체적으로 아래와 같이 구분할 수 있다.

ㄱ. 體言類 : A ᄂᆞᆫ [B]이라. 語는 말쏨미라<훈언1a>

뒷받침해 준다.

　이상의 논의를 통해서 '히여(곰)'과 '브려'의 차이점은 다음과 같은 몇 가지가 확인될 수 있었다. 첫째, '브려'는 목적격 조사를 지배하는 것이 일반적이지만 '히여곰'은 그렇지 않다.99) 둘째, '브리다'는 항상 목적어를 수반하는 데 반해 '히여곰'은 단독으로 쓰일 수 있다. 셋째, '브려'는 선어말어미 '-시-'와 결합할 수 있지만 '히여곰'은 '-시-'와 통합된 용례가 확인되지 않는다. 넷째, '브리-'는 다양한 활용형으로 나타나나 '히여(곰)'은 다른 활용형으로 나타나지 않는다. 그리고 특히 '브리-'는 종결어미와 통합될 수 있는데 '히여곰'은 그런 용법이 없다. 다섯째, 협주에 나타난 '使'에 대한 자석으로 보면 '브리-'는 동사로 해석되고 '히여'는 부사로 해석되었다. 이상의 차이점은 '브리-'가 강한 동사적 성격을 지니는 존재이며 '히여(곰)'은 동사적 성격이 약함을 말해 준다. 따라서 예문 (2)의 '히여(곰)'은 동사 (또는 동사의 활용형) '브려'와 비슷한 구문을 가지고 있다 하더라도 형태적 통사적 측면에서 엄연한 차이점이 존재하기 때문에 전이어로 간주해도 큰 무리가 되지 않는다.

　그러나 '히여'로 실현된 모든 형태가 이와 같이 전이어의 성격을 갖는 것은 아니다. 다음 (10)에 제시한 '히여'는 서술어의 기능을 하는 동사 '히-'의 성격이 더 강한 것으로 보인다.

　ㄴ. 用言類 : A는 [B]-ㄹ씨라. 得은 시를씨라<훈언2a>
　ㄷ. 副詞類 : A는 [B]{ᄒᆞ논, ᄒᆞ는} {뜯, 말}이라. 相온 서르 ᄒᆞ논 ᄠᅳ디라<훈언1b>
　A는 [B] ᄒᆞᄃᆞᆺᄒᆞᆫ {뜯, 말}이라. 一切는 다 ᄒᆞᄃᆞᆺᄒᆞᆫ 마리오<월석1 : 11a>
　ㄹ. 虛辭類 : 입겿(겿)이라. 而 는 입겨지라<훈언2a>
　이러한 협주 방식에 의하면 '브리-'는 동사로 다루고, '히여'는 부사로 다룰 수 있을 듯하다.
99) 'NP로 브려'의 용례는 근대 시기의 문헌에서 극히 드물게 나타난다.
　ㄱ. 비록 五尺의 童으로 브려 市에 갈디라도 或도 소기디 아니 ᄒᆞ리니(雖使五尺之童適市라도 莫之或欺ᄒᆞ리니)<孟栗3 : 33b>

(10) ㄱ. 좌우엣 <u>사ᄅᆞ물</u> 히여 믌고기며 묻고기며 귀흔 차바놀 사아 齋室안
　　　해 各別히 廚帳을 셰옛더니(<u>使左右로</u> 買魚肉珍羞ᄒᆞ야 於齋內예
　　　別立廚帳이러니)<內訓1 : 60a>

　　ㄱ'. 左右엣 <u>사ᄅᆞ물</u> 브려 됴흔 고기 차반을 사다가 집 안에 각벼리 브
　　　석 밍ᄀᆞ라 두고 먹더니(<u>使左右로</u> 買魚肉珍羞ᄒᆞ야 於齋內예 別立廚
　　　帳이러니)<飜小7 : 13b>

　　ㄴ. 귀와 눈과 고콰 입과 ᄆᆞ숨과 智慧와 온가짓 體롤 히여 다 順ᄒᆞ며
　　　正ᄒᆞ물 브터 뻐 그 義롤 行홀디니라(<u>使耳目鼻口心知百體로</u> 皆由順
　　　正ᄒᆞ야 以行其義니라)<內訓1 : 11a-b>

　　ㄷ. 아히롤 히여 숤 가온딧 잔올 업텨 먹노라(<u>敎兒且覆掌中盃</u>)<杜詩1
　　　1 : 34b>

　　ㄹ. 聖人이 시르믈 두샤 契을 히여 司徒롤 사마 ᄀᆞᄅᆞ쵸더 人倫을 뻐 ᄒᆞ
　　　게 ᄒᆞ시니(聖人이…<u>使契爲司徒</u>ᄒᆞ야 敎以人倫ᄒᆞ시니)<內訓1 : 19a>

　　(10ㄱ)은 '히여'를 삭제하면 '사ᄅᆞ물'을 지배하는 동사가 사라져 문장이
이상해지게 될 것이다. 이때 '히여'는 "시키다"의 의미로 피사동주인 목적
어 '사ᄅᆞ물'을 지배하는 기능을 하기 때문이다. 같은 한문 원문인 (10ㄱ')
을 비추어 보면 이 경우의 '히여'는 '브려'와 같은 의미로 쓰이는 것으로
이해된다. 따라서 (10ㄱ)의 '히여'는 동사 '히-'의 활용형으로 파악하는 것
이 마땅하다고 본다. (10ㄴ)과 (10ㄷ)은 '히여'에 후행하는 서술어는 '行홀
디니라', '업텨'이므로 이들 서술어만으로는 한문 원문의 '使', '敎'에 해당
하는 사동 의미를 나타낼 수 없다. 언해문에서 사동의 의미를 나타내는
것은 '히여'이므로 (10ㄱ)과 마찬가지로 이 경우의 '히여'를 삭제하면 비
문이 될 것이다. 그러나 (10ㄹ)의 '히여'는 동사 '히-'의 활용형으로 해석
할 가능성과 전이어 '히여'로 해석할 가능성 모두를 배제할 수 없다. (10
ㄹ)은 다른 용례와 약간 다른데 문장의 서술어에 사동 의미를 나타내는
'-게 ᄒᆞ-'가 있기 때문이다.

　　다음 (11)은 '히여'의 이표기인 'ᄒᆞ여/ᄒᆞ야'에 선행하는 명사구에 조사가

나타나지 않는 경우를 보인 것이다. 이때에도 (10)과 같이 '히여'가 전이어인지 아닌지를 구분하기 어렵다.

(11) ㄱ. 문득 그 사룸 ᄒᆞ야 글 외오요ᄃᆡ(便着那人背書)<飜老上3b>
　　 ㄴ. 녀느 사룸 ᄒᆞ여 보게 ᄒᆞ라(敎別人看)<飜老上65b>
　　 ㄷ. 이 늘그니 ᄒᆞ야 보라 ᄒᆞ야라(着這老的看着)<飜老上34ab>
　　 ㄹ. 네 ᄒᆞᆫ 벋 ᄒᆞ야 날 조차 가면(你着一個火伴 跟我去來)<飜老下18b>
　　 ㅁ. 뎌 ᄒᆞ야 밍골이디 몯홀가(着他打不得)<飜朴上15b>
　　　　 [※ 이상 예문 석주연(2003)에서 재인용, 한문 원문은 저자가 추가]

　(11)은 구어체 성격인 강한 문헌인 『번역노걸대』와 『번역박통사』에만 나타난다는 점에서 특기할 만하다. 주지하는 바와 같이 한국어의 격조사는 구어에서 실현되지 않는 (또는 생략되는) 경우가 많다. (11)에 제시한 예문에서 'ᄒᆞ야/ᄒᆞ여'에 선행하는 각 명사구는 모두 피사동주이다. 피사동주 뒤에서 격조사가 실현되지 않은 경우는 조격조사 '로'가 생략되었다고 해석할 수도 있고, 목적격조사 '룰'이 생략되었다고 해석될 수도 있다. '로'가 생략된 것을 본다면 'ᄒᆞ야/ᄒᆞ여'를 전이어로 볼 가능성이 높지만 '룰'이 생략된 것으로 본다면 동사 '히-'의 활용형일 가능성도 높다. 권재일(2006)에서는 구어에서는 목적격 조사가 실현되지 않은 경우가 가장 높은 비율을 차지하는 데 비해, 조격조사 '로'가 실현되지 않은 경우의 비율은 아주 낮은 편이라고 지적한 바 있다. 『번역노걸대』, 『번역박통사』에서는 피사동주는 격조사 '로'와 결합하기도 하고 '룰'과 결합하기도 하지만, 다른 문헌 자료의 경우와 달리 '룰'이 결합하는 경우가 '로'가 결합하는 경우보다 우세하다.[100] 이런 점을 감안하여 격조사가 실현되지 않은 경우

---

100) 저자의 조사에 의하면 『번역노걸대』에서는 'NP로'의 예는 하나만 나타나는 반면에 목적격 조사와 결합된 예는 많이 나타난다.
　 ㄱ. 사ᄅᆞ모로 ᄒᆞ야 面에 올인 쓸와 둥 우희 ᄯᆞ론 힘 뵈오(敎人看了面子上的角背子上鋪的劤)<飜老下31b>

격조사 '롤'이 생략되었을 가능성이 높을 것이다. '롤'이 생략되었다는 점을 전제하면 여기의 '히여'는 동사 '히-'의 활용형일 가능성도 높다 할 수 있다. 그리고 앞에서 보는 바와 같이 전이어가 확실한 '히여곰'에서는 선행 명사구의 조사가 생략되지 않는다는 사실을 감안하면 여기의 '히여'는 동사의 활용형일 가능성이 더 높을 것이다.[101] 그러나 예문 (11) 중의 '히여'는 동사의 활용형으로 인정하더라도 문장에서 행하는 역할이 모두 같다고는 말할 수 없다. 예문 (11ㄱ)~(11ㄷ)의 '히여'를 빼면 문장의 통사 구조가 변하게 되지만 문장의 사동 의미는 여전히 남는다. 그러나 (11ㄹ-ㅁ)의 '히여'를 빼면 문장의 사동 의미가 사라지며 명사구에서 '롤'이 생략된 것으로 다루지 못하게 될 것이다. (11ㄹ)~(11ㅁ)의 경우 활용형의 성격이 강한 데 비해 (11ㄱ)~(11ㄷ)은 중간적 성격을 지닌 듯이 보인다. 따라서 이 책의 논의 대상에서 (10), (11)과 같은 예는 일단 제외하고 NP로'와 통합된 '히여(곰)'을 전이어로 간주하고 그들의 출현 양상을 정리하고자 한다.

'NP로'에 후행하는 '히여곰'을 전이어로 간주하더라도 문제가 없는 것은 아니다. 황국정(2009)에서 지적한 바와 같이 'NP로'는 '히여곰'의 논항으로 "대상"을 나타낼 가능성이 배제될 수 없기 때문이다. 여기서는 이 문제에 대해서도 검토하고 이 절을 마무리하도록 한다.

황국정(2009)에서 중세국어에 "대상"의 '로'가 존재하였다고 언급된 바 있다. 그 관점에 따르면 선행 명사구 'NP로'는 '히여곰'의 논항으로 "대

ㄴ. 네 어버시 너를 <u>히야</u> 비호라 ᄒ시ᄂ녀(你的爺娘<u>敎</u>你學來)<飜老上6a>
ㄷ. <u>히야</u> 보게 ᄒ고(<u>敎</u>一箇看着)<飜老上39b>
ㄹ. 뎌 버들 <u>히야</u> 오게 ᄒ라(<u>敎</u>那箇火伴來着)<飜老上58a>
ㅁ. 글워를 눌 <u>히야</u> 쓰이료(文契着誰寫)<飜老下15a>

101) 『번역노걸대』에는 '곰'이 개재된 '히여곰'의 용례가 나타났는데 선행 명사구가 노출되지 않은 것이 특징적이다. 이는 '곰'이 개재될 경우 'ᄒ여곰'이 부사적 성격이 강한 것임을 말해 준다. 3장에서 논의된 '뻐'도 이와 비슷한 현상을 보인다.
  ㄱ. 이제 <u>히여곰</u> 가져오게 호마(如今<u>敎</u>將來)<飜老上56b>
  ㄴ. 머그면 곧 <u>ᄒ야곰</u> 일 업스리라(喫了便<u>敎</u>無事)<飜老下40b>
  ㄷ. 기슨 ᄣᅡ해 노하 <u>ᄒ야곰</u> 플 먹게 ᄒ고(草地里撒了<u>敎</u>喫草)<飜老下45a>

상"을 나타내었을 가능성이 배제될 수 없다. 그렇다면 '히여곰'은 동사의
활용형으로 다루어야 되고 원래의 문장은 단문이 아닌 복문으로 파악하
여야 마땅하다. 통시적으로 보면 '로'(以)가 '를'보다 먼저 발달하고 '를'의
대상역의 기능이 어느 정도 '로'에 의해 실현되었던 것으로 추정될 수 있
기 때문이라고 한다(황국정 2009 : 50). 그러나 15세기, 16세기의 국어에 입
각하여 공시적으로 볼 때 이러한 추정은 '히여(곰)'에 관련된 구문에 적용
할 때 또 다음과 같은 문제점에 부딪치게 될 것이다. 첫째, 15세기의 (직
역인) 불경 언해에 빈번하게 나타나는 'NP로 VP-게 ᄒ-' 구문에서 '로'가
어느 동사의 논항인가? 둘째, 16세기의 경서 언해, 심지어 근대국어에 나
타나는 'NP로 히여(곰) VP게 ᄒ-'구문에서 '로'가 어느 동사의 논항인가?
만약 '히여(곰)'에 후행하는 서술어(VP 또는 VP-게 ᄒ-)의 논항이라면 '히여
(곰)'이 어떠한 존재로 파악해야 되는가? 반대로 '로'를 '히여(곰)'의 논항
으로 파악한다면 이 경우의 '로'가 '히여곰'이 부재한 경우의 '로'와 어떠
한 관계가 있는가? 셋째, "대상"의 '로'를 인정하더라도, 중세 시기에 "대
상"의 '롤'이 상당히 발달했음에도 불구하고 '로'를 사용하는 이유나 기제
가 무엇인가?

　첫째 문제의 경우, '로'가 'VP-게 ᄒ-' 또는 'VP-'의 논항이라고 하면
'로'는 거의 모든 동사의 논항이 될 수 있다. 이는 황국정(2009)에서 언급
된 부분 자·타 동사와 전환 타동사 '밧고-', '삼-' 등에 적용되는 '로'와
성격이 사뭇 다르다.

　둘째 문제의 경우, '로'가 '히여곰'의 논항이라면 다른 전이어의 경우를
포함하여 '로 # '-어 부사형 전이어'의 출현을 쉽게 설명할 수 있는 이점
이 있다. 그러나 동사의 성격이 확인하기가 어려운 '로 다못', '로 밋'의
경우를 설명할 때 또 다른 문제점이 생긴다. 물론 '전이어 # NP로'의 경
우를 설명하는 것은 더 문제가 될 것이다.

　셋째 문제의 경우, "대상"의 '로'를 인정하면 그것은 "대상"의 '롤'과

수의적으로 교체될 수 있는 것인지 문제가 될 것이다.

실은 이상의 문제점을 해결하려면 "대상"의 '로'의 발달 과정을 더 깊이 있고 세밀하게 검토할 필요가 요구된다. 이러한 접근 방법대로 깊이 있는 검토를 한다면 언어 변화의 사실을 제대로 규명할 수 있으리라 믿어 의심치 않는다. 그러나 여러 가지 난점을 회피하기 위하여 이 책에서는 의역과 직역, 구결문과 언해문의 관계에 입각하여 '로'의 성격을 설명하고자 한다. 2장에서 잠깐 논의되었지만 여기서는 (장형) 사동 구문이 언해 문헌에 출현하는 양상을 중시하여 '로'의 성격과 전이어 'ᄒᆡ여곰'의 첨가성을 확인할 것이다. 다음 '-게 ᄒᆞ-' 장형 사동 구문 중의 피사동주의 격 표시 양상을 살펴보도록 하자.

(12) ㄱ. 世尊하 나ᄅᆞᆯ 보ᄉᆞᆸ게 ᄒᆞ쇼셔<釋詳20 : 44b>
ㄴ. 한 衆生ᄋᆞᆯ 安樂ᄒᆞ고 利益게 ᄒᆞᄂᆞ니<釋詳21 : 59b>
ㄴ'. 한 衆生이 安樂 利益게 ᄒᆞᄂᆞ니(令多所衆生이 安樂利益게 ᄒᆞᄂᆞ니)<法華7 : 179a>
ㄷ. 사ᄅᆞ미 기피 나ᅀᅡ가 자최예 걸이디 아니케 ᄒᆞ실 ᄯᆞᄅᆞ미니<月釋17 : 42a>
ㄷ'. 사ᄅᆞᄆᆞ로 기피 나ᅀᅡ가 자최예 거디 아니케 ᄒᆞ실 ᄯᆞᄅᆞ미시니(使人으로 深造ᄒᆞ야 不滯於迹而已시니)<法華5 : 206b>
ㄹ. 이 因緣ᄋᆞ로 一切 衆生이 能히 如來ᄅᆞᆯ 本願이 ᄎᆞ게 ᄒᆞᄂᆞ니(以是緣故 一切衆生 能令如來 滿足本願)<月釋20 : 94b>
ㅁ. 一切 衆生이 샹녜 ᄀᆞ장 便安케 ᄒᆞ노니(使一切衆生 常獲大安)<月釋20 : 98a>
ㅂ. 우리 외오 ᄒᆞ야 네 고기ᄅᆞᆯ 머거 너ᄅᆞᆯ 셜버케 호니(我等無狀 橫斷汝肉 使汝苦痛)<月釋20 : 111b>

(12ㄱ)~(12ㅂ)은 의역 문헌에 나타나는 사동 구문인데 그 중의 피사동주가 목적격 조사나 주격 조사가 통합된 것이 일반적이다.[102] (12ㄱ)의

'나'는 동사 '보다'의 행위주이며 '보게 ㅎ-'의 피사동주이기도 하다. (12ㄴ)의 피사동주 '衆生'에 후행하는 조사가 '올'이 결합되어 있는 데 반해 (12ㄴ')의 후행 조사가 '이'가 결합되어 대조적이다. (12ㄴ')은 피사동주의 후행 조사가 구결문의 구결과 형태가 같은 점에 유의할 필요가 있다. (12ㄷ)은 주격 조사가 후행하고 (12ㄷ')은 구결문의 구결과 일치하여 '로'로 되어 있다.

(12)와 같은 현상은 『능엄경언해』를 비롯한 간경도감에서 간행된 불경 언해 문헌에서 '로'로 통일된 경향이 뚜렷이 보인다.[103]

> (13) ㄱ. 衆<u>으로</u> 알에 ㅎ시니라(使衆<u>으로</u> 開悟也ㅎ시니라)<楞嚴2：46a>
> ㄴ. 精明<u>으로</u> 흘러 넚디게 혼디라(使精明<u>으로</u> 流溢이라)<楞嚴9：53b>
> ㄷ. 上慢홀 싸르<u>므로</u> 信ㅎ야 降伏ㅎ야 좃줍게 ㅎ시며 罪 ㅁ춘 사르<u>므
>   로</u> 도로 道果 得게 ㅎ시니(使上慢者<u>로</u> 信伏隨從케 ㅎ시며 使畢罪

---

102) 의역 문헌인 『釋譜詳節』에서는 피사동주에 조격 조사 '로'가 후행하는 용례가 발견된다.
　　ㄱ. 衆生<u>으로</u> 一切 世間앳 信티 어려본 法을 다 듣ᄌᆞᄫᅡ 알에 호리라 ㅎ샤<釋詳13：
　　　27a>
　　ㄴ. 衆生<u>으로</u> 一切 世間에서 信호미 어려운 法을 다 드러 알에 코져 ㅎ샤(欲令衆生<u>으로</u>
　　　咸得聞知一切世間難信之法게 호려 ㅎ샤)<法華1：90a>
　　ㄷ. 一切衆生<u>으로</u> 여러 惡趣를 여희에 코져 ㅎ논 전치라<釋詳21：41a>
　　ㄷ'. 一切 衆生<u>으로</u> 諸惡趣롤 여희에 코져 ㅎ논 전치라(欲令一切衆生<u>으로</u> 離諸惡趣故ㅣ
　　　라)<法華7：139a>
　　이현희(1994：21-2)은 『釋譜詳節』이나 『月印釋譜』 등에 담겨 있는 중세국어
　　가 다른 문헌어에 비해 상대적으로 국어적이라고 말해질 수 있을는지 모르
　　지만, 이 문헌들의 국어가 반드시 당대의 구어인 것은 아니라고 지적한 바
　　있다. 한문 원문이 전하지 않을 뿐이지 번역어가 아니라고 할 근거도 없으
　　며 『釋譜詳節』의 언어도 한문 원문, 또는 구결의 영향을 받았을 가능성이
　　없는 것은 아니라고 하였다.
103) 간경도감에서 간행된 불경 언해에는 '使NP', '令NP' 등 뒤에 '로'가 현결되지 않은 용례
　　도 확인된다.
　　ㄱ. 能히 衆生<u>이</u> 歡喜心 發케 ㅎ노라(能令衆生<u>이</u> 發歡喜心케 ㅎ노라)<法華5：137a>
　　ㄴ. 一切 衆生<u>이</u> 各各 아로몰 得케 ㅎ며(令一切衆生<u>이</u> 各各得所知케 ㅎ며)<法華7：29b>
　　ㄷ. 쏘 八萬四千菩薩을 現一切色身三昧롤 得게 호이다(亦令是八萬四千菩薩을 得現一切色
　　　身三昧케 호이다)<法華7：35a>

者로 還得道果케 ᄒ시니)〈法華6 : 71a〉

ㄹ. 諸子돌ᄒ로 이 害롤 免케 호리라 코(令諸子等으로 得免斯害케 호
리라 코)〈法華2 : 66b〉

ㅁ. 般若波羅蜜法은 能히 一切衆生ᄋ로 生死 大海롤 디나게 ᄒᄂ니(般
若波羅蜜法은 能令一切衆生ᄋ로 過生死大海케 ᄒᄂ니)〈金剛40a〉

ㅂ. ᄆᄉᄆ로 寂寂게 ᄒ고(令心ᄋ로 寂寂게 ᄒ고)〈永嘉上99a〉

(13)은 모두 '히여(곰)'이 개재되지 않은 예문들인데 피사동주의 격표지
는 모두 '로'로 되어 있다. 특히 구결문에서 '使NP', '令NP' 뒤에 모두
'로'를 현결한 것이 주목된다. 언해문과 구결문의 일치성은 적어도 언해문
의 '로'가 구결문에서 이끌려 왔을 개연성이 높다는 것을 시사한다. 남풍
현(1972)에서 이러한 현결 방식은 '以NP로'에서 유추된 것임을 지적한 바
있다. 이는 언해자들이 '使' 등을 '以'와 같이 문장에서 어떤 "도구, 수단"
을 나타내는 것으로 파악하였음을 암시한다고 보는 것이다. 이렇게 구결
문의 영향을 받아 'NP로 VP-게 ᄒ-' 구문의 형성은 직역할 때 'NP로 히
여곰 VP게 ᄒ-'가 형성하는 전제 조건이 되었던 것으로 이해된다. 이러한
논증에 입각하면 '히여곰'의 첨가성은 한층 확인될 수 있을 것이다.

5.2. 전이어 '히여(곰)'의 출현 양상

현대국어에서는 '하여금'이 개재되는 장형 사동문은 'NP로 하여금
VP게 하-'의 구조로 나타난다. 그러나 중세국어에서 '히여(곰)'이 개재
된 사동문은 다양한 양상을 보인다. 5.2.1~5.2.3.에서는 첨가형 전이어
를 유형별로 제시하고 5.2.4.에서 치환형 전이어 '히여곰'을 간략히 살
펴볼 것이다.

5.2.1. NP로 히여(곰) VP 유형

'NP로 히여(곰) VP' 유형은 후행 VP의 성격에 따라 다음과 같은 네 가지 유형으로 분류될 수 있다.

① 'NP로 히여(곰) ~ -게 ᄒᆞ-' 類型

이 유형은 중세 시기의 직역 문헌에서 가장 빈번하게 나타나는 유형이다. '히여'에 '곰'이 결합되지 않은 경우가 있는 것 외에 출현 양상은 현대 국어와 별 차이가 없다.

(14) ㄱ. 참아 너희 물이로 <u>히여곰</u> 富貴의 즐거움을 누리게 ᄒᆞ랴(忍令若曹로 享富貴之樂也아)<小學5 : 79a>

　　ㄱ'. 츠마 너희둘흐로 가ᄉᆞ멸오 귀흔 즐거온 이롤 누리게 ᄒᆞ려(忍令若曹로 享富貴之樂也아)<飜小7 : 48a>

　　ㄴ. 이제 疎ᄒᆞ고 薄흔 사ᄅᆞᆷ오로 <u>히여곰</u> 親ᄒᆞ고 厚흔 은의롤 ᄆᆞᆯ써ᄒᆞ러 혜아리게 ᄒᆞ면 모난 믿틔 두렫흔두에 ᄀᆞᆮᄐᆞ니라(今使疎薄之人而節量親厚之恩이면 猶方底而圓盖라)<小學5 : 71b>

　　ㄴ'. 그리 소흔 사ᄅᆞᆷ므로 친후흔 동셩의 은의를 ᄀᆞᄉᆞᆷ아라 쳐단케 호미 그르슬 아래란 모나게 ᄒᆞ고 둡게란 두텁게 홈 ᄀᆞᄐᆞ니라<飜小7 : 40a>

　　ㄷ. <u>날로 히여</u> 네 더위자보몰 <u>얻디 몯게 ᄒᆞ야</u>(使我不得爾之扶持)<杜詩16 : 57b>

　　ㄹ. 집 ᄆᆞᆯ과 보콰로 <u>히여곰</u> 것게 ᄒᆞ디 말오라(莫使棟橑摧)<杜詩3 : 11a>

　　ㅁ. 民으로 <u>ᄒᆞ여곰</u> 倦티 아니케 ᄒᆞ며(使民不倦ᄒᆞ며)<周易6 : 6b>

　　ㅂ. 몬져 知흔 이로 <u>ᄒᆞ여곰</u> 후에 知ᄒᆞ리롤 覺게 ᄒᆞ며 몬져 覺흔 이로 <u>ᄒᆞ여곰</u> 후에 覺ᄒᆞ리롤 覺게 ᄒᆞ시니(使先知로 覺後知ᄒᆞ며 使先覺으로 覺後覺也 ㅣ 시니)<孟子10 : 3a>

(14ㄱ)~(14ㄴ)은 『소학언해』에 나타난 용례들인데 『번역소학』과 대비
해 보면 '히여곰'의 첨가성을 쉽게 확인할 수 있다. (14ㄷ)~(14ㄹ)에서 보
는 바와 같이 이러한 유형은 다른 문헌에서도 많이 나타난다.

② 'NP로 히여(곰) ~ 使動詞' 類型
두 번째는 'NP로 히여(곰) VP'의 VP가 단형 사동, 즉 접미사가 결합한
사동사로 나타나는 경우이다.

> (15) ㄱ. 晉적 陳壽ㅣ…겨집죵으로 <u>히여곰</u> 藥 비븨이더니(晉陳壽ㅣ…<u>使</u>婢
> 丸藥ㅎ더니)<小學5 : 53b>
> ㄱ'. 晉 시절 陳壽ㅣ…겨집죵 ᄒ야 약 비븨더니(晉陳壽ㅣ…<u>使</u>婢丸藥
> 이러니)<飜小7 : 20b>
> ㄴ. ᄀ마니 사ᄅᆞᆷ으로 <u>히여곰</u> 알왼대(乃微<u>使</u>人風之ᄒᆞᆫ대)<小學6 : 57a>
> ㄴ'. ᄀ마니 사ᄅᆞᆷ 브려 ᄠᅳᆮ을 알외니(乃微<u>使</u>人風之ᄒᆞᆫ대)<飜小9 : 62a>
> ㄷ. 聖人이… 契로 <u>히여곰</u> 司徒를 히이샤 ᄀᆞᄅᆞ츄ᄃᆡ 人倫으로ᄡᅥ ᄒᆞ시
> 니(聖人이…<u>使</u>契爲司徒ᄒᆞ샤 教以人倫ᄒᆞ시니)<小學1 : 9a>
> ㄷ'. 聖人이 … 契을 히여 司徒를 사마 ᄀᆞᄅᆞ쵸ᄃᆡ 人倫을 ᄡᅥ ᄒᆞ게 ᄒᆞ시
> 니(聖人이…<u>使</u>契爲司徒ᄒᆞ야 教以人倫ᄒᆞ시니)<內訓1 : 21a>
> ㄷ''. 聖人이 … 契로 ᄒᆞ여곰 司徒를 삼아 教호ᄃᆡ 人倫으로 ᄡᅥ ᄒᆞ시니
> (聖人이…<u>使</u>契爲司徒ᄒᆞ야 教以人倫ᄒᆞ시니)<孟子5 : 25a>
> ㄹ. 엇뎨 ᄠᅳ디 陶淵明과 謝靈運의 손 ᄀᆞᆮᄒᆞ니ᄅᆞᆯ 어더 널로 <u>히여</u> 글 지
> 싀고 ᄃᆞ뭇 ᄒᆞᆫᄃᆡ 놀려뇨(=焉得思如陶謝手 令渠述作與同遊)<杜詩
> 3 : 32>
> ㅁ. 季氏ㅣ 閔子騫으로 <u>히여곰</u> 費ㅅ 宰를 ᄒᆞ인대(=季氏ㅣ 使閔子騫으
> 로 爲費宰ᄒᆞᆫ대)<論語2 : 5b>

(15)는 현대국어와 달리 서술어 부분은 동사 어근에 사동 접미사가 결
합하여 파생된 사동사인 예문들이다. (15ㄱ)~(15ㄷ)은 『소학언해』에 나타
난 용례들이다. (15ㄱ)은 사동사 '비븨이-'로 나타나지만 (15ㄱ')에서는 주

동사 '비븨-'로 나타나 차이가 난다. (15ㄴ)의 '알외-'는 "알리다"의 뜻인
데 "'알[知]-'에 중첩형 사동 접미사 '-외-'가 결합한 어형"(황문환 2006 :
603)이다. (15ㄷ)은 '히여곰'이 '司徒롤 히이샤'까지 관련된 것인데 (15ㄷ')
은 '히여곰'이 문장 전체와 관련되어 있다. (15ㄷ")은 '히여곰'에 후행하는
동사가 모두 주동사(삼- ~ ᄒ-)가 되어 (15ㄷ)의 '히이-~ᄒ-', (15ㄷ')의
'삼-~ᄒ게 ᄒ-'와 차이가 있다. 이 경우의 '히여곰'이 앞의 경우보다 적
극적으로 사동의 의미를 나타내는 존재라 할 수 있다. (15ㄹ)의 '지ᅀᅵ-'는
동사 '짓-', 또는 '징-'[作] 뒤에 사동 접미사 '-이-'가 붙어 형성된 사동
사이다. (15ㅁ)의 'ᄒ이-'는 'ᄒ-'[爲] 뒤에 사동 접미사 '-이-'가 붙은 것
으로 해석될 수 있다.

③ 'NP로 히여(곰) ~명령문' 類型

세 번째 유형은 'NP로 히여(곰) VP'의 VP가 명령문으로 나타난 경우이
다. 명령이라는 것은 화자가 말한 방식으로 상대방의 행동 변화를 요구하
는 것이므로 피사동주에게 어떤 행동을 하도록 하는 사동의 의미와 일맥
상통한다.[104) 따라서 한문의 사동 구문을 한국어로 번역할 때 다음과 같
이 '-라 ᄒ-' 명령 구문을 취하는 경우가 있다.[105)

---

104) 이현희(1994 : 407)은 장형 사동문 'ᄒ게 ᄒ-'는 어떤 경우 'ᄒ라 ᄒ-'와 같은 의미를 가
　　지는 것으로도 해석될 수 있다고 지적한 바 있다.
105) 의역 문헌인 『번역소학』에도 다음과 같은 명령문 유형의 용례가 발견된다.
　　ㄱ. 님굼이 高允으로 히여 太子를 글 ᄀᄅ치라 ᄒ더니(帝ㅣ 使允으로 授太子經ᄒ더시
　　　니)<飜小9 : 44a>
　　ㄱ'. 帝ㅣ 允으로 히여곰 太子를 글 ᄀᄅ치더니(帝ㅣ 使允으로 授太子經ᄒ더니)<小學
　　　6 : 40b>
　　ㄴ. 날로 ᄒ여곰 뫼숴와셔 슈건이며 빗슬 맛다시라 ᄒ시니(使賤妾으로 侍執巾櫛ᄒ시
　　　니)<飜小9 : 59a>
　　ㄴ'. 賤혼 妾으로 히여곰 뫼ᅌᅳ와셔 슈건과 비슬 잡게 ᄒ시니(使賤妾으로 侍執巾櫛ᄒ시
　　　니)<小學6 : 54b>
　　의역 문헌에 나온 (ㄱ)과 (ㄴ)은 '-라 ᄒ-' 명령문으로 나타났는 데 비해 직역 문헌에
　　나온 (ㄱ')은 주동사로, (ㄴ')은 '-게 ᄒ-' 통사형으로 나타났다.

(16) ㄱ. 엇디 일즉 그더로 <u>히여곰</u> 느저 일에 <u>밋디 몯호라</u> 호리오(何嘗敎
賢緩不及事ㅣ리오)<小學6 : 48>

　　ㄱ'. 엇디 어딘 사룸드려 느즈웨 호여 이레 몯 미츨 일을 구르치료(何
嘗敎賢緩不及事ㅣ리오)<飜小9 : 53a>

　　ㄴ. 因호야 勸호야 <u>히여곰</u> 글 비호라 호야(因勸令學호야)<小學6 :
106b>

　　ㄴ'. 인호야 글 비호라 권호니(因勸令學호야)<飜小10 : 6b>

　　ㄷ. 子ㅣ 漆雕開로 <u>히여곰</u> 仕호라 호신대(子ㅣ 使漆雕開로 仕호신
대)<論語1 : 40>

　　ㄹ. 孔子ㅣ…子路로 <u>히여곰</u> 津을 무르라 호신대(=孔子ㅣ… 使子路로
問津焉호신대)<論語4 : 53b>

　　ㅁ. 父母ㅣ 舜으로 <u>히여곰</u> 廩을 完호라 호고(父母ㅣ 使舜으로
完廩)<孟子9 : 7b>

　　ㅂ. 子産이 校人으로 <u>히여곰</u> 池예 畜호라 호대(子産이 使校人
으로 畜之池호대)<孟子9 : 9a>

(16)은 명령형 어미 '-라'를 취한 예들이다. (16ㄱ)의 '-디 몯호라'는 현
대국어의 '-지 말라'에 해당하는 것이다. 의역의 (16ㄱ')에서는 '敎'를 동
사로 파악하여 '구르치-'로 언해한 점이 (16ㄱ)과 대조적이다. (16ㄴ)은 한문
의 '勸'과 '令' 자체도 명령의 의미를 나타내는 것이므로 언해문에서 명령문
으로 나타난 것으로 이해된다. (16ㄷ)과 (16ㄹ)은 한문 원문의 문맥에 의하면
"孔子가 말을 통해서 다른 사람으로 하여금 일을 하게 한다"는 뜻으로 해석
될 수 있다. 이러한 용법은 현대국어의 장형 사동 구문이 나타내는 의미에
서도 확인될 수 있다.[106] (16ㅁ)과 (16ㅂ)은 같은 방식으로 해석될 수 있다.

---

106) 현대국어 용례로는 다음과 같은 예를 들 수 있다.
　　ㄱ. 어머니가 아이에게 옷을 <u>입게</u> 한다.
　　ㄱ'. ?어머니가 아이로 하여금 옷을 입게 한다.
　　ㄴ. 어머니가 아이에게 옷을 <u>입으라고</u> 한다.
　　ㄴ'. *어머니가 아이로 하여금 옷을 입으라고 한다.
　　예문 (ㄱ)은 (ㄴ)의 뜻을 나타낼 수 있다. (ㄴ')의 경우는 현대국어에서 자연스러운 문장

이 유형은 근대 시기에 들어와 빈도가 높아지는 양상을 보인다.[107]

④ 'NP로 히여(곰) 주동사' 類型

한문의 사동 구문은 문장의 전부에 있는 '使' 등에 의해 실현되고 한국어의 사동 구문은 문장의 서술어에 후행하는 문법적 형태에 의해 실현된다. 축자역일 경우 한문의 문법 구조에 충실히 하기 위해 언해문에서는 서술어 부분에 후행 문법적 형태가 없는 주동사를 취급하고 사동의 의미가 '使' 등에 대응하는 '히여(곰)'에 의해 실현된다. 유경종(1993), 송창선(1996)에서는 서술어에 후행하는 문법적 형태가 없다고 하여 근대 국어에 나타난 이런 사동 구문을 '무표지 사동문', 'Ø(zero) 사동문'이라고 명명한 일이 있다. 이 책에서는 편의상 기존 연구의 명명법을 받아들여 이 유형과 'NP로'가 노출되지 않을 경우의 주동사의 유형을 합하여 '무표지 유형'으로 부르기로 한다. 앞에서 언급된 '-게 ᄒᆞ-' 유형, 사동사 유형, 명령문 유형은 사동 의미가 후행문에서 구현되므로 한국어에 더 가까운 구문이라 할 수 있다. 후행문에 주동사가 올 경우 사동의 의미가 선행문에 나타나는 '히여곰'에 의해 담당되므로 한문의 구조에 더 가까운 구문이라 할 수 있다.

은 아니지만 중세국어에서 자주 볼 수 있는 것이었다. 한문의 '使, 令, 敎' 등이 개재된 사동구문은 한국어로 번역할 때 '-게 하-'로 번역하는 경우도 있는가 하면 명령 구문으로 번역하는 경우도 있다. 현대어에서도 이러한 경우를 많이 확인할 수 있다.

107) 근대 시기의 문헌에 나타나는 명령문 유형의 용례를 몇 개 들면 아래와 같다.

   ㄱ. 죵으로 ᄒᆞ여곰 가 보라 ᄒᆞ니(使奴往視之)<東新烈8 : 55b>

   ㄴ. 날로 히여곰 吉日을 請ᄒᆞ라 ᄒᆞ연ᄂᆞ니라<家禮4 : 8b>

   ㄷ. 姐姐ㅣ 날로 ᄒᆞ여곰 做工ᄒᆞ라 ᄒᆞ여도 좃고 姐夫ㅣ 날로 ᄒᆞ여곰 做工ᄒᆞ라 ᄒᆞ여도 조츠려니(姐使我做工也從 姐夫使我做工也從)<伍倫1 : 39a>

   ㄹ. 君이 블러 히여곰 撨ᄒᆞ라 ᄒᆞ거시든(君召使撨이어시든)<論語2 : 55a>

   ㅁ. 반ᄃᆞ시 工師로 ᄒᆞ여곰 큰 남글 求ᄒᆞ라 ᄒᆞ샤(必使工師로 求大木ᄒᆞ샤)<孟栗1 : 67b>

   ㅁ'. 반ᄃᆞ시 工師로 ᄒᆞ여곰 大木을 求ᄒᆞ시리니(必使工師로 求大木ᄒᆞ시리니)<孟子2 : 27b>

(17) ㄱ. 엇디 가히 눔으로 <u>히여곰</u> ᄒ리오(=豈可<u>使</u>人爲之리오)<小學5 : 39>

　　ㄱ'. 엇디 ᄂ모로 ᄒ라 ᄒ리오(豈可<u>使</u>人爲之리오)<飜小7 : 6a>

　　ㄴ. 帝ㅣ 允으로 <u>히여곰</u> 太子를 글 ᄀᄅ치더니(帝ㅣ <u>使</u>允으로 授太子
　　　　經ᄒ더니)<小學6 : 40a>

　　ㄴ'. 님굼이 高允으로 <u>히여</u> 太子를 글 ᄀᄅ치라 ᄒ더니(帝ㅣ <u>使</u>允으로
　　　　授太子經ᄒ더시니)<飜小9 : 44a>

　　ㄷ. 黯오로 <u>히여곰</u> 벼슬을 맛ᄃ며 구의예 이시면 ᄢ 사롬의게 넘디
　　　　몯ᄒ려니와(使黯오로 任職居官ᄒ면 亡以瘉人이어니와)<小學6 :
　　　　37a>

　　ㄷ'. 黯오로 소임 맛다 구읫 일호매는 나믜게셔 더으디 아니ᄒ거니와
　　　　(使黯오로 任職居官ᄒ면 亡以瘉人이어니와)<飜小9 : 40b>

　　ㄹ. 반ᄃ시 工師로 <u>ᄒ여곰</u> 大木을 求ᄒ시리니(必使工師로 求大木ᄒ시
　　　　리니)<孟子2 : 27b>

　　ㅁ. 子路ㅣ 門人으로 <u>ᄒ여곰</u> 臣을 사맛더니(子路ㅣ <u>使</u>門人으로 爲臣
　　　　이러니)<論語2 : 43a>

　　ㅁ'. 제 아비 어미 업소믈 爲ᄒ야 날로 繼母롤 사ᄆ니(其父ㅣ 爲其孤
　　　　也ᄒ야 而<u>使</u>妾으로 爲其繼母ᄒ니)<內訓3 : 24b>

　(17)은 전이어 '히여(곰)'에 후행하는 서술어가 주동사로 실현된 예들이다. (17ㄱ)은 "어찌 가히 남으로 하여금 하게 하리오"로 해석될 수 있고, (17ㄴ)은 "가르치게 하더니"로 해석될 수 있다. (17ㄴ)의 'ᄀᄅ치-'는 '允'의 행위를 나타내는 것이며, '帝'의 행위를 나타내는 것이 아니다. (17ㄷ)은 "黯으로 하여금 벼슬을 맡으며 구의에 있게 하면"으로, (17ㄹ)은 "工師로 하여금 大木을 求하게 하시-" 정도로 해석될 수 있다. 이상 예문은 문장의 서술어가 주동사로 나타나지만 피사동주에 후행하는 '히여곰'이 문장의 사동 의미를 보장해 주는 것이다. (17ㅁ)은 주동사가 '삼-'인데 'ᄒ여곰'이 생략되면 '門人'이 피사동주인지 '대상'인지 판단될 수 없다. 한문 원문에 의하면 '子路가 門人으로 하여금 臣이 되게 하-'의 뜻인데 '히여곰'을 생략하면 '子路가 門人을 臣으로 삼-'(子路以門人爲臣)의 뜻으로 변하

게 되어 한문 원문과 다르게 된다. (17ㅁ')의 언해문은 'NP로 NP롤 삼-'
의 구문으로 나타났는데 한문 원문의 '使'를 나타내기에 부족한 점이 있
는 듯하다. 'NP로 NP롤 삼-' 구문은 한문의 '以NP爲NP'를 언해하는 경
우가 대부분이기 때문이다. 이 경우의 'ᄒᆞ여곰'은 한문의 '使'와 '以'의 의
미 차이를 드러낼 수 있는 필수적인 성분이라 하겠다.

5.2.2. 'ᄒᆞ여(곰) NP로 VP' 유형

앞에서 언급하였듯이 'ᄒᆞ여(곰)'은 한문을 직역한 데서 비롯된 결과이
다. 직역할 때 한문 문법의 영향을 받는 것은 불가피한 일이 아닐 수 없
다. 주지하는 바와 같이 한문의 사동문에서는 피사동주가 사동을 나타내
는 어사에 후행하는 것이 보통이다.[108] 한문의 이러한 통사론적 구조, 또
는 어순이 언해 자료에서 그대로 나타나는 경우가 확인된다. 다음 (18)을
살펴보도록 하자.

> (18) ㄱ. 미해 이셔셔 오직 <u>ᄒᆞ여</u> 사ᄅᆞ미 심력으로 헐에 ᄒᆞᄂᆞ니(在野只<u>敎</u>心
> 力破)<杜詩17 : 11b>
> ㄴ. 내 ᄀᆞᄅᆞ몰 ᄀᆞᄂᆞᆯ지게 ᄒᆞᄂᆞᆫ 대롤 뒷노니 能히 <u>ᄒᆞ여곰</u> 녀르믈 나롤 서
> ᄂᆞᆯ케 ᄒᆞᄂᆞᆺ다(我有陰江竹 能<u>令</u>朱夏寒)<杜詩6 : 45a>
> (19) ㄱ. 堯ㅣ 舜의게 <u>ᄒᆞ여곰</u> 그 子 九男으로 事ᄒᆞ며 그 二女로 女ᄒᆞ시고
> 百官과 牛羊과 倉廩을 備ᄒᆞ야 ᄡᅥ 舜을 畎畝ㅅ 가온대 養ᄒᆞ더시니
> (堯之於舜也애 <u>使其子九男</u>으로 事之ᄒᆞ며 二女로 女焉ᄒᆞ시고 百官
> 牛羊倉廩을 備ᄒᆞ야 以養舜於畎畝之中이러시니)<孟子10 : 29>

---

108) 피사동주가 사동 어사에 선행하는 경우도 있다.
ㄱ. 危者<u>使</u>平 易者<u>使</u>傾(危ᄒᆞᄂᆞᆫ 者를 ᄒᆞ여곰 ᄑᆞ케 ᄒᆞ고 易ᄒᆞᄂᆞᆫ 者롤 ᄒᆞ여곰 傾케 ᄒᆞ니)
<周易6 : 31>
ㄴ. 未精進者로 <u>令</u>得精進ᄒᆞ며(精進 몯ᄒᆞ니로 精進을 得게 ᄒᆞ며)<楞嚴7 : 52a>

ㄱ'. 帝ㅣ <u>그 子 九男과 二女로</u> ᄒᆞ여곰 百官과 牛羊과 倉廩을 備ᄒᆞ야
ᄡᅥ 舜을 畎畝ㅅ 가온대 事ᄒᆞ시니(帝ㅣ <u>使其子九男二女로</u> 百官牛
羊倉廩을 備ᄒᆞ야 以事舜於畎畝之中ᄒᆞ시니)<孟子9 : 3a>

ㄴ. 장ᄎᆞᆺ <u>히여곰 卑로</u> 尊을 蹂ᄒᆞ며 疎로 戚을 蹂케 ᄒᆞ니(=將使卑
蹂尊ᄒᆞ며 疏蹂戚이어니)<孟子2 : 24a>

ㄷ. <u>히여곰 스승 되니로</u> ᄡᅥ ᄀᆞᄅᆞ칠 바ᄅᆞᆯ 알에 ᄒᆞ며 뎨ᄌᆞ로 ᄡᅥ 비홀
바ᄅᆞᆯ 알에 ᄒᆞ노라(俾爲師者로 知所以敎ᄒᆞ며 而 弟子로 知所以學
ᄒᆞ노라)<小學1 : 1b>

ㄹ. 이제 반ᄃᆞ기 다시 ᄒᆞ두 機緣ᄂᆞᆯ 드러닐어 諸佛威光올 ᄡᅥ <u>히여곰</u>
<u>너희돌ᄒᆞ로</u> 이 會회 中듕에 곧 解脫門의 올아 기리 惡道苦로 여
희게 ᄒᆞ리라(今當更擧一二機緣ᄒᆞ야 以諸佛威光오로 <u>令汝等이</u> 於
此會中에 便登解脫門ᄒᆞ야 永離惡道苦케 ᄒᆞ리라)<몽육30b>

    (18)과 (19)는 '히여(곰)'이 피사동주에 선행하는 예들인데 중세 시기의
문헌에 그리 많이 나타나는 것은 아니다. (18)은 15세기의 문헌에 나타난
용례들인데『두시언해』에서 두 예 정도 확인된다. 한문 원문의 '敎心力',
'令朱夏'를 보면 '心力', '朱夏'는 모두 피사동주로 간주될 수 있다. (18ㄱ)
은 "사ᄅᆞ미 심력으로 히여 헐에 ᄒᆞᄂᆞ니"로 언해될 수도 있는데 (18ㄱ)의
언해는 한문의 어순에 따른 것처럼 '히여'가 피사동주 앞에 온 것이다.
(18ㄱ)은 '사ᄅᆞ미 심력'은 동사 '헐다'가 지배하는 성분으로 생각될 수도
있다. 그러나 중세 시기의 '헐다'는 목적격조사와 통합된 명사구를 지배
하는 것이 일반적임을 고려할 때 '사ᄅᆞ미 심력'은 '히여곰'과 관련된 성분
으로 상정하는 것이 나아 보인다.109) (18ㄴ)의 '녀름 나롤'은 '서늘케 ᄒᆞ-'
의 목적어로 해석될 수도 있으므로 '녀름 날'을 피사동주로 파악하지 않
아도 될 듯하다. 그러나 (18ㄴ)은 '[녀름 날이 서늘하-]게 ᄒᆞ-'에서 이루

---

109) '헐다'는 중세국어에서 목적격 명사구를 지배하는 것이 일반적이다.
  ㄱ. 모ᄃᆞᆫ 闡提로 彌戾車ᄅᆞᆯ 헐에 ᄒᆞ쇼셔(令諸闡提로 墮彌戾車케 ᄒᆞ쇼셔)<楞嚴1 : 77b>
  ㄴ. 六根이 어듭고 鈍ᄒᆞ며 正法身을 헐씨(六根이 暗鈍ᄒᆞ며 毀正法身)<法華2 : 168a>

어진 것으로 분석될 수 있으므로 '녀릆 날'을 피사동주로 분석해도 무리
한 것은 아니다. 예문 (19)는 16세기의 문헌에 나타난 예들인데 (18)과 같
은 방법으로 분석될 수 있다. 16세기의 문헌에 나타난 용례들은 그리 많
지 않지만, 15세기보다 상대적으로 훨씬 많은 점이 주목된다. 이는 우연
히 발생한 일이 아니고 16세기에 의도적으로 직역한 문헌이 15세기보다
많아졌기 때문에 15세기보다 출현 빈도가 더 높은 것으로 해석될 수 있다.

이러한 용례가 많이 확인되지는 못하였지만, 이들 용례가 시사하는 바
는 상당히 크다. '히여(곰)'이 'NP로'에 후행하는 용례가 빈번히 나타난
것은 우리로 하여금 '히여(곰)'이 'NP로'를 지배하는 성분이라고 생각하게
한다. 그러나 '히여(곰)'이 'NP로'에 선행하는 용례는, '히여(곰)'이 동사의
활용형이 아니며 'NP로'를 지배하는 성분이 아님을 시사해 준다. 물론 이
소수의 용례에만 의거하여 우세한 언어 사실을 부정해서는 안 되지만 이
유형의 출현은 적어도 '히여(곰)'이 동사의 활용형이 아니었을 가능성을
보여 주는 것은 의미가 크다고 생각된다. '히여(곰)'이 명사구에 선행하는
현상은 한문의 '與'에 대응되는 '다못/더브러/드려'의 경우를 상기하게 한
다. 만약 이 문제를 단순히 한문 어순의 영향으로 인하여 발생한 현상으
로 생각한다면 '다못/더브러/드려' 등도 이와 비슷한 현상이 기대될 수 있
다. 그러나 '다못/더브러/드려'는 'NP로'에 선행하는 용례가 전혀 확인되
지 않는다. 이는 '히여(곰)'의 성격과 관련되었을 가능성을 한층 높여준다.
다시 말하자면 이 경우의 '히여(곰)'은 '使'에 대한 자석에서 제시한 바와
같이 부사적 성격을 가진 존재였을 개연성이 높다 하겠다.

5.2.3. '히여(곰) VP' 유형

'히여(곰)'은 앞뒤에 피사동주가 나타나지 않고 단독으로 쓰이는 예들도

발견된다. 이는 다른 어사의 경우와 마찬가지로 한문의 '使' 뒤에 피사동
주가 나타나지 않거나 대명사 '之'가 나타나는 경우에만 한한다. 후행 서
술어의 유형은 마찬가지로 네 가지 유형이 확인될 수 있는데 그들을 간략
히 살펴보면 다음과 같다.

(20) ㄱ. 엇뎨 다시 모라 쏘차 <u>히여</u> 살에 ᄒ디 아니ᄒᄂ니오(乃何重驅<u>使</u>,
　　　　不<u>使</u>存活爲)<杜詩25 : 37b>

　　 ㄴ. 쏘 모롬애 <u>히여곰</u> 그 힘 ᄢᅴ워 구틔여 ᄒ야 잇브고 고로운 줄을
　　　　아디　몯ᄒ시게　홀디니(又須<u>使之</u>不知其勉强勞苦ㅣ니)<小學5 :
　　　　37b>

　　 ㄴ'. 쏘 모로매 강면ᄒ야 슈고로이 ᄒᄂ 주를 어버ᅀᅵ 아디 몯ᄒ시게
　　　　홀디니(又須<u>使之</u>不知其勉强勞苦ㅣ니)<飜小7 : 4a>

(21) ㄱ. 비록 졈은이라도 可히 <u>히여곰</u> 졈졈 禮義를 알리니라(雖幼者ㅣ라
　　　　두 可<u>使</u>漸知禮義니라)<小學5 : 41a>

　　 ㄴ. 미양 <u>히여곰</u> 쇠똥을 ᄡᅥ설이거든 祥이 더옥 공슌ᄒ고 삼가며(每使
　　　　掃除牛下ㅣ어든 祥이 愈恭謹ᄒ며)<小學6 : 22a>

(22) ㄱ. 正獻公이 블러 마자다가 <u>히여곰</u> 모든 아들을 ᄀᄅ치더니(正獻公
　　　　이 招延之ᄒ야 <u>使</u>教諸子ᄒ더니)<小學6 : 4a>

　　 ㄴ. 萬章이 ᄀᆯ오디 父母ㅣ 舜<u>으로</u> ᄒ여곰 廩을 完ᄒ라 ᄒ고 階롤 捐
　　　　ᄒ고 瞽瞍ㅣ 廩을 焚ᄒ며 ᄒ여곰 井을 浚ᄒ라 ᄒ야 出커시ᄂᆯ 조
　　　　차 揜ᄒ고(萬章이 曰 父母ㅣ <u>使</u>舜<u>으로</u> 完廩捐階ᄒ고 瞽瞍ㅣ 焚廩
　　　　ᄒ며 <u>使</u>浚井ᄒ야 出커시ᄂᆯ 從而揜之ᄒ고)<孟子9 : 7b>

　(20)은 '히여곰'에 후행하는 VP가 '-게 ᄒ-'의 장형 사동으로 나타난
것이다. (20ㄱ)의 한문 '使' 뒤에 '百姓'이 생략되고 (20ㄴ)은 '使' 뒤에 '之'
가 있는데 언해문에서 보통 '之'에 대응되는 성분이 나타나지 않는다. (20
ㄴ')에서는 '어버ᅀᅵ'가 나타난 점을 고려하면 (20ㄴ)에서는 '어버ᅀᅵ'가 생
략된 것임을 알 수 있다. (21)은 후행하는 VP가 사동사로 나타난 예들이
다. 앞뒤의 문맥을 통해 (21ㄱ)은 '幼者'가 생략되고 (21ㄴ)은 '王祥'이 생

략된 것임을 알 수 있다. (22ㄱ)은 후행 VP가 주동사의 경우이며 (22ㄴ)은 명령문인 경우이다. (22ㄱ)은 피사동주 '焦先生'이 생략된 것으로 파악될 수 있다. (22ㄴ)은 피사동주 '舜'이 앞에서 한번 출현하였으므로 두 번째 'ᄒ여곰'의 앞에서 생략된 것이다. (20ㄱ)과 (21ㄴ)은 '-게 ᄒ-' 유형이고 (21)은 사동사 유형, (22ㄱ)은 주동사 유형, 또는 무표지 유형에, (22ㄴ)은 명령문 유형에 속하는 경우이다.

5.2.4. 치환형 '히여(곰)'의 출현 양상

한문의 '使', '令' 등 어사는 다른 어사와 결합하여 "가정(假定)" 의미를 나타내는 숙어를 형성하는 경우가 있다. 이 때의 '使', '令' 등은 어휘의 구성소로서 기타 구성소와 함께 어휘적 의미를 나타낼 뿐, 사동의 의미와 관계가 없다. 의역 문헌에서는 이와 같은 숙어를 '가령(假令)', '가설(假設)' 등 어휘로 언해하는 데 반해 직역 문헌에서는 축자역하여 '使', '令'에 대응되는 '히여곰'도 노출하게 된다. 이는 문법적 형태에다 첨가된 첨가형의 '히여곰'과 달리 숙어의 구성소를 치환하는 것처럼 보이기 때문에 '치환형'이라고 부르기로 한다. 이 경우의 '使', '令'이 한문에서 사동의 의미를 나타내지 않듯이 언해문의 '히여곰'도 사동을 나타내지 않는다. 치환형 전이어 '히여곰'의 예를 보이면 다음과 같다.

> (23) ㄱ. <u>진실로 히여곰</u> 그 호더 쉽디 몯ᄒ 줄을 보시면 ᄯ 편티 몯ᄒ시리
> 라(<u>苟使</u>見其爲而不易則亦不安矣리라)<小學5 : 37b>
> ㄱ'. <u>진실로</u> 그 ᄒᄂ 이리 쉽디 아니호ᄆ 주를 보시면 ᄯ 편안히 아니
> 너기시리라(<u>苟使</u>見其爲而不易則亦不安矣리라)<飜小7 : 4a>
> ㄴ. <u>가셜 히여곰</u> 田地를 어더도 兄弟의 ᄆᆞᆷ을 일흐면 엇더ᄒ료(<u>假令</u>
> 得田地라두 失兄弟心ᄒ면 如何오)<小學6 : 63b-64a>

ㄴ'. <u>假令</u> 뎐디를 어더도 형뎨 ᄉᆞᆺ 무ᄉᆞᆷ곳 일ᄒᆞ면 엇더ᄒᆞ뇨(<u>假令得</u>
田地라두 失兄弟心ᄒᆞ면 如何오)<飜小9∶69a>

ㄷ. <u>가셜 ᄒᆞ여곰</u> 겨집의 지믈을 因ᄒᆞ야 ᄡᅥ 가옴여름을 닐위며 겨집
의 勢를 의거ᄒᆞ야 ᄡᅥ 貴홈을 어둘디라도(<u>借使</u>因婦財ᄒᆞ며
依婦勢以取貴라도)<小學5∶65b>

ㄷ'. <u>가령</u> 겨지븨 쳔량을 가져셔 가ᅀᅳ멸며 겨지븨 셔를 의거ᄒᆞ야 귀
히 도욀디라도(<u>借使</u>因婦財ᄒᆞ야 以致富ᄒᆞ며 依婦勢ᄒᆞ야 以取貴라
도)<飜小7∶33b>

ㄹ. <u>萬一</u>에 히여곰 나라히 배디 아니터든 엇데 큰 唐이 두미 ᄃᆞ외리
오(<u>向使</u>國不亡, 焉爲巨唐有)<杜詩6∶2b>

(23)의 '苟使', '假令', '借使', '向使' 등은 한문에서 숙어로 된 어휘들
인데 모두 "가령, 가셜"을 나타낸다. 의역인 (23ㄱ'~23ㄷ')으로 보면
'히여곰'이 없이도 한문 어사의 "가정"의 의미를 충분히 나타낼 수 있
다. 실은 한문에서도 '使, 令'이 없어도 '苟, 假, 借, 向' 등 자체가 "가
정"의 의미를 나타낼 수 있다.110) 이 점을 감안하면 (23ㄱ~23ㄹ)은 모
두 한문 어사의 구성소를 한 글자 한 글자씩 대응하여 어형을 치환하
여 이루어진 것으로 볼 수 있다. 치환형의 경우 '곰'이 개재된 '히여곰'
의 용례만 확인되었는데 '곰'이 개재되지 않은 '히여'의 용례가 확인되
지 않았다.111)

---

110) 언해문에서는 '苟'를 제외하는 한문의 '假, 借, 向' 등이 "가정"을 나타내는 용례가 확인
되지 못하였지만 한문에서는 이러한 경우가 존재하므로 '苟使' 등에 대응하는 '진실로
히여곰' 등을 치환하여 형성된 것이라고 설명하는 데 문제가 없다. 한문의 '苟, 假, 借,
向' 등이 "가정"을 나타내는 관련 용례를 들면 아래와 같다.
ㄱ. 苟爲善, 後世子孫必有王者矣<孟子・梁惠王下>
ㄴ. 假有斯事, 亦庶鐘期不失聽也<曹操集・與王脩書>
ㄷ. 借曰未知 亦旣抱子<詩經・大雅・抑>
ㄹ. 向用稍晩 則無及也<大唐新語・擧賢>
111) 이는 '히여곰'이 '히여'에 비할 때 어휘화 정도가 한층 높았을 것임을 시사해 준다.

5.3. 전이어 '히여곰'의 기능

본절에서는 전이어 '히여곰'의 기능에 대해 살펴볼 것이다. 전이어 '히여곰'은 사동의 의미와 관련되는데 '히여곰'의 출현 환경에 따라 그 기능은 좀 더 세분할 수 있다.

앞서 논의된 출현 양상은 '히여곰'의 출현 환경에 따라 또 다음과 같은 두 유형으로 크게 구분될 수 있다. 하나는 '히여곰'과 '피사동주'가 결합된 유형이고 하나는 피사동주가 없이 '히여곰'이 단독으로 나타나는 유형이다. 전자의 경우는 문장 서술어의 유형이 어떻든지 '히여곰'이 'NP로'와 결합하여 피사동주를 명시함으로써 사동의 의미를 보장하는 것으로 볼 수 있다. 다만 뒤에 장형 사동 혹 단형 사동이 오는 경우 사동의 의미가 중복적일 뿐, '로 히여곰'이 피사동주를 명시하는 기능은 중복적이 아닌 것이고 필수적인 것으로 생각된다. 이와 같은 기능은 '피사동주 명시 기능'으로 부르기로 한다. 후자의 경우, 즉 NP 없이 '히여곰'이 나타나는 경우 피사동주가 문장에 나타나지 않기 때문에 피사동주 명시 기능이라 하기 어려운 듯하다. 이때의 '히여곰'은 후행하는 VP와 관련되어 기능을 하는데 VP가 사동 의미를 나타낼 경우 '히여곰'이 중복적이지만 주동사일 경우 '히여곰'이 사동을 나타내는 표지처럼 적극적으로 기능을 한다. '히여곰'의 이러한 기능은 '사동의 표지 기능'으로 부르기로 한다.

① 피사동주 명시 기능

한국어의 피사동주는 주격과 목적격과 통합되는 것이 일반적이다. 피사동주는 동작 행위의 시사자(施事者)이면서도 사동주의 지배를 받는 수동자(受動者)이기도 하다. 따라서 한국어의 피사동주는 주격과 목적격과 통합되는 것이 일반적이다. 그러나 구결문의 영향으로 피사동주의 후행 조사가 '로'가 되어 '주격'도 담당하지 못하고 '목적격'도 담당하지 못하여 이질적인 요소가 되었던 것이다. '히여곰'은 바로 '로'의 기능을 명시해 주는 역할을 하는 것으로 이해된다. 이러한 명시 기능은 다음과 같은 두 가지 경우에서 확인될 수 있다.

(24) ㄱ. 엇데 옷 바볼 뻐 날로 이에 니롤어뇨 커늘(何用衣食ᄒᆞ야 使我至此ㅣ어뇨 커늘)<法華2∶240a>

ㄴ. ᄯᅩ 날로 微細히 ᄉᆞ랑하면 그 變호미 엇데 ᄒᆞᆫ 紀며 두 紀ᄲᅮᆫ니리잇고(若復令我로 微細思惟ᄒᆞ면 其變이 寧唯一紀二紀리잇고)<楞嚴2∶7a>

ㄷ. 黯오로 소임 맛다 구윗 일호매는 나미게셔 더으디 아니ᄒᆞ거니와(使黯오로 任職居官ᄒᆞ면 亡以瘉人이어니와)<飜小9∶40b>

ㄷ'. 黯오로 히여곰 벼슬을 맛드며 구의예 이시면 뻐 사롬의게 넘디 몯ᄒᆞ려니와(使黯오로 任職居官ᄒᆞ면 亡以瘉人이어니와)<小學6∶37a>

(25) ㄱ. 契로 ᄒᆞ여곰 司徒를 삼아 教호더 人倫으로 뻐 ᄒᆞ시니(使契爲司徒ᄒᆞ야 敎以人倫ᄒᆞ시니)<孟子5∶25a>

ㄱ'. *契로 司徒를 삼아 敎호더 人倫으로 뻐 ᄒᆞ시니

ㄴ. 子路ㅣ 門人으로 ᄒᆞ여곰 臣을 사맛더니(子路ㅣ 使門人으로 爲臣이러니)<論語2∶43a>

ㄴ'. *子路ㅣ 門人으로 臣을 사맛더니

(24)는 한문 원문으로 보면 '나', '黯'이 모두 피사동주인데 언해문에서 '히여(곰)' 없이 'NP로'만 나타나 어떠한 의미 기능을 하는지 명확하지 않다. 특히 뒤에 사동의 의미를 나타낼 수 있는 구조가 결여될 경우 'NP로'의 기능은 "방법"인지, "수단"인지, "원인"인지 등을 판단하기 어렵다. 예문 (24ㄱ)~(24ㄷ)의 'NP로'는 오히려 'NP이'로 되었으면 더 자연스러운 문장이 될 것이다. (24ㄷ')에서 보는 것처럼 '히여곰'의 개재로 '黯'의 피사동주의 자격이 명시되기 때문에 문장의 사동 의미를 보장해 주는 것이다.

(25)의 경우는 '주동사' 유형, 또는 무표지 유형의 사동문인데 '히여곰'

을 생략하면 'NP1로 NP2롤 삼-'의 구문이 되어 버려 'NP1'이 동사 '삼-'
의 전환 대상이 되거나 "수단, 방법"이 될 수 있을 것이다. 비문이 아니지
만 원문과 의미가 달라 문제가 된다. '히여곰'의 개재로 'NP1'이 전화 대
상이 아니고 피사동주임을 표명할 수 있어 적극적으로 문맥 관계를 명시
하는 기능을 하는 것이다.

② 사동 표지 기능

앞서 언급되었듯이 피사동주가 노출되지 않을 경우도 후행 서술어의
유형은 네 가지가 있다. 그 중 사동의 의미를 담당할 수 있는 '-게 ㅎ-',
'사동사', '명령문'이 올 경우에 '히여곰'은 이들 사동 표현과 중복적 표현
을 형성하여 문맥 관계를 더 분명하게 해 준다. '중복적'이란 것은 '히여
곰'도 다른 사동 표현과 비슷한 기능을 담당하고 있음을 뜻하는 것이다.
'히여곰' 자체가 가진 사동 기능이 확대되면 서술어에 있는 사동 표현이
생략되거나 소거될 수 있을 것이다. '히여곰 주동사' 유형, 또는 무표지
유형은 바로 '히여곰'이 더 적극적으로 사동 기능을 행한 결과라 할 수 있
다. 사실은 이러한 기능은 피사동주가 개재되면서 후행 동사가 주동사인
경우에서도 확인될 수 있다.

(26) ㄱ. 正獻公이 블러 마자다가 <u>히여곰</u> 모든 아들을 ㄱ르치더니(正獻公
　　　 이 招延之ㅎ야 使教諸子ㅎ더니)<小學6 : 4a>
　　 ㄱ'. *正獻公이 블러 마자다가 모든 아들을 ㄱ르치더니
　　 ㄴ. 子路ㅣ 門人으로 <u>히여곰</u> 臣을 사맛더니(子路ㅣ 使門人으로 爲臣
　　　 이러니)<論語2 : 43a>
　　 ㄴ'. *子路ㅣ 門人으로 臣을 사맛더니(子路ㅣ 使門人으로 爲臣이러
　　　 니)<論語2 : 43a>
　　 ㄷ. 제 아비 어미 업소믈 爲ㅎ야 날로 繼母롤 사ᄆ니(其父ㅣ 爲其孤
　　　 也ㅎ야 而使妾으로 爲其繼母ㅎ니)<內訓3 : 24b>

ㄹ. 明帝 卽位ᄒᆞ샤 后로 貴人을 사ᄆᆞ시니라(明帝卽位ᄒᆞ샤 以后로 爲
貴人ᄒᆞ시니라)<內訓2上 33a>

(26ㄱ)은 피사동주가 노출되지 않은 용례인데 한문 문맥에 의하면 사동
문임은 틀림없지만 언해문에서 후부 서술어가 사동을 나타내는 문법적 형
태가 없이 주동사가 오는 것이 특이하다. 이 경우에 언해문의 사동 의미는
'히여곰'에 의해 나타낸다고 이해될 수밖에 없다. (26ㄱ')에서 보는 것처럼
'히여곰'이 소거되면 언해문이 주동문이 변하게 되어 한문 원문의 사동 의
미를 드러내지 못하게 될 것이다. (26ㄴ)은 피사동주가 노출된 용례인데
(26ㄱ)의 경우와 마찬가지로 '히여곰'이 개재되지 않으면 한문 원문의 사
동 의미를 드러내지 못하게 된다. (26ㄴ')은 저자가 일부러 만든 예문이지
만 'NP1로 NP2롤 삼-'의 구문은 중세 시기의 문헌에서 쉽게 확인될 수
있는 것인데 이는 한문의 '以NP1爲NP2'를 언해한 경우가 대부분이다. 따
라서 '히여곰'이 개재되지 않을 경우 'NP1로 NP2롤 삼-' 구문은 한문의
'使NP1爲NP2'를 나타내는 것인지 '以NP1爲NP2'를 나타내는 것인지 판단
하기가 어렵게 될 것이다. (26ㄷ)과 (26ㅁ)은 한문 원문의 구문 구조가 다
름에도 불구하고 언해문에서는 같은 'NP1로 NP2롤 삼-' 구문으로 나타나
한문 원문의 의미를 드러내지 못한 점이 있다. 이런 점을 감안할 때 직역
할 경우 나타나는 '히여곰'과 '뻐'는 어느 정도 의미 변별에 역할을 하는
것으로 파악될 수 있다. 이와 같은 구문에서 한문 원문의 사동 의미를 드
러내기 위한 '히여(곰)'이 필수적인 요소가 될 수밖에 없는 것이다.

5.4. 소결

본 장에서는 전이어 '히여(곰)'을 대상으로 하여 그 출현 양상과 기능을

살펴보았다. 논의된 내용을 간략히 요약하면 아래와 같다.

① 전이어로서의 '히여(곰)'은 의역과 직역의 대비를 통해서 추출될 수 있다. 추출된 '히여(곰)'은 'NP로'와 결합된 경우도 있고 'NP룰'이나 'NP'와 결합된 경우도 있는데 그와 의미가 비슷한 '브려'의 형태나 통사를 검토함으로써 'NP로'에 후행하는 '히여(곰)'을 전이어로 확인하였다. 'NP룰'과 'NP'에 후행하는 '히여(곰)'은 동사의 활용형으로 볼 수도 있고 전이어로 볼 수 있는 중간적 성격을 지닌 것으로 보았다.

② '히여곰'에 선행하는 명사구 'NP로'는 '히여곰'의 논항으로 보기 어려움을 지적하고, 'NP로'의 '로'는 구결문에서 견인되어 왔을 가능성이 있음을 지적하였다.

③ '히여곰'의 출현 양상을 첨가형, 치환형의 순서대로 정리하였다. 첨가형의 경우 '히여곰'과 'NP로', 문장의 서술어 VP와의 관계를 세분하여 살펴보았다. '히여곰'이 'NP로'에 후행할 수도 있고 선행할 수 있는 사실은 그것이 명사구를 지배하는 동사 활용형이 아님을 시사하는 것으로 보았다. 세부 유형은 서술어 VP의 성격에 따라 또 '-게 ᄒ-' 유형, '사동사' 유형, '명령문' 유형, '주동사' 유형(또는 '무표지' 유형)으로 정리하였다. 그 중 '-게 ᄒ-'의 유형이 가장 빈번히 나타났는데 '주동사'가 오는 경우가 주목된다. '주동사' 유형은 '히여곰'에 적극적 기능을 부여해야 할 필요성을 단적으로 보여 주기 때문이다. 치환형의 경우는 "가령"을 나타내는 '苟使', '假令', '借使', '向使'에 대응되는 '히여곰'을 대상으로 하여 정리하였다.

④ '히여곰'의 기능은 크게 '피사동주 명시 기능'과 '사동 표지 기능'으로 나누어 살펴보았다. '히여곰'은 피사동주와 결합되는 경우 피사동주를 명시함으로써 문장의 사동 의미를 보장해 주는 것이다. 피사동주가 나타나지 않은 경우 '히여곰'은 뒤의 서술어에 관련하여 중복적 요소로 문맥 관계를 명시할 수 있고 사동 의미를 어느 정도 나타낼 수 있는 존재로 적극적으로 사동을 표지하는 것이다.

6. 전이어 '쏘/밋'[及]의 출현 양상과 기능

6.1. 전이어 '쏘/밋'의 확인

한문의 '及'은 개사와 접속사 두 가지의 용법을 가지고 있다. 개사인 '及'은 주로 문장의 첫머리에 쓰여 어떠한 행동이나 사건의 발전이 어떤 때에 이르렀다는 뜻을 나타낸다. '及'이 접속사인 경우에는 두 개의 성분을 접속시키는데 양자의 지위가 대등하지 않은 경우가 대부분이다. 보통 전자가 후자보다 더 중요한 지위를 차지하고 있다.[112] 그런데 한문의 접속사는 특정한 환경에서 개사와 비슷한 성격을 가진 경우가 종종 있다. '及'도 예외가 아니다. 예를 들어 '及'이 'NP1 及 NP2 VP'의 구문에서는 접속사로 파악할 수도 있고 개사로 볼 수도 있다. '及'을 접속사로 간주하면 '[[NP1及 NP2] [VP]]'의 구조가 되고 '及'을 개사로 파악하면 '[[NP1][[及 NP2] [VP]]]'의 구조로 변하게 된다. 특히 NP1이 나타나지 않을 경우 '及'을 개사로 볼 수밖에 없다. 이는 구결문과 언해문을 통해서도 확인될 수 있다.

> (1) ㄱ. 爾時 阿難과 及諸大衆이 聞佛示誨ᄒᆞ습고(그 뼈 阿難과 모든 大衆이 부텻 뵈야 ᄀᆞ른치샤믈 듣ᄌᆞᆸ고)<楞嚴2 : 1b>
> ㄴ. 予 及女로 偕亡이라 ᄒᆞ니(내 널로 밋 홈끠 亡호리라 ᄒᆞ니)<孟子 1 : 6a>
> ㄴ'. 予 及女ㅣ 偕亡이라 ᄒᆞ니(나와 밋 네 홈끠 亡챠 ᄒᆞ니)<孟栗1 : 6a>
> ㄷ. 及爾偕老(널로 밋 홈끠 늘구려 ᄒᆞ다니)<詩經3 : 22a>

---

112) 何樂士(1985 : 250-251) 참조.

(1ㄱ)은 '及'을 접속사로 파악한 용례이며 (1ㄴ)은 개사로 파악한 용례이다. 같은 한문 원문인데 (1ㄴ')은 접속사로 파악하고 있다. (1ㄷ)은 주어가 생략되었기 때문에 '及'은 개사로 쓰인 용례라 할 수 있다. 이와 같이 개사와 접속사 '及'의 번역으로 직역 문헌에 나타나는 '꾀', '밋' 등 형태가 바로 본 연구의 관심 대상이 된다. 아래 예문 (2)~(4)를 보기로 하자.

(2) ㄱ. 반ᄃ시 몬져 그 사회와 다뭇 며느리의 텬셩과 힝실과 밋 집 윗 법
이 엇더홈을 술피고(當先察其婿與婦之性行과 及家法如何ㅣ오)<小
學 5 : 64a>

ㄱ'. 몬져 그 사회와 며느리의 텬셩과 힝덕과 가무네 례법이엇던고 ᄒ
야(當先察其婿與婦之性行과 及家法如何ㅣ오)<飜小7 : 31b>

ㄴ. 밋 蘇쥐 湖쥐 두 고올 敎授ㅣ 되야는 법됴와 약속을 嚴히 ᄒ야 몸
으로뻐 몬져 ᄒ야(及爲蘇湖二州敎授ᄒ야는 嚴條約ᄒ야 以身先之ᄒ
야)<小學6 : 8b>

ㄴ'. 蘇州ㅣ 湖州ㅣ 두 고올 敎授ㅅ 벼슬 ᄒ여셔는 法條와 긔약을 엄졍
히 ᄒ야 자내 몸으로 몬져 ᄒ야(及爲蘇湖二州敎授ᄒ야는 嚴條約ᄒ
야 以身先之ᄒ야)<飜小9 : 9b>

ㄷ. 밋 죽음애 과연히 그 말 ᄀ트니(及卒애 果如其言ᄒ니)<小學5 :
98b>

ㄷ'. 그 주구매 미처는 과연히 그 말와 ᄀ트니(及卒ᄒ야는 果如其言ᄒ
니)<飜小8 : 20b>

(3) ㄱ. 우리 千二百과 꾀 녀나몬 부텨 求ᄒ는 사ᄅ 몰(我等千二百과 及餘
求佛者롤)<法華1 : 169>

ㄴ. 부텻 力과 無所畏와 解脫와 諸三昧와 꾀 부텻 녀나몬 法을(佛力無
所畏와 解脫諸三昧와 及佛諸餘法을)<法華1 : 150b>

ㄷ. 一切修多羅와 꾀 여러 文字와 大小二乘과 十二部部經이(一切修多羅
와 及諸文字와 大小二乘과 十二部經이)<六祖上84a-b>

(4) ㄱ. 뎌 어드움과 通과 모든 마고미 꾀 이 ᄀᇀᄒ니라(彼暗與通과 及諸群
塞이 亦復如是ᄒ니라)<楞嚴2 : 104a>

ㄴ. 舌와 味와 舌界와 셰히 本來 因緣 아니며 自然흔 性이 아니라(則舌

와 與味와 及舌界와 三이 本非因緣이며 非自然性이니라)<楞嚴3 :
53a>

ㄷ. 부톄 文殊와 모든 大衆ᄃ려 니ᄅᆞ샤ᄃᆡ(佛告文殊와 及諸大衆ᄒᆞ샤
ᄃᆡ)<楞嚴2 : 56b>

ㄹ. 오직 神力과 智慧力으로(但以神力과 及智慧力으로)<法華2 : 86b>

접속사 '及'의 문법적 기능은 한국어에서 기본적으로 접속 조사 '와/과'
에 대응된다. 중세국어 시기 언해 자료의 구결문과 언해문을 살펴보면 이
점을 쉽게 관찰할 수 있다. 예문 (2ㄱ'), 그리고 (3ㄷ), (3ㄹ)이 그러한 경우
에 속한 것들이다. 그러나 직역 문헌에서는 접속 조사 외에 '及'에 해당하
는 전이어가 나타나기도 한다. (2ㄱ)은 '及'이 접속사로 쓰이는 용례인데
(2ㄱ')와 비교했을 때 '와' 뒤에 또 '밋'이 첨가되었음을 알 수 있다. (2ㄴ)
의 '及'은 "시간"과 관련된 개사로서 (2ㄴ')에서 '-어늘'에 대응하는 데 비
해 (2ㄴ)은 문장의 첫머리에 '밋'이 첨가되었다. (2ㄴ)과 같은 용법인데 (2
ㄷ')에서는 '及'을 동사 '및-'을 써서 번역하고 있으나 (2ㄷ)에서는 '밋'으
로 번역하고 있고 (2ㄴ)과 마찬가지로 '밋'이 문장의 첫머리에 위치한다.
예문 (2)에서 보는 바와 같이 직역과 의역을 대비해 보면 '밋'의 전이어 성
격을 쉽게 확인할 수 있다.[113]

예문 (3)은 불경 언해에서 나타나는 용례들이다. 같은 원문에 대한 의역
이 없더라도 예문 (4)에서 보는 것처럼 '及'을 무시하여 번역한 경우와 대
조해 보면 예문 (3)의 '쏘'가 전이어임을 확인할 수도 있다. 예문 (2)~(3)에
서 보는 것처럼 '밋'은 주로 16세기 이후의 문헌에 나타나고[114] '쏘'는 주

---

113) 여기의 '밋'은 동사 '및다'의 어간 '및'이 8종성법에 의해 표기된 이형태이다. 15세기에
   '및'이 8종성법에 의해 '밋'으로 표기되었다가 16세기에 들어서 'ㅅ'과 'ㄷ' 두 받침을 혼
   동하여 표기하는 혼기의 사례가 나타나게 되었다. 예문 2)의 '밋'외에 16세기에 '밋'의
   표기도 발견된다(及 밋 급<光千7a>). 편의상 이 책에서 혼기 전의 형태 '밋'을 대표형
   으로 삼아 그것만 표기하기로 한다.
114) '밋/밋'[及]의 용례는 15세기의 문헌에 극히 드물게 나타난다.

로 15세기의 불경 언해에만 나타나 '밋'과 '또'는 분포상 일정한 차이가 존재한다. 또한 15세기의 '또'는 '及'이 접속사일 경우에만 한하여 나타나고 16세기의 '밋'은 접속사와 개사의 경우 모두 나타나 또 다른 차이점을 보여 주기도 한다. 다음 '及'에 대응하는 '또'와 '밋'의 출현 양상을 살펴보도록 하겠다.

6.2. 전이어 '또'의 출현 양상

① 'NP1과 또 NP2' 유형

접속사인 '及'의 문법적 기능은 한국어에서 접속 조사 '와/과'에 의해 담당된다. 축자역에 의해 언해할 때 의역문의 바탕 위에서 직접 어휘 형태를 첨가하여 'NP1과 또 NP2'의 구성이 형성되는 것은 쉽게 짐작할 수 있는 일이다.[115] 이 유형은 15세기의 불경 언해에 빈번히 나타난다. 다음

ㄱ. 道國王과 <u>밋</u> 舒國王은(=道國泊舒國)<杜初8 : 5b>
(ㄱ)은 '及'이 아니지만 '泊'는 한문에서 '及'과 유의어로 쓰이는 자이므로 여기서의 '밋'은 '及'에 대응하는 '밋'과 동질적인 것으로 판단된다.

115) 극히 드물게 나타나기는 하지만 중세국어에서는 '또'는 명사구를 직접 접속시킨 용례도 발견되었다.
　ㄱ. 五萬 恒沙 드리니 그 數ㅣ 이에 너므며 <u>四萬 또 三萬</u>이며 二萬 一萬애 니를며 一千一百 等이며 一 恒沙애 니를며 半과 三四分이며 億萬分之一이며(이는 沙數ㅣ 하니 브터 두르혀 져고물 頌ᄒ시니라) 千萬 那由他 萬億 諸弟子ㅣ 며 半億에 니르리 그 數ㅣ 또 우희셔 너므며 百萬으로 一萬애 니를며 <u>一千 또 一百</u>이며 五十과 一十이며 三二一에 니를며 이는 該數ㅣ 하니 브터 두르혀 져고물 頌ᄒ시니라(將五萬 恒沙ᄒ니 其數ㅣ 過於是ᄒ며 <u>四萬及三萬</u>이며 二萬至一萬이며 一千一百 等이며 乃至一 恒沙이며 半至三四分이며 億萬分之一이며(此는 頌沙數ㅣ 自多反少ᄒ시니라) 千萬 那由他 萬億 諸弟子ㅣ 며 乃至於半億이 其數ㅣ 復過上 百萬至 一萬이며 <u>一千及一百</u>이며 五十與一十이며 乃至三二一이며(此는 頌該數ㅣ 自多反少ᄒ시니라)<法華5 : 98a~99a>
예문 (ㄱ)에서는 '及'을 한국어의 문법적 형태 '와'로 언해한 경우도 있고(半과 三四分), 문법적 형태가 아닌 어휘적 형태만으로 언해한 경우도 있다(四萬 또 三萬, 一千 또 一百). 이러한 용례가 극히 드물어 '또'가 원래 직접 명사구를 접속시키는 기능이 있는 것인지 '또' 앞에 '와'가 생략되어 형성된

예문 (5)는 이러한 예들이다.

    (5) ㄱ. 田宅과 쏘 죵돌홀 해 뒷더니(=多有田宅과 及諸僮僕ᄒ더니)<法華
         2 : 54a>

       ㄴ. 說와 智<u>와</u> 쏘 智處왜 다 일후미 般若ㅣ라(說智及智處ㅣ 俱名爲般若
         ㅣ라)<永嘉 上 : 107a-b>

       ㄷ. 一切修多羅<u>와</u> 쏘 여러 文字와 大小二乘과 十二部經이 다 사ᄅᆞᆷ을 因
         인ᄒᆞ야 두며(一切修多羅와 及諸文字와 大小二乘과 十二部經이 皆
         因人ᄒᆞ야 置며)<六祖上84a>

       ㄹ. 施와 戒와 忍과 進과 定<u>과</u> 쏘 이 다ᄉᆞ새 나ᄆᆞ니(施戒忍進定及此五
         之餘)<圓覺상1-2 : 122b>

    (6) ㄱ. 모돈 刹利種과 婆羅門과 毗舍와 首陀와 쏘 頗羅墮와 旃陀羅 等이
         (諸刹利種과 及婆羅門과 毗舍와 首陀와 兼頗羅墮와 旃陀羅等이)
         <楞嚴3 : 87a>

       ㄴ. 一切 世間앳 天人 阿脩羅와 모돈 他方앳 菩薩二乘과 聖仙童子와 쏘
         初發心엣 大力鬼神이 다 ᄀᆞ장 歡喜ᄒᆞ야(一切 世間앳 天人 阿脩羅와
         及諸他方앳 菩薩二乘과 聖仙童子와 幷 初發心엣 大力鬼神이 皆大
         歡喜ᄒᆞ야)<楞嚴10 : 93a>

    예문 (5)는 15세기의 불경 언해에 나타나는 'NP와 쏘'의 용례들인데 『
법화경언해』에서는 출현 빈도가 높은 데 반해 『楞嚴經諺解』에서는 이러한
용례가 발견되지 않았다. 『楞嚴經諺解』에도 'NP와 쏘'의 용례가 나타나기
는 하지만 여기서의 '쏘'는 '及'에 대응하는 것이 아니고 (6)에서 보는 것처
럼 한문의 '兼', '幷'에 대응하여 나타난 것이다.[116) 중세 시기에 '쏘'는 한

    것인지 단언하기 어렵다. 본 연구에서 이 용례를 일단 예외로 처리하기로
    한다. 그러나 이 경우의 '쏘'는 분명히 어떤 기능을 한다는 것이 틀림없는
    사실이다.

116) 『楞嚴經諺解』에는 한문의 '及'이 많이 나타났지만 그것을 '쏘'로 번역한 용례가 발견되
    지 않는다.

    ㄱ. 阿難과 [Ø]모돈 大衆을 여러뵈샤(開示阿難과 及諸大衆ᄒ샤)<楞嚴1:87a>

    ㄴ. 四禪과 四空과 [Ø]二乘의 滅盡定이 아홉이라(四禪과 四空과 及二乘의 滅盡定이 爲九

문의 '又, 幷, 復, 亦, 兼' 등에 대응하는 경우가 대부분이다. 이렇게 볼 때 '及'을 '坐'에 대응시키는 것은 '及'이 '又, 幷' 등과 같이 일정한 어휘적 의 미를 나타내기 때문으로 보는 것이 온당하지 않을까 한다.

② 'VP-며 坐 VP' 유형

한문의 '及'은 명사구(NP)를 접속시키는 기능을 하기도 하고 동사구(VP) 를 접속시키는 기능을 하기도 한다. 위의 'NP1과 坐 NP2' 유형은 명사구 를 접속시키는 경우라면 'VP-며 坐 ᄒ-'는 '及'이 동사구를 접속시키는 경우에 해당한다. 연결 어미 '-며'의 용례 외에 '坐'에 후행하는 연결 어 미로 '-고'가 출현한 용례도 확인되는데 용례가 많지 않으므로 편의상 'VP-며 坐 VP' 유형에 귀속시켜 논의하기로 한다.

(7) ㄱ. 돗긔 므를 衆 이실 둘 미리 아ᄅ시며 坐 人天의 놀라 疑心호ᄆᆯ 분 멸ᄒ실 ᄯᄅ미어시ᄂᆞᆯ(預知有退席之衆ᄒ시며 及恤人天驚疑而已어 시ᄂᆞᆯ)<法華1 : 168a>

ㄴ. 智 비록 境空ᄒᆞᆫᄃᆞᆯ 알며 坐 智ㅣ 空ᄒᆞᆫᄃᆞᆯ 아나(智雖了境空ᄒᆞ며 及以 了智ᄒᆞ나)<永嘉 上 : 109ㄴ>

ㄷ. 萬億 旋陀羅尼 得ᄒᆞ며 坐 普賢 道 ᄀᆞ게 ᄒᆞ샤미라(使得萬億旋陀羅尼 ᄒᆞ며 及具普賢道也ㅣ시니라)<法華7 : 190a>

(8) ㄱ. 내 반ᄃᆞ기 娑婆世界예 가 釋迦牟尼 佛을 저ᅀᆞᆸ와 親近히 供養ᄒᆞᅀᆞᆸ 고 坐 文殊師利 法王子菩薩 藥王菩薩 勇施菩薩 宿王華菩薩 上行意 菩薩 莊嚴王菩薩 藥上菩薩을 보아지이다(我ㅣ 當往詣娑婆世界ᄒᆞ야 禮拜親近供養釋迦牟尼ᄒᆞᅀᆞᆸ고 及見文殊師利 法王子菩薩 藥王菩薩 勇施菩薩 宿王華菩薩 上行意菩薩 莊嚴王菩薩 藥上菩薩을 보아지이 다)<法華7 : 10a-b>

ㅣ라)<楞嚴1:91b>

ㄷ. 色과 聲과 香과 맛과 여희욤과 어우룸과 ᄎᆞᆷ과 더움과 [Ø]虛空相이 아니니(既非色聲 香味離合冷暖과 及虛空相이니)<楞嚴3:33a>

ㄴ. 닐오미 通통ᄒ고 ᄯᅩ ᄆᆞᅀᆞ미 通통ᄒ면 ᄒᆡ 虛空애 이숌 ᄀᆞᆮᄒ리라(說通及心通ᄒ면 如日이 處虛空ᄒ리라)<육조上94b>

ㄷ. 겨지비 다ᄉᆞᆺ 마고미 잇고 ᄯᅩ 四趣ㅣ 다 어려운 報ㅣ라(女有五障ᄒ고 及四趣ㅣ 皆難報ㅣ라)<法華6 : 134b>

(9) ㄱ. 보디 몯ᄒ며 ᄯᅩ 듣디 몯ᄒᄂᆞ니라(本所不見이며 亦復不聞ᄒᄂᆞ니라)<楞嚴2 : 85b>

ㄴ. 毗婆舍那ᄂᆞᆫ 예셔 닐오매 觀이며 ᄯᅩ 닐오매 慧니(毗婆舍那ᄂᆞᆫ 此云觀이며 又云慧니)<永嘉上8a>

예문 (7)의 'ᄯᅩ'는 연결 어미 '-며'에 후행하는 용례들이며 예문 (8)은 '-고'의 뒤에 출현하는 용례들이다. 연결 어미 '-며', '-고'는 구결문의 구결과 일치하는 점이 주목된다. 예문 (7)과 (8ㄱ, 8ㄴ)은 모두 동사구(VP)를 대등적으로 접속하는 용례들이지만 (8ㄷ)은 선행절이 동사구인 데 반해 후행절이 명사구인 점이 특이하다. 예문 (8ㄷ)의 한문 원문의 문맥에 의하면 '겨집이 五障과 四趣가 있는데 이 五障과 四趣는 다 어려운 報라' 정도의 의미이다. 이렇게 볼 때 (8ㄷ)은 한문 원문에 현결된 구결에서 비롯된 현상이라 하겠다. 중세 시기의 언해문에서 'ᄒ며 ᄯᅩ' 구성이 빈번하게 출현되었는데 그 중에 한문의 '亦', '又', '幷'에 관련된 용례가 적지 않게 나타났다. 그러나 예문 (9)에서 보는 것처럼 한문의 '亦', '又'에 대응하는 예문 중에는 'ᄒ며 ᄯᅩ'의 경우도 있고 '(NP)이며 ᄯᅩ'의 경우도 발견되지만 '及'의 경우는 'ᄒ며 ᄯᅩ'의 용례만 발견된다.

③ 'VP-거나 ᄯᅩ VP' 유형

위의 두 가지 유형 외에 일부 문헌에서는 아래와 같은 용례도 발견된다.

(10) ㄱ. ᄒ다가 天上애 나거나 ᄯᅩ 人間애 이셔도(若生天上커나 及在人間ᄒ야도)<法華2 : 84b>

ㄴ. ᄒ다가 그 다ᄅᆞᆫ 公案애 疑心이 잇거나 ᄯᅩ 經典에 疑心이 잇거든

(若其他公案애 有疑心커나 及經典上애 有疑心어든)<몽산29a>

ㄷ. 일홈 듣거나 쏘 몸 보아(聞名거나 及見身ᄒ야)<法華7 : 86b>

ㄹ. ᄒ다가 聲聞이어나 辟支佛이어나 쏘 諸菩薩이(若聲聞이어나 辟支
佛이어나 及諸菩薩이)<法華3 : 151b>

ㅁ. ᄒ다가 민 戒師ㅣ어나 쏘 호 會中에 ᄒ나히나 淸淨 몯ᄒ면(若本
戒師ㅣ어나 及同會中에 一不淸靜ᄒ면)<法華7 : 173a>

예문 (10ㄱ)~(10ㄷ)에서 '쏘'에 선행하는 것은 연결어미 '-거나'이고,
(10ㄹ)~(10ㅁ)에서는 보조사 '(이)거나'이다. '(이)거나 쏘'의 용례가 상대
적으로 드물게 나타났기 때문에 여기서 편의상 이 두 가지를 묶어 'VP-거
나 쏘 VP' 유형으로 분류하기로 한다.117) 예문 (10ㄷ) 외에 다른 예문은
언해문에 'ᄒ다가'가 개재되고 한문 원문에 '若'이 수반된다는 점을 특징으
로 지적할 수 있다.

앞서 언급된 예문 (7-8)은 '쏘'가 명사구를 접속하든 동사구를 접속하
든 (출현 양상은 현대국어와 전혀 다르기는 하지만) '쏘'의 의미는 현대국
어의 '또'와 비슷하다고 해도 무리하지 않을 것이다. 그러나 예문 (10)의
'쏘'는 현대국어의 '또'와 비슷하다고 말하기가 어렵다. 왜냐하면 '쏘'에 선
해하는 연결어미는 "선택"을 나타내는 '-거나'이기 때문이다.118) 이 점을
감안하면 이 경우의 '쏘'는 오히려 현대국어의 '또는'과 비슷한 존재였을
가능성이 있다.119)

---

117) 체언 뒤에 후행하는 '(이)거나'는 보조사로 기능을 하는 것이므로 연결어미 '-거나'와
품사 성격이 다르다. 따라서 그 앞에 '-'를 붙이지 않은 것이다.

118) 중세 시기 연결 어미 '-거나'의 의미에 대해서는 이래호(2005 : 196-204)에서 구체적으로
[지정선택], [개방선택], [순수선택], [의사선택] 등 의미를 나타낸다고 언급한 바 있다.

119) 다음 예문은 '-거나 쏘'의 구성인데 한문 중에 '及'이 없는 대신 '或'이 있는 것이 주목
된다.

　ㄱ. 큰물 져근물 구더 몯 보거나 쏘 져근물 볼 제 츳들이며 피 누며 슈신이 알포ᄆ(大
小便不通或淋瀝溺血陰中疼痛)<救簡3 : 66b>

　ㄴ. 대뿌릿뼈어나 쏘 닙과 줄기어나 닷 량곰 ᄒ야(地膚子或莖葉五兩)<救簡3 : 108a>

　ㄷ. 즉재 걊므리어나 쏘 ᄀ 기론 므리어나(卽時以河水或新水)<救簡6 : 46a>

6.3. 전이어 '밋'의 출현 양상

'及'에 대응하는 '밋'은 16세기의 문헌에 나타나기 시작하였다.[120] 그 이후의 문헌에 나온 '及'은 거의 모두 '밋'으로 번역되었다. '쏘'는 '及'이 접속사인 경우에 한하여 나타났지만 '밋'은 접속사, 개사의 경우를 모두 포함하기 때문에 그 출현 양상은 '쏘'보다는 훨씬 다양하게 나타난다. 그러나 '쏘'는 '-거나'와 통합된 유형이 있는데 반해 '밋'은 '-거나'와 통합된 유형이 중세 시기의 언해 문헌에 발견되지 않는다.[121] 아래에서 '밋'의 출현 양상은 어떠한 유형이 있는지 살펴보기로 한다.

① 'NP1과 밋 NP2' 유형

    (11) ㄱ. 兄과 밋 아이 서ᄅᆞ ᄉᆞ랑ᄒᆞ고(兄及弟矣ㅣ 式相好矣오)<小學5 : 75b>

        ㄱ'. 형과 아ᅀᅵ 서ᄅᆞ ᄉᆞ랑ᄒᆞ고(兄及弟矣 式相好矣오)<飜小7 : 44a>

        ㄴ. 可히 고기즙과 밋 포육과 젓과 或 고기 젹옴애로ᄡᅥ 그 滋味를 도을 ᄲᅮᆫ이언뎡(可以肉汁及脯醢或肉少許로 助其滋味언뎡)<小學5 : 51b>

        ㄴ'. 고깃 즙과 보육과 젓과 혹 고기를 져기 ᄡᅥ 마ᄉᆞᆯ 도올만 ᄒᆞ고(可

만약 이 경우의 '쏘'가 한문의 영향을 받은 결과가 아니었다면 한국어의 '쏘'는 애초부터 "또는(or)"의 의미를 나타내는 어사였을 것이다. 만약 이 경우의 '쏘'가 '或'과 관련된 것이었다면 '쏘'는 "또는"의 의미를 가지게 되었을 개연성이 높다 하겠다.

120) 15세기의 문헌에도 '밎'을 나타내는 '밋'의 용례가 하나밖에 확인되지 않는데 대응하는 한문이 '及'이 아닌 '洎'이다.

    ㄱ. 道國王과 밋 舒國王은 實로 親ᄒᆞᆫ 兄弟니라(=道國洎舒國)<杜詩8 : 5b>

121) 근대 시기의 문헌에는 '-거나 밋'의 용례가 나타나기도 한다. 그 관련 용례를 제시하면 아래와 같다.

    ㄱ. 만일 몸에 믄 노히 잇거나 밋 져기 痕損可疑홈이 이시면(若身有纒索及微有痕損可疑)<無寃錄3 : 11b>

    ㄴ. 만히 이 눕의게 物로ᄡᅥ 口鼻를 막거나 밋 罨塢ᄒᆞ야 죽이인 거시니(多是被人以物로 搭口鼻及罨塢殺이니)<無寃錄3 : 79a>

以肉汁及脯醢와 或肉少許로 助其滋味언뎡)<飜小7 : 18b>

ㄷ. 諸侯와 태우와 믿 士와 庶人의게 達ㅎ니(達乎諸侯大夫及士庶人)
<中庸20b>

ㄹ. 어버이 셤김애 비르숨과 믿 감히 헐우며 희여 브리디 아님을 사
기니라(釋始於事親及不敢毀傷ㅎ다)<효경17b>

ㅁ. 몸 셰며 일홈을 베품과 믿 士의 孝를 사기니라(釋立身揚名及士之
孝ㅎ다)<효경22a>

ㅂ. 네 쳔거ᄒ던 사ᄅᆞᆷ과 믿 일즉 네 검찰ᄒᄂᆞᆫ 벼슬 ᄒ엿던 관원을(舊
擧將과 及嘗爲舊任按察官者를)<飜小7 : 47a>

이 유형은 중세 시기 문헌 중 『소학언해』에서 집중적으로 나타났지만
『번역소학』에서도 하나의 용례가 발견된다. (11ㄱ')~(11ㄴ')에 대비해 보
면 (11ㄱ)~(11ㄴ)의 '믿'은 첨가된 전이어임을 쉽게 알 수 있다. (11ㄱ)은
명사 '兄'과 '아이', (11ㄴ)은 '고기즙'과 명사구 '포육과 젓', (11ㄷ)은 명
사구 '諸侯와 태우'와 '士와 庶人'이 '와 믿'으로 접속된 용례이다. (11ㄹ)
은 명사형 어미 '-ㅁ'이 결합한 명사절을 접속시킨 것이며 (11ㅁ)은 명사
형 어미 '-ㅁ'에 의한 명사절과 명사구를 접속시킨 것이다. (11ㅂ)은 '네
쳔거ᄒ던 # 사ᄅᆞᆷ'과 '일즉 네 검찰ᄒᄂᆞᆫ 벼슬 ᄒ엿던 # 관원', 즉 '관형사
절 # 명사'를 '와 믿'으로 접속시킨 예이다. 근대 시기에 들어 이 유형은
더 생산적이 되었다.

② 'VP-며 믿 VP' 유형

'ᄯ'의 경우와 비슷하게 '믿'도 연결어미 '-며'에 후행하는 용례가 확인
된다. 이외에 '체언+(이)며' 뒤에 쓰이는 용례와 'VP-고' 뒤에 쓰이는 용
례도 발견되는데 그 용례가 극히 드물어 편의상 'ᄒ며' 유형 속에 귀속시
켜 소개하기로 한다.

(12) ㄱ. 가히 귀훈 맛 난 것과 盛훈 차반을 방즈히 먹으며 믿 사룸 더불
　　 어 이바디ᄒ야 즐기디 몯홀 거시니(不可恣食珍羞盛饌 及與人燕樂
　　 이니)<小學5 : 51b>

　ㄱ'. 됴훈 차바늘 ᄆᆞᅀᆞᆷ장 머그며 사룸과 이바디 ᄒ며 즐기디 몯홀
　　　 거시니(不可恣食珍羞盛饌 及與人燕樂이니라)<飜小7 : 18b>

　ㄴ. 그 居喪애 풍뉴 드르며 믿 혼인ᄒ는 이는 나라희 正훈 法이 인는
　　 디라(其居喪애 聽樂及嫁娶者ᄂᆞᆫ 國有正法이라 此不復論ᄒ노라)<小
　　 學5 : 52a>

　ㄴ'. 그 거상애 풍류 드르며 혼인 ᄒᄂ니는 나라희 정훈 버비 잇ᄂᆞᆫ디
　　　 라 여긔 다시 니르디 아니ᄒ노라(其居喪애 聽樂及嫁娶者ᄂᆞᆫ 國有
　　　 正法이라 此不復論ᄒ노라)<飜小7 : 19a>

　ㄷ. 방이며 텽이며 믿 ᄠᅳᆯ흘 믈 ᄲᅳ리고 ᄡᅳ러(灑掃室堂及庭ᄒ야)<小學
　　 2 : 5a>

　ㄹ. 行檢을 힘쁘게 ᄒ야 뻐 풍속과 교화를 둗겁게 ᄒ고 믿 待賓지와
　　 吏師지를 두며 觀光法을 셰니(勵行檢以厚風敎ᄒ고 及置待賓吏師
　　 齋ᄒ며 立觀光法ᄒ니)<小學6 : 15a>

　ㄹ'. ᄒᆡᆼ덕을 힘스게 ᄒ야 풍쇽 ᄀᆞᆺ치는 일을 돋갑게 ᄒ며 待賓齋며
　　　 吏師齋랏 지블 지ᅀᅥ 두며 나랏 빗난 이를 구경할 법을 셰니(勵行
　　　 檢以厚風敎ᄒ며 及置待賓吏師齋ᄒ며 立觀光法ᄒ니)<飜小9 : 17b>

　　예문 (12ㄱ), (12ㄴ)은 동사구를 접속시키는 점에 있어서 '쏘'와 비슷하
다. 그러나 (12ㄷ)은 '체언+이며'에 후행하는 경우인데, '*NP이며 쏘 NP'
의 유형이 발견되지 않는 것은 '쏘'와 대조적이다.122) (12ㄹ)은 'ᄒ고'에 후

---

122) 'NP(이)며 밋 NP'의 용례와 'VP-며 밋 VP'에 해당하는 용례가 『소학언해』에 아래의 용
　 례도 발견된다. 그러나 '밋'에 대응하는 한문 원문이 '及'이 아닌 '若'이 된다는 점이 특
　 이하다.
　 ㄱ. 外姓 얼운으란 반ᄃᆞ시 ᄀᆞᆯ오디 아모 姓 현잿 아자비며 믿 兄이라 ᄒᆞ며(外姓尊長, 必
　 　 曰 某姓 第幾叔若兄)<小學6 : 74b>
　 ㄱ'. 外姓 얼운으란 반드시 닐오디 아모 셩 현잿 아자비며 형이라 ᄒ고(外姓尊長을란 必
　 　 曰 某姓 第幾叔若兄이라 ᄒ며)<飜小9 : 81a>
　 ㄴ. 어딘 일이 잇거든 글월에 쓰고 허믈이 이시며 믿 약속을 어그릇는 이룰
　 　 쏘 써 세 번 犯ᄒ야돈 罰을 行호디(有善則書於籍ᄒ고 有過若違約者룰 亦書

행하는 용례인데 중세 시기의 문헌에 단 하나의 용례가 발견되었다. 여기
의 '-고'는 구결문의 구결과 일치한다.

③ '믿+{NP애/VP-어(논)}' 유형
한문의 개사 '及'은 구절 앞에 붙어 어느 동작이 시작하거나 어떤 상황
이 새로 출현되는 "시점"을 나타낸다(王海棻 1996 : 150). 그러나 15세기의
언해 문헌에서는 '及'을 동사로 파악하여 '및-'으로 번역한 경우가 보통이
다. 개사 '及'에 대응하는 '믿'은 16세기부터의 직역 문헌에 나타나기 시
작하였다.

(13) ㄱ. 蘇州ㅣ 湖州ㅣ 두 고올 敎授ㅅ 벼슬 ᄒ여셔논(及爲蘇湖二州敎授
ᄒ야논)<飜小9 : 9b>
ㄴ. ᄆᆞᄋᆞᆯ히 이실 제도(及在鄕黨ᄒ야)<飜小10 : 3b>
ㄷ. 夫人이 呂氏의 집의 며느리 되어오니(及夫人嫁呂氏)<飜小9 : 7a>
(14) ㄱ. 믿 蘇쥐 湖쥐 두 고올 敎授ㅣ 되야논(及爲蘇湖二州敎授ᄒ야논)
<小學6 : 8b>
ㄴ. 믿 鄕黨의 이셔(及在鄕黨ᄒ야)<小學6 : 103a>
ㄷ. 믿 夫人이 呂氏에셔 셔방 마자오나논(及夫人嫁呂氏)<小學6 : 6b>
(15) ㄱ. 믿 죽음애 과연히 그 말 ᄀᆞᆮ트니(及卒애 果如其言ᄒ니)<小學5 :
98b>
ㄱ'. 그 주구매 미처논 과연히 그 말와 ᄀᆞᆮ트니(及卒ᄒ야논 果如其言
ᄒ니)<飜小8 : 20b>

예문 (13)은 '及'의 문법적 의미가 국어의 문법 형태소에 의해 실현된
용례들이다. 그러나 같은 원문인데 예문 (14)에서 보는 것처럼 "시간"의

之 三犯而行罰호ᄃᆡ)<小學6 : 16a>
ㄴ'. 어딘 이리 잇거든 글월에 스고 허믈 잇거나 ᄯᅩ 언약을 어그릇치 ᄒ리롤 ᄯᅩ 글월의
서 그르ᄒᆞᆫ 이리 세 번 이어든 벌ᄒᆞ요ᄃᆡ(有善則書於籍ᄒ고 有過若違約者롤 亦書之
三犯而行罰호ᄃᆡ)<飜小9 : 18b>

의미를 나타내는 연결어미 '-어(ᄂ)'도 사용되고 또 구절 앞에 '밋'도 사용되고 있다. 예문 (15ㄱ)는 '믿'과 '죽음애'가 결합된 용례인데 '죽음' 뒤의 '애'는 구결문에서 이끌려 온 것으로 역시 "시간"을 나타내는 문법 형태소이다. '밋'이 '-어(ᄂ)'과 결합한 용례가 '애'와 통합되는 용례보다 훨씬 많은 것으로 나타난다. 『번역소학』에서 한문의 '及' 구조를 "시간"을 나타내는 '(-ㄹ) 제/에', '-어셔ᄂ' 등 표현으로 번역하고 있는 것을 보면 분명히 '及'을 허사로 다루고 있는 것이다. 그러나 『소학언해』, 그리고 뒤의 문헌에서 나온 용례는 한문 '及'의 문법적 의미, 어휘적 의미를 실현하는 동시에 한문의 어순에 따름으로써 '及'을 '밋'으로 번역하게 되는 것이다.

④ 'NP로 밋 VP' 유형

앞에서 논의한 바와 같이 한문의 '及'은 환경에 따라 접속사로 간주될 수도 있고 개사로 간주될 수도 있다. 중세 시기의 문헌에서 한문의 'NP 及 NP VP' 구조 중의 '及'을 접속사로 간주하여 번역하는 경우가 절대 다수이지만 개사로 간주한 경우도 가끔 나타난다. 이 현상은 근대 시기에 들어 좀 더 많이 나타나게 되었다. 다음의 예문들은 이 현상을 반영하는 예들이다.

(16) ㄱ. 내 널로 밑 홈끠 亡호리라 ᄒ니(予 及女로 偕亡이라 ᄒ니)<孟子 1 : 6a>

　　 ㄴ. 管叔이 믿 그 群弟로 國애 流言ᄒ야(管叔이 及其群弟로 乃流言於 國)<서전3 : 51a>

　　 ㄷ. 太保ㅣ 밋 芮伯으로 다 進ᄒ야 서르 揖ᄒ고(太保ㅣ 曁芮伯으로 咸 進相揖ᄒ고)<서전5 : 49b>

예문 (16ㄱ)은 개사로 파악한 용례인데 구결문에서 '及NP로'로 나타난 현결 방식도 이 점을 뒷받침할 수 있다. 언해문에는 '로 밋'으로 되어 있

는데 이 구조에서 '로'는 뒤의 동사가 후치사화(또는 문법화)되면서 격지배
변동 현상이 일어난 결과로 해석되기 어렵다. 왜냐하면 그 뒤에 후치사화
될 수 있는 동사 (또는 동사의 활용형)이 아예 오지 않았기 때문이다. 이 유
형은 직역일수록 언해문이 구결문의 영향을 더 쉽게 받는다는 본 연구의
주장을 한층 지지해 주는 용례라 하겠다. 특히 예문 (16ㄴ), (16ㄷ)에서
'맛'은 'NP로' 앞에 전치되어 있는데 이는 한문의 어순에 따른 결과로 해
석할 수도 있고, 그 자체가 문장에서 위치변동할 수 있는 기능을 가진다
고 해석할 수도 있다.

6.4. 전이어 '쏘/맛'의 기능

본절에서는 전이어 '쏘'와 '맛'의 기능에 대해 살펴볼 것이다. 앞절에서
논의한 '쏘'와 '맛'의 출현 양상은 한문 '及'이 접속사나 개사나 성격에 따
라 전이어의 출현 양상은 크게 두 가지로 구분할 수 있다. 접속사일 경우
'쏘'와 '맛'은 차이점이 있기는 있지만 명사구도 접속시키고 동사구도 접
속시키는 비슷한 출현 양상을 보이고 있다. 개사일 경우 '쏘'의 용례가 나
타나지 않고 '맛'의 용례만 확인되었다. 앞절에서 보는 바와 같이 전이어
'쏘'나 '맛'은 모두 첨가된 것이므로 전이어가 노출되지 않은 용례보다 전
후 문맥의 관계를 더 분명히 하여 준다. 그리고 한문의 접속사 '及'과 '與'
가 한문에서 일정한 의미 차이가 있음에도 불구하고 한국어에서는 두 접
속사가 모두 '와/과'에 대응되어 한문의 접속사 '及'과 '與'의 의미 차이를
드러내는 데에 부족한 점이 있다. 이러한 경우 '及'에 대응되는 '쏘'와
'맛'은 접속사 '與'와 '及'의 의미 차이가 드러날 수 있도록 하는, 더욱 적
극적인 기능을 하고 있다. 본 연구에서는 전자, 즉 '쏘'나 '맛'이 첨가되어
전후 문맥의 관계를 분명하게 해 주는 경우는 '문맥 관계의 명시 기능'이

라 부르며, 후자, 즉 '쏘'와 '밋'이 접속사 '與'와 '及'의 의미 차이를 드러
내는 경우는 '문맥 의미의 보완 기능'이라 부르기로 한다.

① 문맥 관계의 명시 기능

출현 양상에서 보았던 것처럼 접속사 '及'에 대응하는 '쏘'와 '밋'은 모
두 명사구와 동사구를 접속시키는 환경에 출현할 수 있다. 한문의 '及'이
나타내는 "대등적 접속"은 중세국어에서는 조사 '와/과', 어미 '-며' 등에
의해 실현되는 것이 일반적이다. 이렇게 볼 때 '와/과'와 '-며'에 첨가된
전이어 '쏘', '밋'은 잉여적인 요소에 불과한 듯이 보인다. 그러나 이들 전
이어를 소거했을 때 의미에는 변동이 없을지라도 이들이 쓰여 전이어가
쓰이지 않는 경우보다 관련 문맥을 강조할 수 있다. 어떤 경우는 전이어
를 소거하면 언해문의 의미에 영향을 미치는 경우도 있으므로 그들이 완
전히 무의미한 존재라고 할 수도 없다. 다음 예문을 살펴보기로 한다.

(17) ㄱ. 中間과 안팟기 잇디 아니ᄒ며(不在中間과 及其內外ᄒ야)<六祖下
37a>

ㄴ. ᄒ다가 甚히 기픈 法界와 般若三昧예 들오져 ᄒ리ᄂᆫ(若欲入甚深
法界와 及般若三昧者ᄂᆫ)<六祖上79a>

ㄷ. 곧 頓敎와 쏘 衣鉢을 傳ᄒ시고(便傳頓敎와 及衣鉢ᄒ시고)<六祖上
45b>

ㄹ. 弟子ᄃᆞᆯ히 前念과 今念과 쏘 後念을 브터(弟子等이 徒前念과 今念
과 及後念ᄒ야)<六祖中23b>

ㄹ'. 弟子ᄃᆞᆯ히 前念 今念 後念을 브터(弟子等이 從前念今念及後念ᄒ
야)<六祖中24b>

(18) ㄱ. 兄과 밋 아이 서르 ᄉᆞ랑ᄒ고(兄及弟矣ㅣ 式相好矣오)<小學5∶75b>

ㄱ'. 형과 아ᅀᅵ 서르 ᄉᆞ랑ᄒ고(兄及弟矣 式相好矣오)<飜小7∶44a>

ㄴ. 可히 고기즙과 밋 포육과 젓과 或 고기 격옴애로ᄡᅥ 그 滋味를 도
을 ᄲᅮᆫ이언뎡(可以肉汁及脯醢或肉少許로 助其滋味언뎡)<小學5∶

51b>
ㄴ'. 고깃 즙과 보육과 젓과 혹 고기를 져기 뻐 마슬 도올만 ᄒ고(可
以肉汁及脯醢와 或肉少許로 助其滋味언뎡)<飜小7 : 18b>

예문 (17)은 같은 문헌에 나온 용례들인데 (17ㄱ)~(17ㄴ)은 한문의 '及'
을 무시하고 번역한 결과이며 (17ㄷ)~(17ㄹ)은 한문의 '及'을 의식하여
'쏘'로 번역한 결과이다. 이 점을 볼 때 '쏘'가 필연적으로 나타나야 하는
것임을 쉽게 알 수 있다. 즉 '쏘'의 유무가 문장의 의미에 큰 영향을 미치
지 않는 것이다. 특히 (17ㄹ)과 (17ㄹ')은 한 문헌에 나오는 동일한 내용의
한문 원문을 언해한 것인데, (17ㄹ)에서는 '와'도 나타나고 '쏘'도 나타났
다. 반면에 (17ㄹ')에서는 조사 '와'도 전이어 '쏘'도 나타나지 않았다. 예
문 (18)은 동일한 한문 원문을 언해한 의역체 문헌과 직역체 문헌의 나온
용례들인데, 의역일 경우는 '밋'이 나타나지 않고 직역인 경우는 '밋'이
나타났다. 이와 같은 양상을 고려할 때 '밋'을 소거해도 문장의 의미에는
큰 변화가 없을 것임을 알 수 있다. 예문 (17), (18)의 '쏘'와 '밋'은 문맥의
의미와 상관없이 전후 문맥의 관계, 즉 전후 성분의 접속을 한층 강조함
으로써 문맥 관계를 더 분명히 밝혀 주는 기능을 하는 것이다. '쏘', '밋'
이 동사구를 접속시키는 경우도 이와 같은 맥락에서 이해될 수 있다.
이러한 문맥 관계의 명시 기능은 개사인 '及'에 대응되는 '밋'의 용례에
서도 확인될 수 있다. 다음 예문 (19)와 (20)을 보자.

(19) ㄱ. <u>믿</u> 鄕黨의 이셔 말ᄉ믈 ᄌ셔히 ᄒ고 ᄂᆞ비ᄎᆯ 정다이 ᄒ니(<u>及</u>在鄕
黨ᄒ야 詳言正色ᄒ니)<小學6 : 103a>
ㄱ'. ᄆᆞ을히 이실 제도 말ᄉ미 ᄌ셔ᄒ고 양ᄌᆞᄅᆞᆯ 정다이 ᄒ니(<u>及</u>在鄕黨
ᄒ야 詳言正色ᄒ대)<飜小10 : 3b>
ㄴ. 그 太學舘이 이실 제도 쏘 그리ᄒ더라(其在太學ᄒ야두 亦然ᄒ더
라)<飜小9 : 11a>

ㄷ. 佛法이 世間애 이셔 世間 覺애 여희디 아니ㅎ니(佛法이 在世間ㅎ
야 不離世間覺이니)<金三1 : 15a>

(20) ㄱ. 내 널로 밋 홈띄 亡호리라 ㅎ니(予 及女로 偕亡이라 ㅎ니)<孟子
1 : 6a>

ㄴ. 管叔이 믿 그 群弟로 國애 流言ㅎ야(管叔이 及其群弟로 乃流言於
國)<서전3 : 51a>

ㄷ. 太保ㅣ 밋 芮伯으로 다 進ㅎ야 서르 揖ㅎ고(太保ㅣ 曁芮伯으로 咸
進相揖ㅎ고)<서전5 : 49b>

예문 (19)는 "시간"을 나타내는 '밋'의 용례인데 (19ㄱ')에 대비할 때 (19
ㄱ)의 '믿'은 잉여적 요소라 말하기 어렵다. (19ㄱ')과 (19ㄱ)을 각각 (19ㄴ)
의 '이실 제도'나 (19ㄷ)의 '~에 이셔'와 비교해 보면, (19ㄱ')의 '이실 제
도'는 "어떤 시점에 이르러서는"과 같은 '及'의 의미를 보장할 수 없다.
마찬가지로 (19ㄱ)에서 '믿'을 소거한 '~의 이셔'도 '及' 의미를 드러내지
못할 것이다. 이 경우의 '밋'은 "시간"의 의미를 나타냄으로써 문맥 관계
를 명시하는 기능을 한다.

예문 (20)은 한문의 '及'이 '여동의 대상'을 나타내는 경우인데 언해문
에서 '로 밋'이 함께 공동격의 기능을 한 것으로 볼 수 있다. 이 경우의
'밋'을 소거하면 문장의 의미에 영향을 미친다. 한국어에서는 '로'와 통합
된 명사구가 공동격의 기능을 나타낼 수 없기 때문이다.

이상의 논의에 의하면 예문 (17), (18)은 '또', '밋'을 생략해도 문장의 의
미가 큰 변함이 없는 데 반해 (19), (20)은 문장의 의미에 일정한 영향을 미
치게 된다. 다시 말하면 개사의 '及'에 대응되는 전이어는 접속사에 대응
하는 전이어보다 언해문에서 더욱 적극적으로 기능을 하고 있다는 것이다.

② 문맥 의미의 보완 기능
한문에서는 접속사 '與'와 '及'은 의미나 기능상 일정한 차이가 존재한

다. '與'가 접속시키는 성분은 동등한 지위를 가지고 있는 데 비해 '及'이
접속시키는 성분은 동등하지 않다. '及' 뒤의 성분은 앞의 성분보다 부차
적인 지위를 가진다. 그리고 '與'와 '及'이 동시에 사용되는 경우 '與'는
앞의 성분들 사이에 쓰이고 '及'은 마지막 성분 앞에 쓰이는 특성도 있다.
예를 들어 'A與B與C'의 경우 A, B, C는 동등하게 나열하는 관계이다. 반
면 'A與B及C'의 경우는 [[[A]與[B]][及C]]로 분석되는데 A와 B는 동등 관계
이고 C는 A, B에 비해 부차적인 지위를 차지한다.[123] 의역 문헌에서는 한
문의 '與'와 '及'은 동일하게 '와'에 의하여 그 문법적 기능을 나타내는데
직역 문헌에서는 그들의 기능 차이를 드러내기 위해 '다뭇'과 '밋'을 동원
하는 것으로 이해된다. '與'와 '及'이 한문에서 나타내는 의미상의 차이점
과 동일하게 언해문에서도 '다뭇'은 동등하게 나열하는 관계를 나타내고
'밋'은 부차적인 관계를 나타낸다.

> (21) ㄱ. 오직 어위쿰과 慈悲와 偏頗 업수미 이 有德혼 무슴미니(唯寬與慈
> 와 及無偏跛ㅣ 此ㅣ 謂德懷니)<內訓3 : 13b>
>
> ㄴ. 그 사회와 며느리의 텬셩과 힝뎍과 가무네 례법이 엇던고 ᄒᆞ야
> (察其婿與婦之性行과 及家法如何ㅣ오)<飜小7 : 31b>
>
> ㄴ'. 그 사회와 다뭇 며느리의 텬셩과 힝실과 밋 집읫 法이 엇더홈을
> 술피고(察其婿與婦之性行과 及家法何如ㅣ오)<小學5 : 64a>
>
> ㄷ. 이 禮ㅣ 諸侯와 태우와 밋 士와 庶人의게 達ᄒᆞ니(斯禮也ㅣ 達乎諸
> 侯大夫及士庶人ᄒᆞ니)<中庸20b>

예문 (21ㄱ)은 한문 '及'이 문장에서 나타내는 기능에 의하면 언해문은
[[어위쿰과 慈悲]와 偏頗 업수미]로 분석된다. '及'에 대응하는 전이표현의
부재로 '어위쿰'(A), '慈悲'(B), '偏頗 업숨'(C) 세 성분이 동등하게 병렬한
것으로 이해할 수도 있다. (21ㄴ)도 마찬가지로 '텬셩'과 '힝뎍'과 '가문네

---

123) 呂叔湘(1999 : 286) 참조.

례법'이 동등한 지위를 차지하고 있는 것으로 보이지만 한문의 문맥에 의하면 '天性'과 '行德'은 먼저 살펴야 하는 내용이며 '가무네 례법'은 중요하지만 앞의 내용에 비해 부차적인 위치에 처하고 있는 것에 불과하다. (21ㄴ')은 '믿'이 나타났기 때문에 의미의 중의성이나 모호성을 해소할 수 있게 되었다.

(21ㄷ)은 '밋'이 없으면 '諸侯와 태우와 士와 庶人'의 구성이 되어 이 네 종류 신분을 가진 사람이 동등하게 나열된다는 오해를 초래하게 될 것이다.124) 이 경우의 '밋'은 적절한 용법이고 오히려 '밋' 앞에 나타나는 '와'가 잉여적인 요소처럼 보인다. 요컨대 '와'만으로는 그 의미를 충분히 드러내지 못하여 '밋'을 통해 보완하는 것이다. 이는 '밋'이 어휘적 의미를 나타낼 수 있었기 때문이다. 중세 시기의 'NP와 밋 NP'의 구성은 현대국어에 이르러서 일부 'NP 및 NP'의 구성으로 변한 것도 '밋'이 적극적인 기능을 하기 때문인 것으로 이해된다.

앞서 말한 부차적 관계를 나타내는 경우 외에 다음의 용례에서 보는 바와 같이 '밋'은 "선택"의 의미를 나타내기도 하였다.

(22) ㄱ. 父母ㅅ 거상애 맛당히 나가디 아니홀디니 만일 喪事<u>와</u> 믿 연고
　　　　이심을 위ᄒᆞ야 시러곰 마디 몯ᄒᆞ야 나가거든 사오나온 ᄆᆞᆯ ᄐᆞ고
　　　　뵈로 기르마와 셕술 ᄢᅮ디니라(父母之喪애 不當出이니 若爲喪事及
　　　　有故ᄒᆞ야 不得已而出則乘樸馬ᄒᆞ고 布裹鞍轡니라)〈小學5 : 54a〉
　　ㄱ'. 어버싀 거상애 나 ᄒᆞ뇨미 맛당티 아니ᄒᆞ니 ᄒᆞ다가 상ᄉᆡ<u>어나</u> 다
　　　　론 연고ᄅᆞᆯ 위ᄒᆞ야 마디 몯ᄒᆞ야 나갈 ᄃᆡ 잇거든 사오나온 ᄆᆞ롤
　　　　ᄐᆞ고 뵈로 기르마와 셕술 ᄢᅮ디니라(父母之喪애 不當出이니 若爲
　　　　喪事<u>及</u>有故ᄒᆞ야 不得已而出則乘樸馬ᄒᆞ고 布裹鞍轡니라)〈飜小7 :
　　　　20b〉
　　ㄴ. 어딘 일이 잇거든 글월에 쓰고 허믈이 이시<u>며</u> 믿 약속을 어그릇

---
124) 현대국어에서도 '諸侯와 태우 및 士와 庶人'이 더 자연스러운 표현이 될지 모른다.

 논 이롤 ㅆ 써 세 번 犯ㅎ야돈 罰을 行호디(有善則書於籍ㅎ고 有
 過若違約者롤 亦書之ㅎ야 三犯而行罰호디)<小學6 : 16a>
ㄴ'. 어딘 이리 잇거든 글월에 스고 허믈 잇거나 ㅆ 언약올 어그릇치
 ㅎ리롤 ㅆ 글월의셔 그르 ㅎ욘 이리 세 번이어든 벌ㅎ요디(有善
 則書於籍ㅎ고 有過若違約者롤 亦書之ㅎ야 三犯而行罰호디)<飜小
 9 : 18>

 예문 (22ㄱ)은 '喪事 그리고 연고'의 의미를 나타내는 듯 보이지만 의역
한 (22ㄱ')에서 "선택"의 '-거나'를 사용하는 점을 감안하면 여기의 '와
믿'도 "선택"의 의미를 나타내는 것으로 보아야 한다. 한국어에서는 '와'
가 "선택"을 나타내는 일이 없기 때문에 "선택"의 의미는 '믿'에 의해 나
타났다고 볼 수밖에 없다. (22ㄴ)의 경우도 같은 맥락에서 해석할 수 있다.
(22ㄴ')은 '-거나' 뒤에 'ㅆ'가 출현하는데 이 경우의 'ㅆ'는 한문의 '亦,
復, 且' 등에 대응하는 'ㅆ'와 달리 "그 밖에 又"를 뜻하는 것이 아니고
"또는(or)"의 의미를 나타내는 것으로 보인다(3.3.2.의 논의를 참조).
 다음 예문 (23)에서 보는 바와 같이 근대국어에 나타나는 '-거나 믿'의
용례도 '믿'[及]이 "선택"의 의미를 나타내고 있는 것으로 보인다.

 (23) ㄱ. 만일 몸에 민 노히 잇거나 믿 져기 痕損 可疑홈이 이시면 맛당히
 檢ㅎ야 사롬의게 謀害홈을 닙어 물에 두어 身死ㅎ다 作호디(若身
 有纆索及微有痕損可疑則宜檢作被人謀害置水身死ㅣ라 호디)<無寃
 錄3 : 12a>
ㄴ. 만히 이 놈의게 物로뻐 口鼻롤 막거나 믿 罨塢ㅎ야 죽이인 거시
 니(多是被人以物로 搭口鼻及罨塢殺이니)<無寃錄3 : 79a>

 예문 (23ㄱ)은 '몸에 맨 끈이 있'는 점과 '상처 흔적이 있'는 점이 동시
에 있는 것인데, 양자 중에 하나만 있으면 모해당했음을 판단할 수 있다.
(23ㄴ)은 사람을 죽이는 방법인데 '搭口鼻한 다음 또 罨塢'하거나 '罨塢한

다음 또 搭口鼻'할 필요가 없다. 즉 두 가지 방법을 동시에 쓰는 것이 아님은 틀림없다. 이 경우의 '밋'은 "선택"의 의미로 이해할 수밖에 없다.

6.5. 소결

본 장에서는 전이어 '쏘/밋'을 대상으로 그들의 출현 양상과 문장에서 행하는 기능을 살펴보았다. 논의된 내용을 다시 간략히 요약하면 아래와 같다.

① 전이어 '밋'은 의역과 직역을 대비하여 그 존재를 확인할 수 있었다. '쏘'의 경우는 같은 문헌을 두 번 이상 언해한 의역과 직역이 없더라도 (같은 문헌에는) '及'에 대응되는 '쏘'가 노출된 경우도 있고 노출되지 않은 경우도 있음을 고려하면 '쏘'에 전이어의 성격을 부여해도 무리가 없다.

② 전이어 '쏘'가 주로 15세기의 불경 언해 문헌에 나타났던 데 비해 전이어 '밋'은 16세기 문헌에서부터 빈번하게 나타나 양자가 시기나 문헌의 분포상 차이가 드러난다.

③ 한문의 '及'은 접속사와 개사의 용법이 있는데 전이어 '쏘'는 접속사의 경우에만 확인되고 '밋'은 접속사와 개사 두 가지의 경우에 모두 확인되었다. 접속사 '及'에 대응되는 '쏘'와 '밋'은 비슷한 출현 양상을 보이고 있다. 양자가 모두 명사구를 접속시키는 'NP와 # 전이어 # NP', 동사구를 접속시키는 'VP-며/고/거나 # 전이어 # VP'의 환경에 출현된다. 물론 'VP-거나 쏘 VP'는 중세국어에서 확인되었는데 'VP-거나 밋 VP'의 용례가 근대국어에서 확인되어 약간 다른 점이 나타난다. 개사의 '及'이 대응되는 '밋'은 주로 "시간"을 나타내는 표현과 아울러 나타나는데 문장의 첫머리에 쓰인다. 그 뒤에 명사구 'NP에'의 구조도 올 수 있고 동사구(절) '호야(논)'의 구조도 올 수 있다. 중세 국어에는 드물게 나타나지만 'NP로'

에 후행하여 공동격 기능을 하는 용례도 관찰되었다.

④ '쏘/밋'은 출현 환경에 따라 문장에서 행하는 기능도 다른데 주로 문맥 관계의 명시 기능과 문맥 의미의 보완 기능을 행한다. 접속사에 대응되는 경우 '쏘'와 '밋'은 문장에서 소거해도 문장의 의미에 큰 손상을 주지 않으므로 문장의 의미에 변별의 작용을 하지 못하고 전후 문맥의 관계를 더 분명히 밝혀 주는 기능을 할 뿐이다. 개사에 대응되는 '밋'의 경우는 문장에서 소거하면 문장이 변하게 되어 더욱 적극적으로 문맥 관계를 명시해 준다. 한문의 '與'와 '及'은 의미 차이가 있는데 그 의미 차이를 드러내는 '밋'은 문맥 의미를 보완하는 기능을 행하기도 한다. "선택"을 나타내는 문맥 의미인 경우 대등적 연결 어미 '-며'에 후행하는 '밋'은 적극적으로 "선택"의 의미를 나타내는 것으로 파악된다.

7. 결론

　중세 시기의 언해 문헌은 한문을 번역한 것이므로 한문의 영향을 받는 것이 불가피하다. 특히 한문을 직역 내지 축자역하여 번역한 경우가 더욱 그러한데 번역 과정에서 출현하는 轉移語는 바로 그 직접적 영향의 하나라 할 수 있다. 전이어에 대해서는 학계에서 일찍부터 관심사가 되어 지금까지 적잖은 성과를 거두었지만 그럼에도 불구하고 중세 한국어의 다른 분야와 비교하면 연구가 많이 부족하고 미흡하였다는 반성이 이 책의 출발점이었다. 이에 이 책은 기존 연구 성과를 바탕으로 전이어의 개념을 보완하는 한편 한문의 '以, 與, 使, 及' 등에 대응되는 전이어의 출현 양상을 상세히 정리·분석함으로써 전이어의 기능을 다시금 살펴보고자 하였다.

　이 책에서 논의된 내용을 간략히 요약하면 아래와 같다.

　1. 제2장에서는 전이어의 개념, 전이어의 목록과 유형, 전이어와 선행 조사의 관계, 전이어와 직역 문헌의 관계 등 전이어에 관한 기초적 논의를 수행하였다. 전이어는 한문 어사의 飜譯借用을 통해 직역 문헌에 특징적으로 나타나는 단어로서, 직역 문헌에서 단순히 중복적 표현을 이루기도 하지만 전후의 문맥 관계를 명시하거나 문맥 의미를 보완하는 기능을 수행하기도 한다. 전이어는 의역 문헌과 비교하면 한문 어사에 대응되는 고유한 문법 형태가 있음에도 불구하고 별도로 첨가된 어휘 형태의 성격을 갖는 것이 특징이다.[125]

　이처럼 전이어는 한문 어사를 번역차용한 요소이기 때문에 단순히 한

---

125) 2음절 이상으로 구성된 한문 숙어에서는 첨가성이 확인되는 대신 숙어의 구성소를 단순히 고정적인 대응 형식으로 치환한 듯한 경우도 발견된다(예 : 한문의 '所以'를 언해문에서 '뻐 ~-(으)ㄴ 바'로 번역한 경우). 이러한 경우 이 책에서는 첨가성이 확인되는 첨가형 전이어와 구별하여 치환형 전이어라는 별도의 유형으로 명명하였다(자세한 논의는 2.2. 참조).

국어의 내적 요소로만 파악할 수 없다. 기존 연구에서는 전이어를 문법화 (grammaticalization) 과정을 거쳐 형성된 후치사나 보조사의 하나로 다루면 서 당시 한국어의 일반적인 문법 질서로 간주하기도 하였다. 그러나 이 책에서는 전이어의 선행 명사구가 전이어의 논항에 해당되지 않으며 선 행 조사도 문법화에 따른 격지배 변동의 결과로 보기 어려움을 피력하였 다. 나아가 언해문과 구결문의 관계를 검토함으로써 전이어에 빈번히 선 행하는 조사 '로'는 구결문의 구결 '로'에 이끌려 출현하였을 가능성이 상 당히 높다는 사실도 지적하였다.

2. 제3장부터 제6장까지는 한문의 '以', '與', '使', '及' 등에 대응되는 전이어를 대상으로 그들의 출현 양상과 언해문에서 행하는 기능을 상세 히 기술·정리하였다. 이들 전이어 각각의 출현 양상은 이미 각 장의 소 결 부분에서 요약·정리한 바 있으므로 여기에서는 그 내용을 다시 반복 하는 대신 연구 대상으로 삼은 전이어 전체의 공통점과 차이점을 비교· 정리하는 데 중점을 두기로 한다.

(1) '히여곰'을 제외한 '뻐, 다못/더브러/드려, 쏘/밋'은, 대응되는 한문 어사가 한문에서 연사(連詞, =접속사)의 기능을 수행하듯이 이들 전이어도 언해문에서 둘 이상의 성분을 (종속적 혹은 대등적으로) 접속시킬 수 있 다. 한문의 '以'가 동사구만을 종속적으로 접속시키는 것과 같이 '以'에 대 응되는 전이어 '뻐'는 언해문에서 보통 'VP-어 뻐 VP' 유형으로 동사구를 종속 접속시켰다. 한문의 '與'와 '及'은 명사구, 동사구를 모두 대등 접속 시킬 수 있는데 마찬가지로 '與', '及'에 대응되는 전이어도 명사구, 동사 구를 대등 접속시켰다. 'NP와 {다못/쏘/밋} NP'는 명사구를 대등 접속시 키는 경우이며 'VP-며 {다못/쏘/밋} VP'는 동사구를 대등 접속시키는 경 우에 해당한다. 다만 '與'에 대응되는 전이어라 하더라도 '더브러', '드려' 는 '다못'과 달리 둘 이상의 성분을 대등 접속시키는 용례가 확인되지 않

았다. 이상 한문의 연사(連詞, =접속사)에 대응되는 전이어의 출현 양상을 비교·정리하면 대략 아래 표와 같다.

〈표-5〉 접속사에 대응되는 전이어의 출현 양상

한문 어사	以	與	及	
대응 전이어	뻐	다못	또	밋
명사구(NP) 접속	×	NP와 다못 NP	NP와 또 NP (예외 : NP 또 NP)	NP와 밋 NP
동사구(VP) 접속	VP-어 뻐 VP VP-고 뻐 VP	VP-며 다못 VP	VP-며 또 VP VP-거나 또 VP	VP-며 밋 VP VP-거나 밋 VP

(2) '히여곰'을 포함한 전이어 모두는, 대응되는 한문 어사가 한문에서 그러하듯이 介詞에 준한 기능을 수행하기도 한다. 한문의 개사는 명사구와 결합하여 介賓構造를 형성하며 후행하는 서술어를 꾸미는 기능을 한다. 이러한 개빈구조는 (언해문에서) 의역할 때 'NP+조사 # VP'로 번역하는 것이 보통이지만 직역 내지 축자역할 때에는 전이어와 함께 'NP+조사 # 전이어 # VP'로 번역하는 것이 일반적이다. 이때 조사는 해당 개사의 문법적 의미를 나타내는 조사이어야 되는데 직역 내지 축자역에서는 구결문의 영향으로 인하여 구결과 일치하는 경향이 뚜렷하다. 이 책에서 다루는 대상은 구결문에서 해당 한문 어사 뒤에 모두 '로'로 현결되며 언해문에서 모두 'NP로'로 언해되어 'NP로 # 전이어 # VP'의 모습으로 출현하는 공통점을 보였다. 그러나 이러한 공통점과 함께 전이어 사이에는 미묘한 차이점도 발견되었다. '與'에 대응되는 '더브러'와 '드려'는 조사의 개재 없이 직접 NP에 후행할 수도 있는 데 비해(예 : NP 더브러, NP 드려) 다른 전이어에서는 이러한 예가 관찰되지 않았다. 한문의 어순 '介詞 # NP'에 따른 것으로 해석되는 '전이어 # NP+조사'의 용례(전이어가 명사구

에 선행하는 용례)도 '뻐', '히여곰', '밋'의 경우에는 확인되었지만 '與'에 대응되는 전이어 '다믓/더브러/드려'에서는 이러한 현상이 발견되지 않았다. '及'에 대응되는 '밋'은 "시간"의 의미를 나타낼 때 다른 전이어와 달리 항상 (한문의 어순에 따라) 구절 첫머리에 쓰이는 특징을 보였다. 이상 한문의 개사(介詞)에 대응되는 전이어의 출현 양상을 비교·정리하면 대략 아래 표와 같다.

〈표-6〉 개사에 대응되는 전이어의 출현 양상

한문	전이어	NP로 # 전이어	전이어 # NP로	NP # 전이어	전이어(단독)
以	뻐	NP로 뻐	△뻐 NP로	*NP 뻐	뻐
使	히여(곰)	NP로 히여(곰)	히여곰 NP로	*NP 히여	히여(곰)
與	다믓	NP로 다믓	*다믓 NP로	*NP 다믓	다믓
	더브러	NP로 더브러	*더브러 NP로	△NP 더브러	더브러
	드려	NP로 드려	*드려 NP로	△NP 드려	드려
及	밋	NP로 밋	밋 NP로	*NP 밋	*밋

(△은 드물게 나타남, *은 나타나지 않음)

(3) 전이어의 기능에 관해서는 크게 문맥 관계의 명시 기능과 문맥 의미의 보완 기능 두 가지 측면으로 나누어 정리하였다. 우선 문맥 관계의 명시 기능은 무엇보다 전이어의 첨가적 성격과 연관된다고 할 수 있다. 한문의 어사가 나타내는 문법적 의미가 한국어의 문법적 형태에 의해 담당될 경우 대응되는 전이어는 문법적 형태에 별도로 첨가되어 일종의 중복 표현을 형성할 수도 있다. 이러한 경우 전이어는 언해문에서 강조의 기능을 함으로써 전후 문맥 관계를 분명히 해 주는 기능을 하게 된다. 예

컨대 한문의 '以'는 한국어의 조사 '로'에 대응되는데 전이어가 첨가되어 'NP로 뼈'로 나타나는 것은 기능상 문맥 관계를 보다 명시하는 역할을 한다. 또한 한문의 '與', '及'은 '와', '-며'에, '使'는 '-게 ㅎ-'에 각각 대응되는데 이들 '와', '-며', '-게 ㅎ-'와 결합하는 전이어는 역시 일종의 중복 표현을 형성함으로써 문맥 관계를 명시할 수 있다. 물론 경우에 따라서는 한문의 어사에 대응되는 문법적 형태와 전이어에 선행하는 문법적 형태가 일치하지 않을 때 전이어는 보다 적극적으로 문맥 관계를 명시하는 기능을 수행할 수도 있다. 예컨대 '與', '及'에 대응되는 전이어는, 그것의 선행 조사가 '와' 아닌 '로'로 나타날 경우(예 : 'NP로 더브러/드려', 'NP로 밋') 중복 표현을 형성한다기보다 선행 조사 '로'와 함께 작용하여 공동격처럼 보다 적극적인 기능을 수행하기도 하는 것이다.

　문맥 의미 보완의 기능은 주로 전이어가 단독으로 출현될 경우에 드러난다. 한문의 '以', '與', '使' 등은 뒤에 오는 성분이 앞의 구절에 나타났으면 뒤의 구절에 대명사 '之'가 나타나거나 생략되는 경우가 많다. 한국어 문법에 따르면 대명사 '之'를 언해하거나 생략된 성분을 복원하는 것이 보통인데 직역일 경우 대명사 '之'나 생략된 성분을 무시하고 '以', '與', '使' 등만을 언해하는 것이 대부분이다. 이렇게 볼 때 '以', '與', '使' 등에 대응되는 '뼈', '다믓/더브러/드려', '히여(곰)' 등은 일정한 정도로 생략된 성분을 포함하여 지시적 기능을 행하는 것으로 보인다. '以之'나 '以∅'은 한국어의 문법에 따르면 '일로'를 살리고, '與'의 경우는 '더와'로 '之'나 생략된 성분을 살리며, '使'에 대응되는 '히여곰'으로 '피사동주를 살림'으로써 일정한 지시적 기능을 한다. 문맥 의미의 보완 기능은 또 '히여곰 주동사' 유형에서도 확인될 수 있었다. 한국어에서는 주동사가 "사동"의 의미를 나타내지 못하기 때문에 '히여곰'의 개재는 한문 원문의 사동 의미를 적극적으로 보장해 주는 기능을 하는 것이다. 문맥 의미의 보완 기능은 또 '다믓'[與]과 '밋'[及]의 의미 차이에서 확인되었다. 한문에서 '與'가 접속시키는 두 성분은 동등적 관계를 가지는 데 비해 '及'이 접속시키는 두 성분은 부차적 관계를 가지고 있다. 그러나 '與'와 '及'의 문법적 의미만 나타내는 'NP와 NP'의 구조는 양자의 이러한 의미 차이를 잘 드러내지 못하고 있다. 그러므로 '다뭇'과 '밋'의 개재는 적극적으로 한문 원문의 의미를 구분시켜 주는 기능을 한다 할 수 있다. 이 책에서 다루는 전이어는 모두 'NP로 # 전이어 # VP'의 구성이 형성될 수 있는데 이 경우 전이어의 개재는 전이어가 개재하지 않을 때 'NP로'와 'VP' 사이의 의미 관계를 보완해 주는 것이라 할 수 있다. 이는 'NP로 # 더브러 # 주동사'와 'NP로 # 히여곰 # 주동사'의 구성에서 확인될 수 있었다.

이 책에서 애초에 목표로 삼았던 것은 중세 한국어에서 나타나는 전이어를 가능한 한 모두 찾아내어 그들의 출현 양상, 그리고 그들의 기능 및 통시적 변화를 밝히는 일이었다. 그러나 자료를 수집·정리하는 과정에서 어려운 점을 많이 겪게 되어 애초의 의도만큼 체계적으로 정리하지 못한 부분이 많이 있다. 전이어의 개념은 나름대로 정의하였지만 결코 충분한 것은 못되며 따라서 전이어에 대한 보다 합리적인 정의가 요청된다. 그리고 전이어의 문법적 지위와 기능을 고찰하려면 더 많은 대상 항목을 선정하여 출현 양상을 더 정밀하게 정리·분석하여야 가능한 일일 수 있다. 또한 전이어에 대한 통시적 연구가 필요함에도 불구하고 이 책에서는 중세 시기의 부분적인 언해 문헌만을 대상으로 하여 논의하는 데 그쳤다. 따라서 앞으로 중세 시기의 언해 문헌을 더 면밀히 검토할 필요가 있고 또 그것을 바탕으로 근대 시기의 문헌까지 고찰함으로써 전이어에 대한 심도 있는 통시적 연구가 이루어졌으면 하는 바람이다.

또 하나의 문제는 구결문의 문제이다. 이 책에서는 언해문과 구결문의 관계를 기존 연구 성과를 바탕으로 정리했을 뿐, 구결문에 대한 심도있는 논의는 저자가 지닌 능력의 한계로 인하여 향후의 과제로 남길 수밖에 없었다. 예를 들어 13, 14세기의 구결 자료에서는 한문의 '與NP' 구성이 대부분 '와'로 현결되었지만, 15세기의 불경 언해에서는 '와', '와로', '로' 세 가지의 형태로 현결되다가 15세기의 경서 언해(예 : 『내훈』)나 『두시언해』의 주석문, 16세기의 경서 언해 등에서는 다시 '로'만으로 통일되었다. 이 문제는 문헌 성격과 관련된 문제인지 아니면 시대적 차이와 관련된 문제인지 정밀히 규명할 필요가 있다고 생각된다.

참고 문헌

고영근(1993), 개정판 표준국어문법론, 탑출판사.

고영근(1997), 개정판 표준중세국어문법론, 집문당.

고영근(2002), 문법과 텍스트, 서울대학교출판문화원.

권재일(1991), "사동법 실현 방법의 역사", 한글 211, pp.99-124.

권재일(1998), 한국어 문법사, 박이정.

권재일(2006), "국어 문법과 조사의 생략", 이병근선생퇴임기념 국어학논총, 태학사. pp.29-46.

權和淑(2000), 『月印釋譜』와 『法華經諺解』의 國語學的한 比較 硏究, 한국외대 대학원 박사학위논문.

金文雄(1982), "諺解書에 나타난 口訣의 樣相과 表記法", 어문학 42, pp.1-19.

金文雄(1986), 十五世紀 諺解書의 口訣硏究, 螢雪出版社.

김문웅(2001), "한문의 허사와 구결의 호응 관계", 국어연구의 이론과 실제, 태학사, pp.45-84.

김문웅(2006), "불경언해에 나타난 구결의 변천", 국어사 연구 어디까지 와 있는가, 태학사, pp.639-663.

김상대(1981), "중세어 공동격 구성의 연구", 국어학 10, pp.81-104.

김상대(1984), 중세국어 구결문의 국어학적 연구, 韓國精神文化硏究院 韓國學大學院 박사학위논문.

김상대(1989), "언해문과 구결문의 대조적 특성 고찰", 국어교육 67 · 68, pp.1-21.

김상대(1992), "口訣文의 統辭的 特性", 國語學硏究百年史Ⅱ, pp.563-74.

김상대(1993), 구결문의 연구, 한신문화사.

김영배(2000), 國語史資料硏究-佛典諺解 중심-, 월인.

김영수(2001), 조선 중세 한문 번역본의 언어사적 연구, 역락.

김완진(1975), "번역박통사와 박통사언해의 비교 연구", 東洋學 5, 단국대 동양학연구소, pp.15-28.

김완진(1976), 노걸대의 언해에 대한 비교연구, 한국연구원.

김종택(1983), "국어 표현구조의 변천 연구", 東洋文化硏究 10, pp.83-121.

金炯哲(1988), 19세기말 국어의 문체 · 구문 · 어휘의 연구, 경북대 대학원 박사학위논문.

金炯哲(1994), "갑오경장기의 문체", 새국어생활 4-4, pp.100-29.

김홍수(1996), "언해문 간의 차이에 대한 문체적 해석", 이기문교수정년퇴임기념논총, 신구문화사, pp.182-201.

南星祐(2007), 中世國語 文獻의 飜譯 研究, 제이앤씨.

남풍현(1971ㄱ), "'ᄒᆞ다가'攷-국어에 미친 중국어의 문법적 영향의 한 유형-", 語學研究 Ⅶ卷1號, pp.11-21.

남풍현(1971ㄴ), "15世紀 文獻에 나타난 中國語의 文法的 影響과 呼應關係 形成에 대한 考察", 논문집 5, 한양대, pp.53-77.

남풍현(1971ㄷ), "國語에 미친 中國語 因果關係表現法의 影響", 金亨奎博士頌壽紀念論叢, pp.213-23.

남풍현(1972), "「두시언해」 주석문의 '-로'에 대한 고찰", 논문집 3. 단국대, pp.7-30.

남풍현(1973), "「두시언해」 주석문의 문법적 고찰", 東洋學 3, pp.75-126.

남풍현(1999ㄱ), 國語史를 위한 口訣研究, 太學社.

남풍현(1999ㄴ), 유가사지론 석독구결의 연구, 태학사.

柳龜相(1968), "국어의 후치사", 어문논집 11, 고려대, pp.22-45.

류성기(1984), 18세기 국어의 피동문과 사동문에 대한 연구, 韓國精神文化研究院 석사학위논문.

류성기(1988), "19세기 국어의 피동문과 사동문에 대한 연구", 새국어교육 43, pp.166-89.

민현식(1989), "「더브러」 관련 유의어에 대하여", 國語學 18, pp.153-174.

박금자(1997), 15세기 언해서의 협주 연구, 집문당.

朴杞璿(1998), 「월인석보」권15와 「법화경언해」권4의 문체비교 연구, 한국외대 대학원 석사학위논문.

박용찬(2008), 중세국어 연결어미와 보조사의 통합형, 國語學叢書 62, 國語學會.

박재연(2007), "「됴야긔문」의 번역 양상과 어휘론적 고찰", 됴야긔문 연구, 한국학중앙연구원, pp.67-140.

박진호(2008), "15,16세기 언해 문헌에서 '所以'의 번역 양상", 동아시아문화연구(구 한국학논집) 45, pp.397-437.

박철주(2006), "「대명률직해」에 쓰인 이두 '及'의 의미", 언어과학연구 38, pp.23-42.

배대온(1988), "이두 부사어휘고", 배달말 13, pp.67-122.

서종학(1983ㄱ), "15세기 국어의 후치사 연구", 국어연구 53, 서울대 국어연구회.

서종학(1983ㄴ), "중세국어 '브터'에 대하여", 國語學 12, pp.169-191.

서종학(1994), "借字 '슈是-' 攷", 口訣研究 12, pp.133-155.

서종학(1997), "후치사의 변화", 국어사연구, 태학사, pp.737-757.

석주연(2003), 노걸대와 박통사의 언어, 國語學叢書 47, 國語學會.

성광수(1987), "언해류에 나타난 '이(是)'의 강조용법과 해석", 어문논집 27, 고려대,

pp.777-789.

성광수(1988), "接續副詞語 'ᄒᆞ다가'에 대한 檢討", 홍익어문 7, pp.707-717.

성광수(1990), "諺解類上의 特異表現과 誤譯(1)", 韓國語學新研究, 韓信文化社, pp.327-44.

성지연(2006), "후기 근대국어 시기의 사동 표현 연구", 후기 근대국어 통사의 연구, 역락.

송민(1979), "言語의 接觸과 干渉類型에 대하여-現代韓國語와 日本語의 경우", 聖心女子
大學 論文集 10, pp.29-62.

송창선(1992), 15세기 국어의 사동·피동 표현 양상, 語文學 53輯, 한국어문학회,
pp.209-35.

송창선(1993), "16세기 국어의 사동·피동 표현 양상", 語文學 54輯, 한국어문학회,
pp.373-92.

송창선(1996), "근대국어의 사동·피동 표현 양상 연구", 문학과 언어 17, 文學과 言語研
究會, pp.5-42.

송철의 외(2004), 역주 증수무원록언해, 서울대학교출판부.

송철의 외(2006), 역주 오륜행실도, 서울대학교출판부.

안병희(1973), "중세국어 연구 자료의 성격-번역 양식을 중심으로 하여", 어학연구 9-1,
pp.75-86.

안병희(1977), 中世國語口訣의 研究, 一志社.

안병희(1979), "中世語의 한글자료에 대한 綜合的인 考察", 규장각 3, pp.109-147.

안병희(1983), "세조의 경서 구결에 대하여", 규장각 7, pp.1-14.

안병희(1992), 국어사 연구, 文學과知性社.

안병희·이광호(1990), 中世 國語 文法論, 學研社.

안주호(1994), "동사에서 파생된 이른바 '후치사류'의 문법화 연구", 외국어로서의 한국
어교육(구 말) 19, pp.133-54.

안주호(1997), 국어 명사의 문법화 현상 연구, 한국문화사.

여찬영(1987), "경서류 언해의 번역학적 연구", 한국전통문화연구 3, pp.115-216.

여찬영(2006), "「中庸諺解」의 번역언어학적 분석", 언어과학연구 38, pp.1-22.

왕문용(1993), "'와, 과'의 似而不同에 대하여", 국어사 자료와 국어학의 연구, 문학과지
성사, pp.549-58.

유경종(1993), "근대국어 피·사동 유형과 무표지 피·사동 연구", 한양어문연구 11,
pp.47-77.

유동석(1984), 樣態 助詞의 通報機能에 대한 研究: {이}, {을}, {은}을 中心으로, 서울대
대학원 석사학위논문.

劉昌惇(1975ㄱ), 李朝國語史研究, 二友出版社.

劉昌惇(1975ㄴ), 語彙史研究, 二友出版社.

尹容善(1999), 15세기 언해문에 나타난 구결문의 문법적 영향, 서울대 대학원 박사학위논문.

윤용선(2003), 15세기 언해자료와 구결문, 亦樂.

이광호(1985), "격조사 {로}의 기능 통합을 위한 시론", 羨烏堂 金炯基 先生 八秩 紀念, 國語學論叢, 語文研究會. (국어문법의 이해1 재수록, pp.115-144.)

이기문(1988), "飜譯體의 問題", 虛堂李東林博士停年退任紀念論叢 國語學研叢, 집문당, pp.354-362.

이기문(1991), 국어 어휘사 연구, 동아출판사.

이기문(1972), 改訂 國語史槪說, 탑출판사.

이기문(1998), 新訂版 國語史槪說, 태학사.

李南淳(1996), "'다가'攷", 이기문교수 정년퇴임기념논총, 신구문화사, pp.455-477.

이래호(2005), 후기 중세국어의 '-거-' 통합형 연결어미에 대한 연구, 한국학중앙연구원 박사학위논문.

이상욱(2007), "언해문에서 관찰되는 '내이', '네의'형에 대한 관련", 精神文化研究 30-3, pp.203-25.

이숭녕(1961), 中世國語文法 -15世紀語를 主로 하여-, 乙酉文化社.

이숭녕(1966), "十五世紀文獻의 文體論的 考察-월인석보와 법화경언해의 비교에서-", 가람李秉岐博士頌壽論文集, 三和出版社, pp.275-287.

이숭녕(1973), "소학언해의 무인본과 교정청본의 비교연구", 震檀學報 36, pp.77-97.

李承旭(1957), "국어의 Postposition 에 對하여-그의 品詞定立에 對한 試考", 一石李熙昇先生 頌壽記念論叢, pp.2-17.

이익섭(1986), 국어학개설, 학연사.

이익섭·임홍빈(1983), 국어문법론, 학연사.

이종묵(1998), "두시의 언해 양상", 杜詩와 杜詩諺解 研究, 태학사.

이주행(1993), "후기중세국어의 사동법에 대한 연구", 國語學 23, pp.239-54.

이지영(2008), 한국어 용언부정문의 역사적 변화, 國語學叢書 61, 태학사.

이찬규(1998), "'및'의 의미와 통사적 기능", 語文論集 26, 중앙어문학회, pp.83-117.

이태영(1988), 국어 동사의 문법화 연구, 한신문화사.

이태영(2000), "'與'의 번역과 관련된 문법화 연구", 언어 25-3, pp.477-497.

이현희(1985), "'ᄒᆞ다'어사의 성격에 대하여-누러ᄒᆞ다류와 엇더ᄒᆞ다류를 중심으로", 한신논문집 2, pp.221-247.

이현희(1988), "「소학」의 언해에 대한 비교 연구", 한신논문집 5, pp.205-248.

이현희(1994), 中世國語構文研究, 新丘文化社.

이현희(1996ㄱ), "중세국어 부사 '도로'와 '너무'의 내적 구조," 이기문교수정년퇴임기념 논총, 신구문화사, pp.644-659.

이현희(1996ㄴ), "중세 국어 자료(한글 문헌)", 국어의 시대별 변천·실태 연구Ⅰ, 국립국어연구원, pp.210-247.

이호권(1987), "법화경의 언해에 대한 비교 연구", 국어연구 78, 국어연구회.

이희승(1947), "外來語 이야기", 朝鮮語學論考, 乙酉文化社, pp.192-193.

임홍빈(1972), "NP-竝列의 {와/과}에 대하여", 서울대 敎養課程部論文集 4, pp.141-164.

임홍빈(1974), "{로}와 選擇의 樣態化", 語學硏究 10.2, 서울대 국어연구회, pp.143-159.

장윤희(2001), "근대어 자료로서의 『增修無冤錄諺解』", 한국문화 27, pp.1-24.

장윤희(2002), 중세국어 종결어미 연구, 國語學叢書 41, 國語學會, 태학사.

장윤희 외(2004), 역주 증수무원록언해, 서울대학교출판부, 2004.

全在昊(1988), "「더브러」관련어휘의 의미에 관한 통시적 고찰", 國語學 17, pp.33-63.

정승철(1990), "《闡義昭鑑諺解》의 異本 比較", 奎章閣 13, pp.39-58.

정재영(1998), "「두시언해」의 문법적 특징", 두시와 두시언해 연구, 태학사.

정제한(1993), 언해문의 한문 허사 번역에 관한 연구 : 「論語諺解」를 중심으로, 서울대 대학원 석사학위논문.

최동주(2000), "국어 사동구문의 통시적 변화", 언어학 27, 한국언어학회, pp.303-327.

최동주(2002), "'-게 하다' 사동구문의 피사동주에 대한 고찰", 문법과 텍스트, 서울대학 교출판부, pp.385-410.

최성규(2006), 구역(舊譯)「신약젼셔」의 국어학적 연구, 서울대 대학원 석사학위논문.

하귀녀(2005), 국어 보조사의 역사적 연구, 서울대 대학원 박사학위논문.

한용운(2001), 국어의 조사화 연구, 동국대 대학원 박사학위논문.

한용운(2003), 언어 단위 변화와 조사화, 한국문화사.

한재영(1996ㄱ), "조사 중첩 원리의 모색", 이기문교수정년퇴임기념논총, 신구문화사, pp.774-801.

한재영(1996ㄴ), 十六世紀 國語構文의 硏究, 신구문화사.

허웅(1975), 우리 옛말본 15세기 국어 형태론, 샘문화사.

허웅(1989), 16세기 우리 옛말본, 샘문화사.

허재영(2007), "한국어 보조사의 문법화-개화기 한국어를 중심으로", 한민족문화연구 22, pp.59-79.

홍윤표(1969), 十五世紀國語의 格硏究, 서울대 대학원 석사학위논문.

홍윤표(1981ㄱ), "근대국어의 '-로드려'와 '-로더브러'에 대하여", 白影鄭炳昱先生還甲紀 念論叢, pp.69-81.

홍윤표(1981ㄴ), "근대국어의 '로'와 도구격," 국문학논집 10, 단국대 국문과, pp.29-62.

홍윤표(1984), "현대국어의 후치사 '가지고', 東洋學 14, 단국대학교, pp.25-40.

홍윤표(1994), 근대국어 연구(Ⅰ), 태학사.

홍윤표(1997), "한글 자료의 성격과 해제", 국어사연구, 태학사, pp.97-138.

홍인표(1984), 한문 문법, 신아사.

황문환 외(2006), 역주 오륜행실도, 서울대학교출판부, 2006.

황문환(2007), "「됴야긔문」의 어휘적 고찰", 됴야긔문 연구, 한국학중앙연구원,
　　　　　　pp.323-346.
황선엽(1995), 15세기 국어 '-으니'의 용법과 그 기원, 서울대 대학원 석사학위논문.
황선엽(2002), 국어 연결어미의 통시적 연구 : 한글창제 이전 차자표기 자료를 중심으로,
　　　　　　서울대 대학원 박사학위논문.

中國書

王克仲(1980), "先秦'所'字詞性的調查報告", 古漢語硏究論文集, 北京出版社.
王力(2004), 漢語史稿(重排本), 中華書局, 北京.
王海棻(1996), 古漢語虛詞詞典, 北京大學出版社.
于富章(1987), 古代漢語語法新編, 東北師範大學出版社, 長春.
呂叔湘(1999), 現代漢語八百詞 增訂本, 商務印書館, 北京.
李佐豊(2004), 古代漢語語法學, 商務印書館, 北京.
張誼生(2000), 現代漢語虛詞, 華東師範大學出版社, 上海.
朱德熙(1982), 語法講義, 商務印書館, 北京.
周法高(1990), 中國古代語法·稱代編(上·下), 中華書局.
何樂士 外(1985), 古代漢語虛辭通釋, 北京出版社.

저자 양 언

중국 山東 출생
중국 해방군외국어대학교 한국어학과 졸업
동 대학원 한국어학과 문학 석사
한국 한국학중앙연구원 한국학대학원 문학 박사
현재 중국 蘇州대학교 전임강사

논저

「계기의 ≪고≫의 주어 문제」(2000)
「중세국어의 '히여(곰)' 구문에 대하여」(2008)
「중세국어 '밋/믿'[及]의 분포 양상 및 의미」(2008)
「'~로 더부러'에 대한 재고」(2014)
「'로써'의 문법화에 대한 재론」(2016)

중세 언해 문헌의 轉移語에 대한 연구

초판 1쇄 인쇄 2017년 4월 13일
초판 1쇄 발행 2017년 4월 20일
저 자 양 언
펴낸이 이대현
편 집 홍혜정
펴낸곳 도서출판 역락
주 소 서울시 서초구 동광로 46길 6-6 문창빌딩 2층
전 화 02-3409-2058, 2060
팩 스 02-3409-2059
등 록 1999년 4월 19일 제303-2002-000014호
이메일 youkrack@hanmail.net
역락블로그 http://blog.naver.com/youkrack3888

ISBN 979-11-5686-664-0 93710

이 도서의 국립중앙도서관 출판예정도서목록(CIP)은 서지정보유통지원시스템 홈페이지(http://seoji.nl.go.kr)와 국가자료공동목록시스템(http://www.nl.go.kr/kolisnet)에서 이용하실 수 있습니다.(CIP제어번호: CIP2017009078)